药品创新的政府投资方向与效益研究

董丽娟 著

中国商业出版社

图书在版编目（CIP）数据

药品创新的政府投资方向与效益研究／董丽娟著.
北京：中国商业出版社，2024. 8. -- ISBN 978-7-5208-3070-6

Ⅰ. F832.48；R97

中国国家版本馆CIP数据核字第2024Y71K29号

责任编辑：黄世嘉

中国商业出版社出版发行
（www.zgsycb.com　100053　北京广安门内报国寺1号）
总编室：010-63180647　编辑室：010-63033100
发行部：010-83120835/8286
新华书店经销
北京虎彩文化传播有限公司印刷

*

710毫米×1000毫米　16开　12.5印张　225千字
2024年8月第1版　2024年8月第1次印刷
定价：69.00元

* * * *

（如有印装质量问题可更换）

前　言

数据显示，中国已成为世界上仅次于印度的第二大“疾病负担”国（WHO，2019），仅次于美国的第二大“药品消费”国（IQVIA，2023）和仅次于美国、日本的第三大“药品贸易逆差”国（ITC，2022）。药品创新成为满足我国患者未被满足的治疗需求，弥合与发达国家之间的药物差距，减轻疾病负担的关键。中国政府逐年增加对药品创新相关研究的直接投资，但衡量药品创新中的政府投资的效益是一项巨大的挑战。

本书将目前政府投资效益学术研究的重点前移，关注药品创新中政府投资的方向。本书首次提出了药品创新“效益之树”的隐喻，区分了两种研究逻辑。新的研究逻辑中，政府不再是“投资者”，而是“保健医”。在尊重市场规律、创新规律、药品研发规律及我国国情的基础上，探讨“保健医”政府应该怎样投资，才能使药品创新“效益之树”更好地自我成长，使私人投资效益增加的同时，间接增加政府投资效益。

本书以三大经济学理论体系的三种理论为“诊断工具”，采用理论分析与实证研究相结合的方法，对中国药品创新的现状进行了全面系统的“体检”。市场失灵理论提供了静态视角，系统失灵理论提供了动态视角，双循环理论提供了实践视角。首先，基于每种理论分别构建了概念模型，以便明确理想状态和现实状态的差距，找出更好发挥政府“保健”作用的方向。其次，结合中国及欧盟企业创新调查（Community Innovation Survey，CIS）数据进行国内不同时期及国际可比时期的比较研究，对研究存在的差异进一步分析其产生的根源。再次，对药品创新中更好发挥政府“保健”作用的方向，基于三种理论的研究分别提出了结论性建议。重点关注基于三种结论性建议的交叉部分即药品创新人才紧缺，这是政府投资的重点方向。针对政府投资的重点方向，本书抛砖引玉提出了一套系统性的解决思路。最后，提炼出了一套政府投资方向的确定原则。

本书以药品创新为引，提出了一套科技创新中政府应该怎样投资的全新逻辑、理论体系、概念模型，既可化解当前政府投资中有关效益评估的难题，又能明确政府应该投资的方向，继而提高政府投资的效益。本书启发读者思考：科技创新中政府究竟应该扮演怎样的角色？政府应该怎样投资才能更有效益？在科技创新领域政府投资不断增加的情况下，具有重要的理论和实践意义。

作者

2024 年 7 月

目　　录

第1章 绪 论

1.1 研究背景

数据显示，中国已成为世界上仅次于印度的第二大“疾病负担”国（WHO，2019），仅次于美国的第二大“药品消费”国（IQVIA，2023）和仅次于美国、日本的第三大“药品贸易逆差”国（ITC，2022）。药品创新成为满足我国患者未被满足的治疗需求，弥合与发达国家之间的药物差距，减轻疾病负担的关键。在经历新冠疫情全球大流行的危机之后，保障人民健康，维护国家安全，药品创新的作用更加凸显。见图1－1私人部门和公共部门（政府为主）在药品创新中都充当着重要角色[1]。

1.1.1 第六次技术革命浪潮对全球医疗及药品创新体系造成了巨大冲击

以生物技术为主，包括人工智能、云计算、大数据、纳米技术等在内的第六次技术革命浪潮[2]，对全球医疗及药品创新体系造成了巨大的冲击，带来了一系列新的变化，包括新的治疗理念（例如精准医疗）、新的治疗方法（例如数字诊疗、细胞和基因治疗）、新的药品研究范式（例如从小分子化合物研发技术范式到大分子生物制品研发技术范式、AI＋药品研发）和新的药品类别（例如抗体药物）。

分子生物学革命的到来和生物技术的出现从根本上改变了药物发现的前景和过程[3]。1976年，第一家生物技术公司（因不同时期的习惯说法，下文简称NBF或DBF，二者同义）基因泰克（Genentech），由开发重组DNA技术的科学家赫伯特·博耶（Herbert Boyer）和风险资本家罗伯特·斯万森（Robert Swanson）在美国创立[3]，并于1980年成功上市。自此，DBFs在全球范围内兴起，并开始改变制药行业的研发格局。这些DBFs重点关注两个方向：基于单克隆抗体的诊断学和治疗学。大批的生物靶点被发现，大批治疗用生物制品被研发上市，以嵌合抗原受体T细胞（CAR－T）免疫疗法为代表的个体化精准治疗方法被应用于临床。2022年全球销售金额Top50药物（https://www.

drugdiscoverytrends. com）显示，生物制品（大分子药物）已经取代化学药品（小分子药物），占据了更多的榜单位置。在 Top50 药物中，生物制品与化学药品数量之比已接近 3∶2，在 Top10 药物中更为明显。而 Top1 药物，在 2012 年以后就一直由生物制品占据。全球畅销药品类别正在更替，但榜单上仍缺少中国原创新药的身影。

当下中国，药品创新力量正在凝聚。2010 年后成立的一批小而灵活 NBFs 已经悄然成长起来，如百济神州、信达，凭借技术和国际化优势，成功开发了世界领先水平的 PD－1 为主的生物类似药，不仅进入了中国药品创新企业的第一梯队（2021 中国医药创新企业 100 强榜单，E 药经理人和科睿唯安），而且也在世界药品创新企业中占据一席之地（世界著名医药咨询公司 IDEA Pharma 发布 2021 医药创新指数排行榜和医药发明指数排行榜，百济神州首次上榜，分别位列第 27 位和第 5 位，是唯一上榜的中国制药企业）。而以小分子化合物仿创为主的传统制药企业，除少数成功转型外（例如恒瑞），多数自 2015 年药监改革开始，还在进行艰难的战略和技术转型。

1.1.2 中国政府逐年增加对药品创新相关研究的直接投资

政府对医药制造业企业、医药科学研究与开发机构和高等学校的直接投资总额逐年增加。

2022 年医药制造业规模以上企业创新费用支出合计 1 587.9 亿元，其中内部研发经费支出 1 048.9 亿元[4]。在内部研发经费支出中，包括政府资金 20.5 亿元（占比 2.0%），与 2013 年相比，十年复合增长了 0.04%。2022 年医药科学研究与开发机构 R&D 经费内部支出 126.2 亿元[4,5]。其中，政府资金 93.2 亿元（占比 73.8%），与 2013 年相比，十年复合增长 8.23%。2022 年高等学校 R&D 经费内部支出 2 112.4 亿元。其中政府资金 1 384.2 亿元（占比 57.4%），与 2013 年相比，十年复合增长 11.57%[4,5]。

政府在药品创新相关研究上的持续投资，从公共经济学角度来讲，需要遵守效益原则，对成本和效益进行分析，避免公共资金的浪费。全球各国政府、资助机构和研究机构越来越多地寻求通过制定研究政策和实践，最大限度地提高研究投资的社会和经济回报[6]。

因此，衡量政府在药品创新方面的投资效益是一项重要的工作。

1.1.3 衡量药品创新中政府投资的效益（影响）是一项巨大的挑战

一是药品创新效益的不确定性。药品创新本身具有的高风险和不确定性，决定了不能确定在研的药品能否成功上市，即使成功上市后，也不能确定能否成功实现商业化。药品创新在不同的阶段都存在一定的失败风险，有“万里挑一”的说法；患者需求的变化，竞争和可替代产品的出现，这些不确定性，也会影响创新药商业化后的最终效益。

二是药品创新效益实现时间的滞后性。药品创新具有周期长的特点，从（医学研究）实验室到病床，一般为 17 年［斯洛特·莫里斯（Slote Morris）等，2011；汉内（Hanney）等，2015］。而经济效益（商业化）的实现时间，以药品发明专利保护期计算，为自专利申请日算起的 20 年。这意味着，在当前评估“影响”，需要回顾的是多年前的“研究”；在当前评估“研究”，需要预期多年后的“影响”[7]。影响的时间范围和路径越长、越复杂，评估影响路径就越困难[7]。而确定效益评估的合理时间窗是个挑战。

三是药品创新效益边界的模糊性。一方面，公私边界很难界定，对于既有私人投资，又有政府投资的药品创新，很难区分哪些是由政府投资产生的效益，哪些是由私人投资产生的效益。公共支持的研究和制药行业的相对贡献对于特定产品可能很难分开[8]。另一方面，不同效益类别之间边界很难界定，例如经济效益、社会效益、环境效益、健康效益很难单独而清晰地划定边界。

四是药品创新效益衡量指标的局限性。以专利数量为例，数量指标不能真实反映专利的质量，也不能反映其是否能够继续产生任何回报[7]。以最终产出——药品数量作为指标，也存在同样问题。新的批准通常是对现有药物的适度、相对较小的修改，而不是治疗上的突破。越来越多的证据支持这样一种观点，即绝大多数新药为患者提供的临床优势很少或根本没有[9]。

五是效益评估活动的高成本。有研究表明，英国大学需要 5 500 万英镑来准备研究影响报告［曼维尔（Manville）等，2015］。平均每一个（项目）影响案例研究成本为 7 500 英镑，一个案例研究的时间预计为 8 ~ 30 天。对于产生 100 多个案例研究的机构，每个案例研究的中间成本低于 5 000 英镑，而那些产生不到 100 个案例研究的机构则超过 8 500 英镑[7]。

1.2 药品创新政府投资效益（影响）的研究现状

1.2.1 国外研究现状

国外现有文献，以回顾性研究（事后评估）为主，政府投资对私人企业研发或创新的影响的一般研究，关注政府直接支持所带来的增量效益，包括投入增量（Input Additionality）、产出增量（Output Additionality）、行为增量（Behavioural Additionality）[10,11]。

公共资助的研究可以通过多种方式和多种渠道影响私人创新，包括增加知识存量、培训毕业生、创造新科学仪器和新工具、创建网络，创建新公司等，公共和私营部门的生物医学研究可以通过所有这些重叠的渠道联系起来[12]。

世界各国建立研究评估体系或框架以证明科学资金并没有被浪费[13]。例如，澳大利亚的参与和影响评估（Engagement and Impact Assessment）、意大利的研究质量评估（Research Quality Evaluation）、荷兰的标准评估议定书（Standard Evaluation Protocol）和英国的研究卓越框架（Research Excellence Framework，REF）。这些评估将“影响”定义为对经济、社会、文化、公共政策、公共服务、健康、环境或生活质量的益处，而不仅仅是对学术研究的贡献[14]。

综述研究表明，医学研究影响主要集中在五个方面，初步研究相关影响（短期）、对决策的影响（中期）、对健康和卫生系统的影响（长期）、健康相关和社会影响（长期）、更广泛的经济影响（长期）[15]。在众多的研究框架中，“研究影响框架（RIF）”和“卫生服务研究影响框架（The Health Services Research Impact Framework）”是包含提取的最多数量指标的模型。最主要的方法框架是回报框架（Payback Framework）。“与研究相关的影响”的捕获是方法论框架中最广泛提倡的概念。因此，通过出版物、引文和同行评审文章的数量来衡量影响力是最常见的[15]。常用评估方法包括测量标准、案例研究（英国大学主要使用案例研究，但案例研究的准备成本高昂且耗时）、同行评审、文献计量法等。但迄今为止，还没有一种标准方法能够可靠、有效地衡量研究对社会的益处（即研究的广泛影响），衡量社会影响比衡量科学影响要困难得多[13]。

健康领域的文献主要来自美国和英国的研究，两个国家的公共部门投资影响评估文献特点鲜明。鉴于数据的可用性，针对美国的研究倾向于使用文献计量法，通过各种方法，在公共部门的资助与私人部门的药品创新之间建立连接，探讨公共资助为私人部门所带来的投入和产出的增量，比如药品研发投资、专利数量、NMEs 数量等。而英国基于研究卓越框架（REF），倾向于案例研究方法，从公共资金资助的医学研究项目入手，评估医学研究的广泛社会影响。

美国在生命科学创新方面的全球领导地位源自对研发的强有力和互补的公共和私人投资，以及有效的技术转让政策，这些政策使私营部门能够利用部分来自联邦资助的基础科学研究发现将疗法商业化[16]（见图 1－1）。

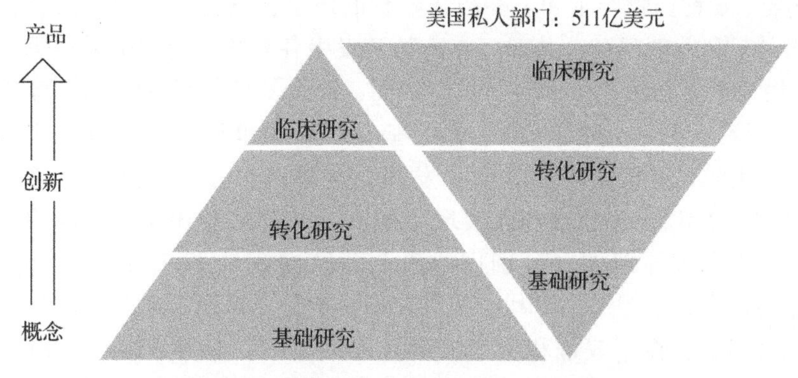

图1-1 美国政府和生物制药产业投资高度互补[1]

安德鲁·图尔（Toole A. A.）（2005）利用美国国立卫生研究院（National Institutes of Health，NIH）提供的有关公共研究投资微观数据，使七个医学领域的基础和临床研究指标可以纳入解释药物研发投资的分布式滞后模型中。对18年来观察的一组治疗类别的分析发现，公共基础研究和公共临床研究是药物研发的补充，从而刺激了私营行业的投资。结果表明，公共基础研究每增加1美元，在8年后将刺激制药业增加8.38美元的投资。行业对公共临床研究的研发反应规模较小，持续时间较短，公共临床研究每增加1美元，就会在三年内刺激制药业增加2.35美元的投资[17]。

安德鲁·图尔（2012）通过检验NIH对在学术实验室进行的生物医学研究的投资与制药行业创新之间系统关系的证据，对现有的案例研究进行了总结。从1955年到1996年，NIH资助的最新数据与制药行业自身的研发投资和市场规模指标相结合，估算了一个按治疗市场划分的药物创新随时间变化的面板数据模型。研究表明，公共基础研究存量增加1%，最终导致新分子实体（NMEs）数量增加1.8%。公共投资和NMEs向FDA提交申请之间的延迟是17～24年。这项分析还发现，在基础生物医学研究方面的公共投资有着积极的回报。使用市场销售数据，NMEs六个治疗市场的直接回报率平均约为43%。这一数据没有反映出基础生物医学研究可能影响社会结果的多种或全部渠道。它仅限于基础研究对NME创新的贡献，仅代表了公共基础研究的社会回报的一小部分[18]。

兰贾纳·查克拉瓦蒂（Chakravarthy R.）等（2016）对齐彻（Zycher）等（2008）进行的35种药物的分析进行了后续研究。通过对美国200多名医生的调查，对过去25年中被确定为医疗保健领域最具变革性药物的19种单方药物、6 种药物类别和 1 种药物组合的历史，进行了多种证据材料的研究，探讨了私营部门和公共部门在药物开发中各自的作用。结果显示：仅有 4 种药物几乎完全由一个部门研发。然而，一个部门或另一个部门确实主导了研发的特定阶段。例如，54% 的“基础”科学里程碑主要由公共部门实现，27% 由私营部门实现。对于“发现”里程碑，公共部门和私营部门分别占 15% 和 58%。私营部门在实现“生产”和“药物开发”阶段的主要里程碑方面也占主导地位（分别占所生产药物的 81% 和 73%）[1]。事实上，学术界和政府基于赞助、专利、项目和许可数据，以及考虑公共部门科学研究对应用科学、临床改进和生产方案开发的贡献，经过 20 年的可靠分析，结果显示 67% 至 97% 的药物开发是由私营部门进行的[1]。

叶卡捷琳娜·加尔基娜·克利里（Galkina Cleary，E）等（2018）审查了 NIH 对 2010—2016 年美国 FDA 批准的 210 个 NMEs 相关研究的资助。在 PubMed 上发现了超过 200 万篇与 210 个 NMEs（n = 131 092）或其 151 个已知生物靶点（n = 1 966 281）相关的出版物。其中，60 万以上（29%）与国家卫生研究所资助的报告项目有关。这笔资金包括超过 200 000 个 NIH 项目支持（1985—2016）和超过 1 000 亿美元的项目成本（2000—2016），占该时期 NIH 预算的 20%。NIH 的资金为 2010 年至 2016 年批准的每一个 NME 提供了资金，但主要集中在药物靶点上，而不是 NME 本身。在此期间，共有 84 种同类首创（First - in - class）获得批准，涉及超过 640 亿美元的国家卫生研究院资助项目。通过靶点筛选发现的 NMEs 大于通过表型方法发现的 NMEs（95% 对 82%）。对于通过靶点发现的 NMEs，与靶点相关的资金先于与 NMEs 相关的资金，这与基础研究为“靶点筛选”提供“有效靶点”的预期一致。这项分析包括了对生物靶点的基础研究以及对 NMEs 的应用研究，表明 NIH 对新药批准相关研究的贡献比以前更大，并强调了减少联邦对基础生物医学研究的资助的风险[19]。

拉胡尔·K. 纳亚克（R. K. Nayak）等（2019）针对 2008 年 1 月至 2017 年 12 月，通过新药申请途径，对 FDA 批准的含有一个或多个 NMEs 的所有新药进行了研究。在 10 年的研究期间，FDA 批准了 248 种含有一种或多种 NMEs 的药物。在这些药物中，48 种（19%）起源于公共支持的研发项目，14 种（6%）起源于从公共支持的研究项目剥离出来的公司。对过去 10 年中批准的新药相关专利的审查表明，公共支持的研究在至少 1/4 新药的后期开发过程中发挥了重要作用，要么是通过对后期研究的直接资助，要么是通过公共部门研究机构创建的分拆公司。

公共部门的研究与专利有关，涉及 1981—1990 年批准的 4.6% 的 NMEs；1990—1999 年批准的 6.7% 的新药；1988—2005 年批准的 NMEs 的 9.0%；

1990—2007 年批准的新分子实体的 13.6%。公共支持的研究贡献比例的增加归因于药物开发性质的变化，大型制造商在内部基础研究和转化研究方面的投资比例较低[8]。

杜建（Jian Du）等（2019）提出了一个后向跟踪模型来测量整个转化研究谱中的知识转移。药物专利链接数据通过美国 FDA 橙皮书（Orange Book）获取[20]。数据集包括 605 种药物，引用 2 422 项专利，引用 15 055 篇 SCI 索引论文，认定 130 多家资助机构。在被药物专利引用的科学论文中，公共机构发起的论文是私人机构的四倍。资金来源表明，90% 的科学论文是由公共资助的，只有很小一部分是由私人资助或公私合作资助的[20]。

英国是最早正式将影响作为衡量标准纳入其国家研究评估活动的国家之一，自 1986 年以来，几乎每年进行一次评估[7]。英国研究与创新（UKRI）将影响称为"优秀研究对社会和经济做出的明显贡献"。就英国 2014 和 2021 研究卓越框架（REF）而言，影响被定义为"对学术界以外的经济、社会、文化、公共政策或服务、健康、环境或生活质量的影响、改变或获益"[21]。

加布里埃尔·塞缪尔（Samuel, G. N.）和杰玛·德里克（Derrick, G. E.）（2015）探索评估者对 REF2014 中社会影响特征的看法，大多数受访者将社会影响定义为"结果"（n = 58），结果主要被定义为"变化""差异"。例如，它可能是对健康的一种改变，如对临床实践的改变，公共卫生或卫生服务，或病人获益。更广泛地说，其他人将影响定义为"改变人们生活的事情""改变世界的事情"。影响结果也被更多的经济术语描述为"创造"，"创造就业机会，为国家创造经济效益"[22]。

乔尔·史密斯（Joel B. E. Smith）等（2019）采用一种宏观经济评估方法，利用投入产出分析，对英国牛津生物医学研究中心（OxBRC）在 NIHR 初始投资后对收入和创造就业机会的影响进行了评估。投入产出模型的结果估计，OxBRC 内生物医学研究的投资回报率为 46%。每投资 1 英镑，仅通过创造收入和就业机会，就可产生额外的 0.46 英镑[23]。2007—2017 年，对 OxBRC 边际投资为9 800万英镑，由此产生的多重就业效应导致，在 OxBRC 直接就业之外，在当地经济中，预计还会增加 196 个全职同等职位[23]。

乔恩·萨塞克斯（Jon Sussex）等（2016）的研究量化了英国政府和慈善机构对医学研究的资助的经济影响，公共生物医学与卫生研究支出与私人医药研发支出之间存在显著的互补关系。在最优拟合模型中，公共部门支出增长 1% 与私营部门支出增长 0.81% 相关。总的来说，每增加 1 英镑的公共研究支出，就意味着英国私营部门研发支出增加 0.83 ~ 1.07 英镑；其中 44% 的额外私营部门支出发生在一年内，其余的积累超过数十年。这种溢出效应意味着英国公共生物医学和健康研究的实际年回报率（就经济影响而言）为15%～18%。结合先前对癌症和心血管疾病公共医学研究的健康收益的估计，总回报率将在24%～28%[24]。

国际研究影响评估学院（International School on Research Impact Assessment，ISRIA）提炼了研究影响评估的十点准则[6]，主要包括以下内容：（1）背景；（2）目的；（3）利益相关者的需求；（4）利益相关者的参与；（5）概念框架；（6）方法和数据源；（7）指标和度量；（8）道德和利益冲突；（9）沟通；（10）实践社区。

萨曼莎·克鲁斯·里维拉（Samantha Cruz Rivera）等（2017）对医疗研究的影响所采用的方法框架进行了回顾，分析的范围包括项目研究、疾病研究、国家层面的研究等，健康获益多以质量调整生命年（Quality Adjusted Life Year，QALY）和伤残调整生命年（Disability Adjusted Life Year，DALY）的变化来量化（增量或避免），在研究中需要考虑QALY和DALY的赋值问题、时间滞后问题、健康获益的归因问题（健康获益多大程度归因于所评估的项目、疾病或国家层面的研究支出），最终结果通过内部收益率及货币化的健康获益来展示，但不同国家，不同研究的结果差异较大[15]。

1.2.2 国内研究现状

国内现有文献的研究方向，同样集中在政府对药品研发或创新投资所带来的增量效益上，包括研发投入增量、研发产出增量、研发行为增量。研究主题多为政府投资对医药制造企业研发或创新投入[25]、绩效[26-29]或投入和绩效的影响[30-32]；研究方法以计量分析为主，数据多来自上市医药制造企业的微观数据[33,34]，也有来自高技术产业年鉴的医药制造业中观数据[35]。研究结论大多相似，政府补助对医药制造业企业的研发投入、研发绩效及研发活动存在正向影响[25,30,33,35-37]。

周靖宇（2020）以我国2015—2018年医药制造业上市企业数据为样本，基于研发投入的中介效应，对政府补助对医药制造业上市企业绩效的影响进行了研究，结果表明，对于医药制造业上市企业而言，政府补助及研发投入对企业绩效存在正向影响关系[33]。戎广颖（2019）基于2013—2017年A股的医药企业数据，研究政府补助对医药企业研发投入的影响，认为政府补助对医药企业的研发活动存在一定的诱导效应[36]。田红娜和刘思琦（2019）基于2008—2017年中国医药制造业32家上市公司的动态面板数据，对政府补贴对医药制造企业绿色研发投入的影响进行了研究，政府补贴对绿色研发投入存在门槛效应[25]。曹阳和易其其（2018）基于2012—2015年中国生物医药制造业上市公司数据，研究政府补助对企业研发投入与绩效的影响，企业研发投入与绩效显著正相关，政府补助可以促进企业加大研发投入，而政府补助的规模对于研发投入与企业绩效存在负向调节作用，政府补贴的连续性对研发投入与企业绩效存在正向调节作用[30]。张丹（2018）基于沪深A股生物医药公司2007—2015年面板数据，对政府投入进行了研究，政府补贴对研发具备较显著的正向刺激[37]。樊玉录和陈玉文（2019）基于2005—2015年中国医药制造业企业R&D产出和政府资金投入数据，研究了政府资金投入对企业研发产出的影响，政府资金投入对中国医药制造业企业R&D产出具有明显的激励作用[35]。

1.2.3 研究现状总结

现有文献表明，美国药品创新中公共投资影响的研究，多是自下而上的，基于NIH或FDA临床研究数据或药品获批数据的可用性及文献计量方法，从FDA获批新药（NMEs）向回追溯与公共机构、公共资金的关系。英国医学研究中公共投资影响的研究，多是自上而下，基于公共资金来源数据的可用性及案例研究法，从获得公共资金来源的研究项目入手，逐一进行案例研究，以货币化的形式，评估其广泛的社会影响（包括增量效益或内部收益率）。中国药品研发或创新的政府投资影响研究，多是从中间入手，基于上市企业数据的可用性，采用计量分析方法，在政府投资与样本企业研发或创新的投入、产出（绩效）、行为之间建立连接，以评估政府投资的积极或消极作用。见图1－2。

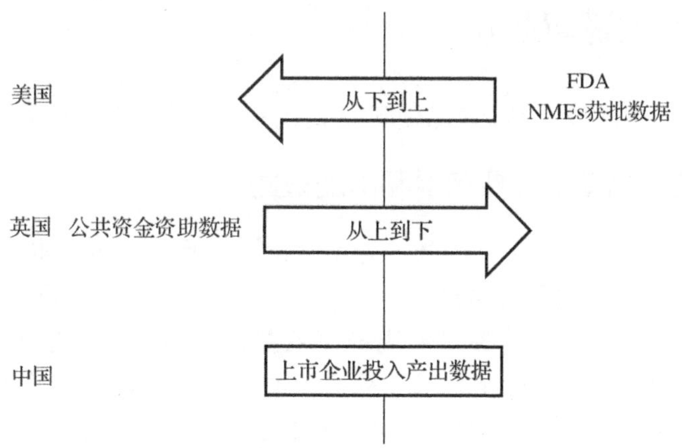

图1－2 三个国家评估药品创新政府投资效益（影响）思路比较

综上所述，国内外对于药品创新政府投资的研究效益（影响）的研究，实证研究多，规范研究少。也就是说，在药品创新政府投资效益（影响）相关研究中，研究政府投资效益“是什么”的多，“应该是什么”的少。

1.3 研究目的及意义

1.3.1 研究目的

在尊重市场规律、创新规律、药品研发规律及我国国情的基础上，探讨中国药品创新中政府应该怎样投资，才能更好地发挥政府资金的作用，尽可能地提高政府投资效益，从而为政府投资决策提供参考。

1.3.2 研究意义

药品创新具有国际公认的“三高一长”突出特征，疾病谱改变、耐药性提升等因素客观上要求永续不断地研发新药，以满足不断提高的临床用药需求。政府投资药品创新的资金，具有引领性的“四两拨千斤”的作用，能够引导各类资金的流向。因此，确定药品创新中政府投资的方向至关重要。

本研究将目前政府投资效益（影响）的学术研究的重点前移，关注药品创新中政府投资的方向，为政府创新政策的制定提供参考。首先要筛选出政府投资的“正确的靶子”（方向），其次才是评估射中几环（效益）的问题。如果射中的靶子是“错误的靶子”，那么评估射中几环的意义，便没有想象中那么大，更何况评估活动并不轻松。

1.4 研究的逻辑起点

本研究的逻辑起点始于药品创新“效益之树”的隐喻（见图 1－3）。

1.4.1 药品创新的主要效益和附加效益

药品创新“效益之树”区分了药品创新的主要效益和附加效益。本书秉持的观点，创新是实现最终目标的手段[38]。药品创新是为了满足未被满足的患者治疗需求，其最终目标是实现健康效益，药品创新不是实现其他效益（除健康效益外），例如经济效益、社会效益、政治效益和环境效益的手段。其他效益依附于健康效益，只有实现了健康效益，才能实现其他效益。这和我国全面实施健康中国战略，把人民健康放在优先发展的战略地位是一致的。因此，健康效益应该而且必须是主干，而经济效益、社会效益、政治效益、环境效益都是主干上长出的分支。

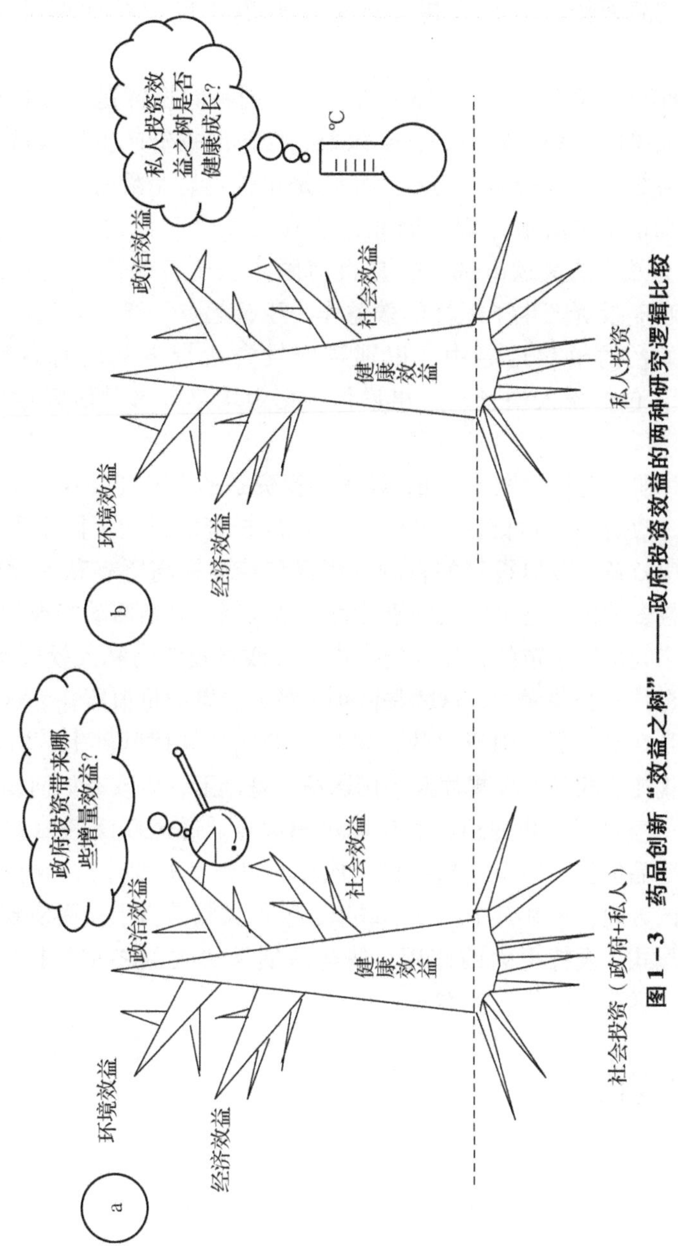

图1－3 药品创新"效益之树"——政府投资效益的两种研究逻辑比较

1.4.2 政府投资效益的两种不同的研究逻辑

通过药品创新“效益之树”区分了政府投资效益的两种不同的研究逻辑。

第一种研究逻辑见图1-3a，这里药品创新的投资是社会投资，即政府投资和私人投资之和；效益是社会效益，即政府投资产生的效益和私人投资产生的效益之和。政府角色与私人角色是比较容易混淆的，政府投资和私人投资的差别也未被清晰体现，因此，才有较多研究替代效应（或为挤出效应）和补充效应的文献出现。这是目前国际上流行的研究逻辑，属于事后评估，以政府投资产生了怎样的效益作为逻辑起点。通过大量调查工作，试图在各种效益的模糊边界中，识别政府投资所带来的所有各种增量效益(放大镜)，包括投入增量、产出增量、行为增量。这种研究逻辑为政府投资找理由[39]。

第二种研究逻辑见图1-3b，这里的投资是私人投资，效益是私人投资产生的效益。政府是“保健医”的角色，政府投资的目的不同于私人投资，不是直接产生效益，政府投资的目的是确保和持续提高所有私人投资产生的效益，政府投资的效益是由持续健康的整个私人部门创新活动实现的。这是由政府资金的二元属性决定的，作为资金本身，政府投资与私人投资是无差别的，但政府资金具有公共属性，这才是区别于私人投资的价值所在。这是本书的研究逻辑，是在尊重药品创新“效益之树”的成长规律基础上，即尊重市场规律、创新规律、药品研发规律及中国国情的基础上，以政府如何投资才能让药品创新“效益之树”更好地成长作为逻辑起点。通过广泛的信息来源，识别各种制约药品创新“效益之树”健康成长的问题（温度计)，寻找更好地发挥政府作用的方向，并在其中，聚焦政府投资的关键节点，从而使政府投资以较小干预的形式，发挥更大的作用，使药品创新“效益之树”持续健康成长。这种研究逻辑为政府投资找方向。

1.5 研究内容

本书一共八章，主要研究以下内容。

第1章，绪论，了解研究的背景、寻找研究差距；明确本研究的目的及意义、逻辑起点，计划采用的研究方法及技术路线图。

第2章，概念及理论，首先，简要概述经济学领域的两大研究传统即牛顿主义及达尔文主义研究传统的区别；其次，重点介绍了经济学三种理论体系新古典主义经济学、演化经济学、中国特色社会主义政治经济学的特点，并对本书应用的相关理论进行了回顾；最后，针对本研究中各章应用的密切关联的网络理论、学习理论及传染理论进行了回顾。

第3章，文献综述，此部分为正文奠定基础，主要研究两个问题。一是“什么是真正的药品创新”，目的是识别真正的药品创新，为本研究寻找“目标”依据。二是“真正的药品创新是如何实现的”，目的是了解药品创新自身的成功演化规律，为本研究寻找“行为”依据。

第4章，基于市场失灵理论，是静态视角，在探讨市场失灵情况下，中国药品创新中政府如何投资才能更有效益，给出更好发挥政府（资金）作用的方向建议。

第5章，基于系统失灵理论，是动态视角，在探讨系统失灵情况下，中国药品创新中政府如何投资才能更有效益，给出更好发挥政府（资金）作用的方向建议。

第6章，基于双循环理论，是实践视角，在探讨构建双循环新发展格局的战略约束下，中国药品创新中政府如何投资才能更有效益，给出更好发挥政府（资金）作用的方向建议。

第7章，基于传染理论出于“抓主要矛盾，抓矛盾的主要方面”的考虑，关注前面三种理论的结论性建议的交叉部分，这是政府投资的重点方向，提出系统性解决思路及概念框架。

第8章，结论与展望，归纳、整合，最终给出中国药品创新中更好发挥政府（资金）作用的方向建议和确定原则。

1.6 研究方法

1.6.1 理论分析法

基于新古典主义经济学市场均衡理论，本研究构建“基础的药品创新市场概念模型”“理想的药品创新市场概念模型”“现实的药品创新市场概念模型”，并基于模型对中国药品创新市场进行理论分析。

基于演化经济学部门创新系统理论，本研究构建“部门创新系统协同演化模型（‘创新之轮’）”“药品创新‘行动者和网络’概念模型”，并基于模型对中国药品创新系统演化过程进行了理论分析。

基于中国特色社会主义政治经济学双循环理论，本研究构建了双循环视角下药品创新市场概念模型及双循环视角下“药品创新‘行动者和网络’概念模型”，从理论上探讨如何构建中国药品创新双循环发展格局。

理论分析法主要应用在第 4 章、第 5 章、第 6 章。

1.6.2 实证分析法

实证分析的主要数据主要来自企业创新调查（Community Innovation Survey，CIS），包括同在《奥斯陆手册》（*Oslo Manual*）规范下的全球著名的欧盟 CIS 和中国 CIS（即《全国企业创新调查年鉴》）。实证分析法主要应用在第 4 章、第 5 章、第 6 章。

1.6.3 比较法

通过对国内不同时期、国际可比时期的数据进行比较分析，发现中国药品创新中存在的问题、时间趋势、差异等。比较法主要应用在第 4 章、第 5 章。

1.6.4 溯因法和回溯法

溯因法和回溯法是演化经济学常用方法。溯因法可以定义为在一种新的脉络（Context）框架中，观察、描述、理解和解释某种事物，这被称作再脉络化（Recontextualization）[40]27。回溯法作为一种科学解释程序，也是从事物的“表象”回溯到事物的深层结构，从而揭示结构、事件与经验之间的因果机制[40]29。本研究基于部门创新系统协同演化模型（“创新之轮”），采用溯因法和回溯法分析中国药品创新系统协同演化过程。溯因法和回溯法主要应用在第 5 章。

1.6.5 逻辑推理法

本研究结合理论分析和实证分析结果，对阻碍中国药品创新的相关问题的根源进行了逻辑推理，并最终得出了主要研究结论。逻辑推理法应用在本书各个章节。

1.7 技术路线图

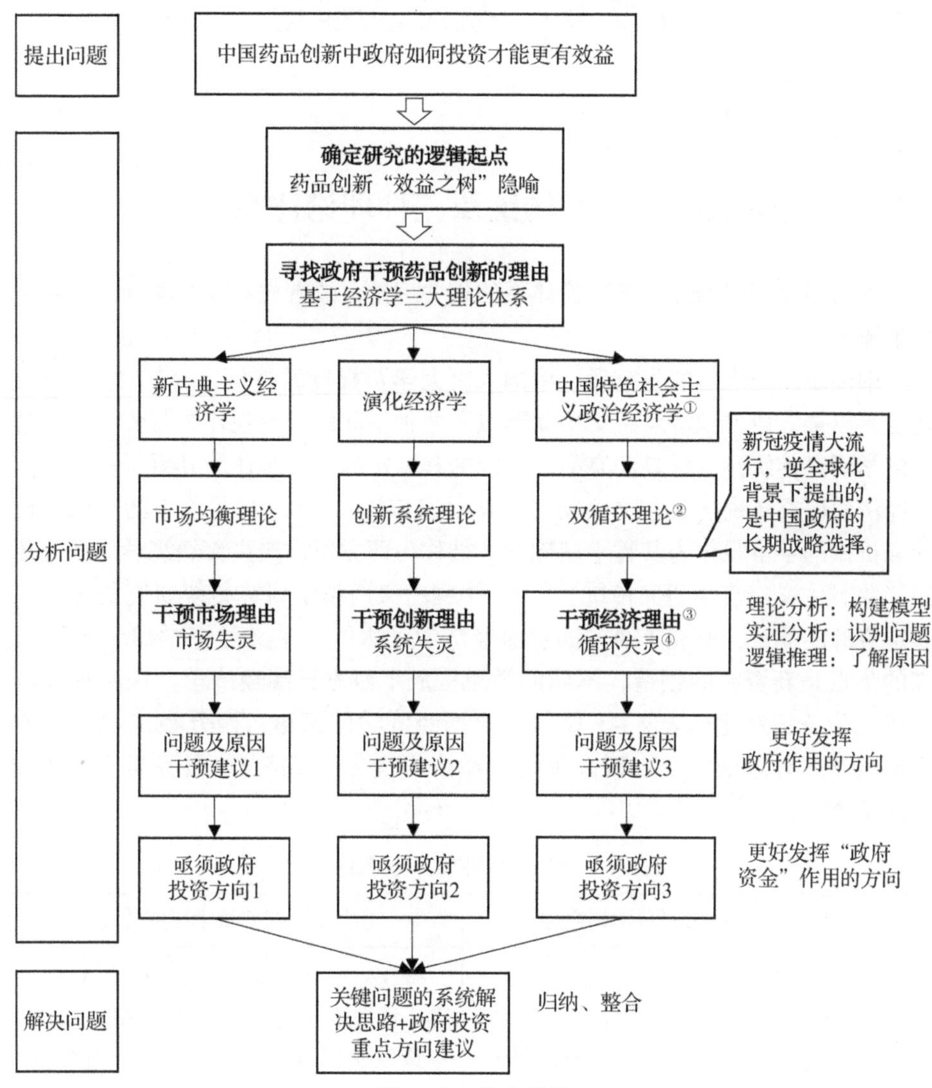

图1-4 技术路线

备注：

①马克思主义政治经济学是三大经济理论体系之一，而中国特色社会主义政治经济学是马克思主义政治经济学在中国的实践发展。

②双循环理论，“构建以国内大循环为主体、国内国际双循环相互促进的新发展格局”的实践相关理论，简称“双循环理论”，以习近平总书记相关讲话为主体。

③干预经济理由：经济领域更广泛的干预，姑且称为“干预经济理由”。

④循环失灵：各种循环不畅姑且统称为“循环失灵”。

第 2 章　概念及理论

2.1　经济学的两大研究传统及三种理论体系

本书涉及不同的经济学理论体系的相关理论，故首先对经济学理论体系进行了梳理。

中国演化经济学的先行者、中国人民大学贾根良教授指出（2015），自文艺复兴以来，西方经济思想史中就形成了两种不同的世界观作为其哲学基础的经济学研究传统，一种是动态的、系统的和有机的世界观作为其哲学基础的西方经济学研究传统（达尔文主义经济学研究传统）；另一种是静态的、原子论的和机械的宇宙观作为其哲学基础的，被称为西方新古典主义经济学的研究传统（牛顿主义经济学研究传统）[40]。”牛顿主义经济学研究传统研究的焦点是既定资源的配置，形成了西方的主流经济学；达尔文主义经济学研究传统研究的焦点是新资源的创造，不同的学派构成了西方异端经济学。这两种经济学研究传统的对比如表 2－1 所示。根据经济学的家谱，西方经济学实际演进形成了三种理论体系：新古典主义经济学、演化经济学、马克思主义政治经济学[40]71。

表 2－1　经济学研究的两大传统[40]68

	牛顿主义经济学研究传统	达尔文主义经济学研究传统
看问题的出发点	研究对象（个人、企业、国家或产业等）都是相同的，假定技术、制度、个人偏好和资源禀赋不变，在均衡框架内进行经济分析	研究对象（个人、企业、国家或产业等）都是异质的，假定技术、制度、偏好和资源禀赋都处于变动中，在非均衡（“生生不已”“变化日新”）的框架内进行经济分析
研究焦点	既定资源的配置，在给定的约束下如何通过市场机制实现最优	新资源的创造，技术、制度、个人偏好以及资源禀赋的变动，这些变动对经济行为者及活动的影响，通过市场和非市场机制实现的方式

续表

	牛顿主义经济学研究传统	达尔文主义经济学研究传统
人性假定	理性自利的经济行为者按照效用最大化原则	创造的本能和人性二重性（利己和利他）。采纳更宽泛的人类行为定义，认为除考虑经济行为者受到追求个人效用的目标支配之外，更应当认识到本能、习惯、阶级、文化、认知模式等因素对他（她）们的决策不仅具有约束作用，而且具有塑造作用，行为者按照得失权衡或满意的原则展开行动
哲学观	采用将偶然性和能动作用排除在外的机械决定论，在逻辑推演中不考虑历史不可逆、路径依赖和制度差异等	采纳不确定性思维，认为结构和能动的交互作用使经济世界本身是非决定论的，特别关注历史不可逆、路径依赖和制度差异
理论结构的特点	不能处理多样性、新奇、质变、报酬递增和系统效应	可以容纳多样性、新奇、质变、报酬递增和系统效应等
规律观	认为存在着适用于一切时间和地点的普遍适用的经济规律	规律是相对的，其有效性要受到经济时空的制约，特别关注历史和地理的差异；理论和政策具有时空特定性的特点
方法论	从理论到经验（自上而下）	从经验现实到理论（自下而上）
	物理学隐喻	生物学（复杂有机体）隐喻
	方法论个人主义（或原子论）	方法论有机主义（或整体主义或交互作用主义），个体能动性与制度结构相互构成
	以公理为基础的形式化模型	形态模型
研究方法的特征	在高度抽象中建立逻辑上严密一致的公理化体系，数学建模、计量经济学和预测是研究方法的特征	在历史时间中的世界多重复杂性中认识世界，主要采用经验主义的方法，比较的、历史的、制度的和解释学的方法是其研究方法的特征；作为辅助手段，在有限程度上可以使用数学建模、计量经济学和计算机模拟等工具

续表

	牛顿主义经济学研究传统	达尔文主义经济学研究传统
知识论	坚持事实和价值的两分法，倡导“客观中立”的所谓实证分析	在科学研究中，事实和价值是不可分割的，经验研究渗透着价值判断
与其他学科的关系	经济学是一门精密科学，数学和经典物理学是其模仿对象	经济学是一门社会科学，经济学研究应当更多地参考政治学、历史学、社会学和人类学等学科的研究成果
典型代表或主要流派	西方主流经济学：新古典综合、货币主义、理性预期学派、博弈论、新凯恩斯主义等。理性选择马克思主义	西方异端经济学：老制度学派、新熊彼特学派、后凯恩斯经济学、西方新马克思主义如调节学派等、女性主义经济学；其中，前两者属于传统意义上演化经济学的两个流派

2.2 新古典主义经济学相关理论

新古典主义经济学又称为西方主流经济学，其以理性“经济人”假设为前提，以静态均衡理论为基础，研究焦点是资源配置，是目前西方经济学教材的主导理论，其分支学科包括福利经济学、公共经济学、技术经济学、新制度经济学等。新古典主义经济学主要区分两个市场，即产品市场和要素市场，要素市场主要区分两个要素即劳动力和资本（包括资本品）。新古典主义经济学的主要理论包括市场均衡理论、帕累托最优理论、市场失灵理论等。

2.2.1 市场均衡与帕累托最优

“每个人都力图用好他的资本，使其产出能实现最大的价值”[41]24。——亚当·斯密（1776）

市场均衡（Market Equilibrium）是供给和需求的市场均衡（Market Equilibrium of Supply and Demand）。当市场平衡了所有影响经济的力量时，就达到了供给和需求的市场均衡[41]26。市场均衡发生在供给和需求力量达到平衡的价格与数量的点上，在该点，买者所愿意购买的数量正好等于卖者所愿意出售的数量[41]19。这是一种各方面的愿望（包括生产者和消费者）都能得到满足的相对静止状态[42]。某一特定市场（属于产品或要素市场）的均衡称为局部均衡（Partial Equilibrium）。当互相影响的各个市场（包括产品和要素市场）经过不断的调整、反馈，最后全部达到局部均衡时，就是一般均衡（General Equilibrium）[42]138。

经济学家普遍接受帕累托最优作为评价市场均衡的标准。帕累托最优（Pareto Optimal）或帕累托有效（Pareto Efficient）或简称效率（Efficiency）是指一种资源配置状态，在这种状态中，如果其他人的境况不变差，就没有人的境况会变得更好。福利经济学的两个定理说明了市场均衡和帕累托最优的关系。第一定理：每个一般均衡的市场都是帕累托最优的。第二定理：给定适当的初始再分配，每个帕累托最优的资源配置都可通过市场机制达到一般均衡[43]51。

实现帕累托最优的三个基本条件是交换最优、生产最优、产品组合最优（见表2-2）。交换最优（交换效率），即交换的一般均衡是指经济中生产的所有商品都以最有效的方式在个人之间进行分配，从而人们不能通过商品的进一步交换来获益。实现交换的一般均衡条件是只要各个消费者的边际替代率相等，社会就达到了交换的一般均衡，实现了效用最大化[42]。生产最优（生产效率），即生产的一般均衡是指经济中一切资源都以最有效的方式在生产者之间进行配置，因而厂商之间不能通过资源的重新分配来获得好处。只要两个厂商的边际技术替代率相等，社会就达到了生产的一般均衡，实现了产量的最大化[42]。产品组合最优（产品组合效率），即产品组合的一般均衡是指在社会资源既定的条件下，生产者充分有效地使用这些资源来生产各种产品，同时消费者完全合理地消费所生产的这些产品。只要社会消费的边际替代率等于社会生产的边际转换率，就实现了产品组合的一般均衡，同时实现了产量和效用最大化[42]。

表2-2 实现帕累托最优的三个条件[41,43-45]

环节	条件名称	实现目标	配置资源	具体指标条件
交换	交换效率/交换最优/交换最佳/消费效率	一定的技术和资源约束下，社会福利最大化/消费者效用最大化/消费者最大满足	产品	所有消费者的任何两种产品之间的边际转换率（MRT）必须相同，此时MRT等于价格比率

续表

环节	条件名称	实现目标	配置资源	具体指标条件
生产	生产效率/生产最优/生产最佳	在一定的技术和资源约束下，产出最大化/成本最小化	生产要素	所有企业的任何两种投入之间的边际技术替代率（MRS）必须相同，此时MRS等于价格比率
交换和生产	产品组合效率/产品组合最优/生产交换效率/生产交换最优/生产交换最佳	以上交换和生产所追求的目标同时实现	产品和生产要素	边际转换率MRT必须等于边际替代率，即MRT = MRS

来源：作者根据文献资料整理。

2.2.2 市场失灵与政府干预

“竞争（市场）可以引导追求私人利益的个人去追求公共利益，就像被一只看不见的手所左右”[43]。——亚当·斯密（1776）

帕累托最优的市场只有在完全竞争、完全市场、完全信息、没有公共产品、没有外部性的理想状态下才能实现。“看不见的手”存在局限，在很多情况下，市场并不是有效的（资源配置），存在着市场失灵。市场失灵是指在没有干预的情况下，市场无法有效配置资源的情况。见图2-1，从市场竞争、产品性质、信息可用性三个角度，提供了一份较全面的市场失灵的分类。

市场失灵为政府干预市场提供了理由。政府用来影响私人经济活动的三种主要工具是税收、支出和管制[41]。约瑟夫·E. 斯蒂伯格茨认为可供选择的政府干预措施有以下几种[43]：当产品或服务由政府生产时，干预措施包括免费分配、低于生产成本进行分配、按成本分配；当产品或服务由私人生产时，干预措施包括政府给生产者提供补贴（或征税）、政府给消费者提供补贴（或征税）、政府直接分配、政府管制。

公共产品需求与私人产品需求的区别。公共产品会造成市场失灵，其原因在于公共产品是非排他的和非竞争的[42]。公共产品的需求不同于私人产品的需求。私人产品具有排他性，它的市场需求是各个消费者需求的水平加总。而

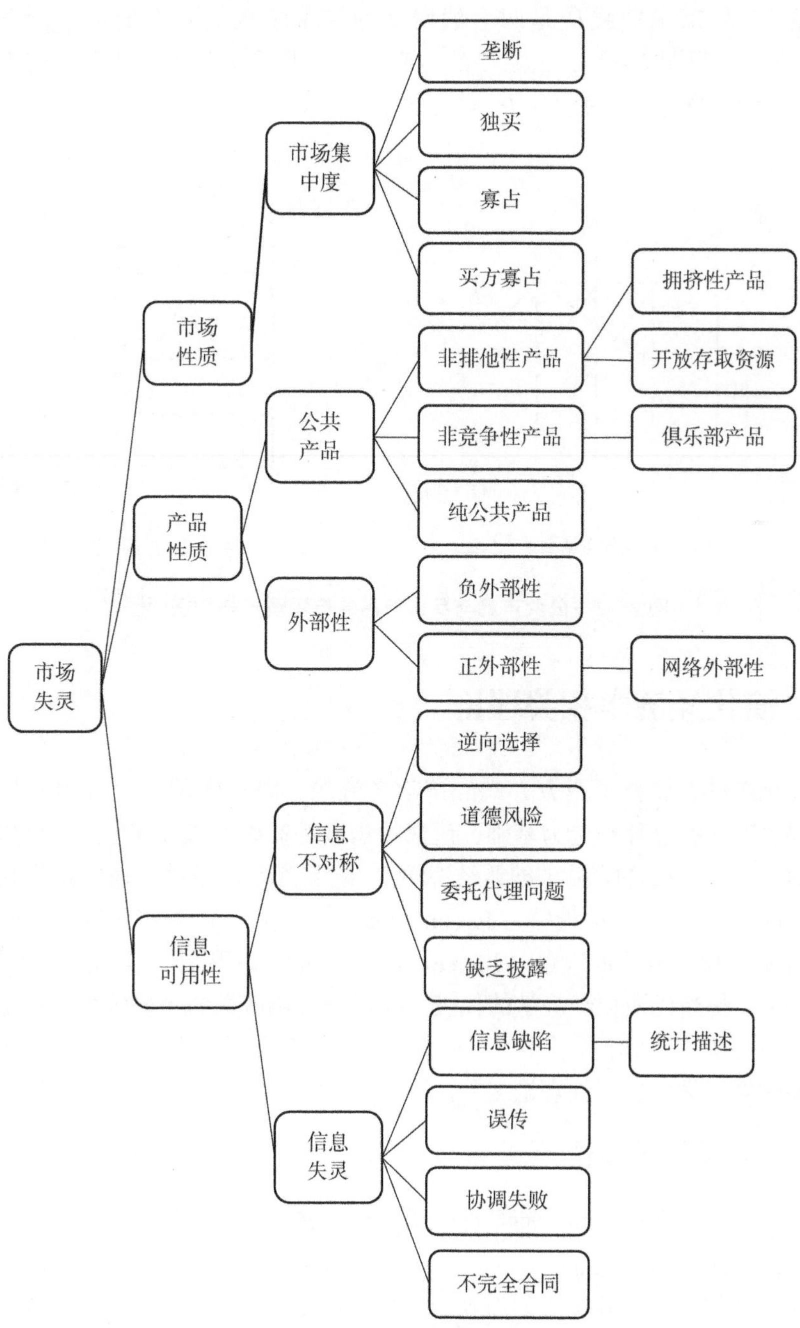

图 2－1　市场失灵分类[46]

公共产品具有非排他性，其市场需求是各个需求的垂直加总。见图 2-2a，私人产品的市场需求曲线D_e是两个消费者的需求曲线d_A和d_B的水平加总，即$Q_e = q_A + q_B$。见图 2-2b，公共产品的市场需求曲线D_e是两个消费者的需求曲线d_A和d_B的垂直加总，即$P_e = P_A + P_B$[42]。

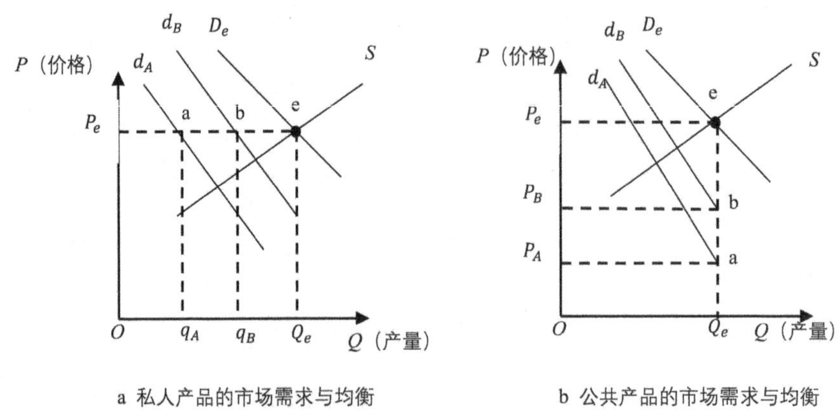

a 私人产品的市场需求与均衡　　b 公共产品的市场需求与均衡

图 2-2　公共产品与私人产品的市场需求与均衡[42]

2.3　演化经济学相关理论

演化经济学综合了西方异端经济学各流派，以有限理性“行为人”假设为前提，以动态过程理论为基础，研究的焦点是资源创造，其分支学科包括奥地利学派、新熊彼特学派（创新经济学）、老制度经济学等。通常认为凡勃伦（Thorstein Veblen）和熊彼特（Joseph Alois Schumpeter）为演化经济学的奠基人。而理查德·R. 尼尔森（Richard R. Nelson）和悉尼·G. 温特（Sidney G. Winter）是当代演化经济学的代表人物。演化经济学的主要研究范式是技术—制度二分法（凡勃伦二分法），认为技术和制度是协同演化的。创新系统理论是演化经济学的代表性理论之一。

2.3.1　创新系统理论

组织不是孤立地创新，而是在一个系统的背景下创新[47]。

创新系统（Innovation System，IS）的概念基础有三点。首先，行动者之间的互动是创新过程的核心，而互动的核心是互相合作和互相学习；其次，制度对经济行为和绩效至关重要，法规（如监管和法律）和习惯性制度（如文化和价值观）形成了经济系统的“游戏规则”或“行为准则”，制度与行动者之间的互动，互相塑造；最后，演化过程起着重要作用，它们创造多样性，进行选择，并产生从选择过程到变异创造的反馈[48]。

IS 理论涵盖了不同的分支，包括国家创新系统（NIS）、区域创新系统（RIS）、技术创新系统（TIS）、部门创新系统理论（SIS）等。IS 没有一个统一的公认定义，重要的是互动网络或系统[49]1/4/12。弗里曼（Freeman）（1987）最早的定义认为“公共和私营部门中的机构网络，其活动和互动发起、导入、修改和传播新技术”。纳尔逊（Nelson）（1993）认为 IS 是“一组相互作用决定国家企业创新绩效的机构”，最重要的机构是支持研发工作的机构。伦德瓦尔（Lundvall）（1992）的广义定义包括“影响学习以及搜寻和探索（Searching and Exploring）的经济结构和制度设置的所有部分和方面”。梅特卡夫（Metcalfe）（1995）“……一组独特的机构，共同和单独地为新技术的开发和传播作出贡献，并为政府制定和实施政策以影响创新过程提供框架。因此，它是一个相互联系的机构系统，用于创造、储存和转让界定新技术的知识、技能和人工制品”。

药品创新系统属于部门创新系统。部门系统由三个主要组成部分组成：知识与技术、行动者和网络、制度[38]。

2.3.2 系统失灵与政府干预

系统失灵（System Failure）理论是政府干预创新的主要理由[48,50]。系统失灵通常是指创新系统中存在的制约其发展的主要瓶颈[47]。基于 IS 的创新政策可以被重新定义为识别锁定原因并消除这些瓶颈的过程，以实现企业和系统层面的创新和经济进步[47]。在 IS 环境中，行动者的行为和相互作用不仅受市场力量的支配，还在更大程度上受非市场制度的支配。因此，政府不仅要应对市场失灵，而且最重要的是应对系统失灵[50]。通常，系统失灵的原因可分为四类[51]23：创新功能（主要指知识的生产、传播和应用）的缺失或不当、行动者缺失或不当、制度缺失或不当、互动太多或太少。大多数系统失灵不是由单一类别（行动者、功能、制度和互动）造成的，而是根源于多种因素的结合[51]。伍尔图伊斯（Woolthuis）等（2005）曾总结了文献中出现的八类系统失灵[50]，包括基础设施、转型失灵、锁定/路径依赖、硬制度失灵（正式制度失灵）、软制度失灵（非正式制度失灵）、强网络失灵、弱网络失灵、能力失灵。

经济合作与发展组织（OECD）曾从科学基础与教育、价值化和商业化、需求系统、框架条件、政策系统等五个维度对八个国家生物制药创新系统失灵情况进行了综述研究[51]。案例研究发现，在其生物制药创新系统的运作中存在大量的各种各样的系统失灵。创新体系的所有部分都存在失灵，但大多数失灵与生物制药创新相关知识的开发和商业化以及框架条件有关。

2.4 中国特色社会主义政治经济学相关理论

当代中国马克思主义政治经济学就是中国特色社会主义政治经济学[52]292。2016 年 7 月 8 日，习近平总书记在主持召开的经济形势专家座谈会上指出，坚持和发展中国特色社会主义政治经济学，要以马克思主义政治经济学为指导，总结和提炼中国改革开放和社会主义现代化建设的伟大实践经验，同时借鉴西方经济学的有益成分。

2020 年 8 月 24 日，习近平总书记在主持召开经济社会领域专家座谈会上指出，“我们党在发展理念、所有制、分配体制、政府职能、市场机制、宏观调控、产业结构、企业治理结构、民生保障、社会治理等重大问题上提出了许多重要论断。这些理论成果，不仅有力指导了我国经济发展实践，而且开拓了马克思主义政治经济学新境界”。“新时代改革开放和社会主义现代化建设的丰富实践是理论和政策研究的‘富矿’，我国经济社会领域理论工作者大有可为”。习近平总书记在会上对经济社会领域专家提出四点希望，其中首要一点，从国情出发，从中国实践中来，到实践中去，把论文写在祖国大地上，使理论和政策创新符合中国实际、具有中国特色，不断发展中国特色社会主义政治经济学、社会学。张卓元（2008）认为“……在成功实践基础上概况出来的社会主义市场经济论，是中国共产党人和马克思主义经济学家关于科学社会主义的重大理论创新，也是对经济科学的划时代贡献。”社会主义市场经济理论在中国特色社会主义政治经济学中处于最为重要的位置[52]299。张卓元等（2018）主张将“价值规律”和“发展成果共享规律”作为中国特色社会主义经济的基本规律[52]305。

综上所述，中国特色社会主义政治经济理论是源自中国经济实践的不断发展的理论，本书涉及理论包括市场和政府的关系理论、创新驱动发展理论、供给侧结构性改革理论、高质量发展理论、双循环理论等。

2.4.1 市场和政府的关系

中国特色社会主义政治经济学的市场和政府的关系理论，借鉴了新古典主义经济学的相关理论。

认识社会主义市场经济中政府和市场的关系，必须从中国的国情出发，把握三个维度：一是市场经济的一般规律。核心是价值规律，通过市场机制的供求、竞争和价格的波动，调节生产，配置资源。二是国情和发展阶段。三是我国的基本制度[53]。

政府与市场的关系本质上是社会和个人、公共利益和私人利益的关系。市场是商品交换关系的综合，体现了相互独立的商品生产者之间的经济关系。而政府或国家则是社会的中心和社会利益的代表[53]171。

习近平总书记强调，使市场在资源配置中起决定性作用和更好发挥政府作用，二者是有机统一的，不是相互否定的，不能把二者割裂开来、对立起来。要学会正确运用“看不见的手”和“看得见的手”，成为善于驾驭政府和市场关系的行家里手。微观市场决定，宏观政府主导。更加尊重市场规律，更好发挥政府作用[53]173-5，中国政府和市场关系的发展阶段如表2－3所示。

表2－3　中国政府和市场关系的发展阶段[53]168

	定位	备注
中共十二大	计划经济为主，市场调节为辅	计划调节是基本的、主要的，市场调节是从属的，次要的
中共十三大	国家调节市场，市场引导企业	建立有计划的商品经济
中共十四大	市场在社会主义国家宏观调控下对资源配置起基础性作用	建立社会主义市场经济体制
中共十八届三中全会	使市场在资源配置中起决定性作用和更好发挥政府作用	强调“决定性作用”和“基础性作用”这两个定位是前后衔接、继承发展的。

2.4.2　创新驱动发展理论

中国特色社会主义政治经济学的创新驱动发展理论，借鉴了演化经济学的相关理论。

迈克尔·E. 波特（Michael E. Porter）（1998）将经济发展分为四个阶段：要素驱动阶段、投资驱动阶段、创新驱动阶段以及财富驱动阶段。国家的主导产业也会经历劳动密集型、资本密集型和技术密集型等阶段，当主导产业进入技术密集型阶段，经济发展的速度、质量和效益取决于国家的创新能力及知识（包括技术）、人才两个关键要素[54]14。创新驱动实质上是人才驱动[55]137。

2012年，党的十八大明确提出：“科技创新是提高社会生产力和综合国力的战略支撑，必须摆在国家发展全局的核心位置。”强调要坚持走中国特色自主创新道路、实施创新驱动发展战略。2016 年，中共中央、国务院印发《国家创新驱动发展战略纲要》，强调实现创新驱动是一个系统性的变革，要按照“坚持双轮驱动、构建一个体系、推动六大转变”进行布局，构建新的发展动力系统。双轮驱动：科技创新和体制机制创新双轮相互协调、持续发力（演化经济学的技术——制度二分法）。一个体系：建设国家创新体系（演化经济学的创新系统理论）。六大转变：一是发展方式的转变（从以规模扩张为主导的粗放式增长向以质量效益为主导的可持续发展转变）；二是发展要素的转变（从传统要素主导发展向创新要素主导发展转变）；三是产业分工的转变（从价值链中低端向价值链中高端转变）；四是创新能力的转变（从“跟踪、并行、领跑”并存、“跟踪”为主向“并行”“领跑”为主转变）；五是资源配置环节的转变（从以研发环节为主向产业链、创新链、资金链统筹配置转变）；六是创新群体的转变（从以科技人员的小众为主向小众与大众创新创业互动转变）。

发展是解决我国一切问题的基础和关键[55]。习近平总书记在党的十九大报告中指出，我国社会主要矛盾已经转化为人民日益增长的美好生活需要和不平衡不充分的发展之间的矛盾，我国经济由高速增长阶段转向高质量发展阶段，而创新是引领发展的第一动力，要以科技创新带领全面创新。

2.4.3 供给侧结构性改革理论

2015 年 11 月，习近平总书记在中央财经委员会第十一次会议上提出，要着力加强“供给侧结构性改革”[52]175。

供给侧结构性改革理论是中国特色社会主义政治经济学中宏观调控理论的重要组成部分[53,56]。推进供给侧结构性改革是引领经济发展的重大创新[56]367，是中国共产党结合我国所处经济发展阶段，主动选择的用以解决我国经济深层次矛盾和问题的综合方案[56]396。标志着宏观调控指导思想和体制机制的重大创新，具有十分重要的理论意义和现实意义[57]。

2016 年，习近平总书记指出，供给侧和需求侧是管理和调控宏观经济的两个基本手段。供给侧管理，重在解决结构性问题，注重激发经济增长动力，主要通过优化要素配置和调整生产结构来提高供给侧质量和效率，进而推动经济增长[55]99。使市场在资源配置中起决定性作用和更好发挥政府作用，是推进供给侧结构性改革的重大原则[55]120。

供给侧结构性改革的最终目的是满足需求，主攻方向是提高供给质量，根本途径是深化改革。满足需求，就是要深入研究市场变化，理解现实需求和潜在需求，在解放和发展社会生产力中更好满足人民日益增长的物质文化需要。

提高供给质量，就是要减少无效供给、扩大有效供给，着力提升整个供给体系质量，提高供给结构对需求结构的适应性。深化改革，就是要完善市场在资源配置中起决定性作用的体制机制，深化行政管理体制改革，打破垄断，健全要素市场，使价格机制真正做到引导资源配置，同时要加强激励、鼓励创新，增强微观主体内生动力，提高盈利能力，提高劳动生产率，提高全要素生产率，提高潜在生产率[55]115-6。

供给侧结构性改革的阶段性重点任务是“三去一降一补”，即去产能、去库存、去杠杆、降成本、补短板。

2.4.4 高质量发展理论

2017年，党的十九大明确提出中国经济由高速增长阶段转向高质量发展阶段。高质量发展是能够很好地满足人民日益增长的美好生活需要的发展，是体现新发展理念（创新、协调、绿色、开放、共享）的发展。从供给看，产业体系较完整，产品和服务质量高。从需求看，不断满足人民群众个性化、多样化、不断升级的需求。从投入产出看，效率不断提高。从宏观经济循环看，实现循环畅通。高质量发展是从“有没有”转向“好不好”。

“十四五”规划强调，“十四五”时期推动高质量发展，必须立足新发展阶段、贯彻新发展理念、构建新发展格局。

2.4.5 双循环理论

双循环是指“构建以国内大循环为主体、国内国际双循环相互促进的新发展格局”。2020年5月14日，由习近平总书记主持中共中央政治局常务委员会会议时首次提出[58]。国内国际双循环是在新的时代节点上提出的一个夯实国内经济基础，引领新型全球化格局的理论和实践范式[59]79。构建新发展格局是习近平总书记和党中央积极应对国际国内形势变化、与时俱进提升我国经济发展水平、塑造国际经济合作和竞争新优势而做出的战略抉择，是主动作为，是长期战略[59]33。构建双循环新发展格局要充分利用国内国际两个市场、两种资源[59]94/97/103。

2020年8月24日，习近平总书记主持召开经济社会领域专家座谈会，面对世界百年未有之大变局和新冠疫情全球大流行交织，习近平在会上对即将到来的“十四五”时期做出重要判断“我国将进入新的发展阶段”。“加快构建以国内大循环为主体、国内国际双循环相互促进的新发展格局”是根据我国发展阶段、环境、条件变化提出来的。“新发展格局绝不是封闭的国内循环，而是开放的国内国际双循环。”[60]9

“十四五”规划强调，“十四五”时期推动高质量发展，必须立足新发展阶段、贯彻新发展理念、构建新发展格局。必须坚持深化供给侧结构性改革，以创新驱动、高质量供给引领和创造新需求，提升供给体系的韧性和对国内需求的适配性。必须建立扩大内需的有效制度，加快培育完整内需体系，加强需求侧管理，建设强大国内市场。必须坚定不移推进改革，破除制约经济循环的制度障碍，推动生产要素循环流转和生产、分配、流通、消费各环节有机衔接。必须坚定不移扩大开放，持续深化要素流动型开放，稳步拓展制度型开放，依托国内经济循环体系形成对全球要素资源的强大引力场。必须强化国内大循环的主导作用，以国际循环提升国内大循环效率和水平，实现国内、国际双循环互促共进。

国内大循环是指国内的供给和需求形成的经济循环，因为生产、分配、流通、消费各环节都发生在国内，所以促进国内大循环就是进一步促进国内各要素与资源的有效流通，以追求经济效益最大化，要坚持供给侧结构性改革这个战略方向，立足扩大内需这个战略基点，使生产、分配、流通、消费更多依托国内市场，提升供给体系对国内需求的适配性，形成需求牵引供给、供给创造需求的更高水平的动态平衡[58]。强大的国内市场是构建新发展格局的基石。基础在“大”，关键在“强”。

专家们对2020年新提出的双循环理论做了进一步的解读。韩保江（2020）认为，以国内大循环为主体，本质上是清除国内供求梗阻，努力实现总供给和总需求总量平衡和结构协调，提高全要素生产率，提高国民经济运行效率。国内国际双循环相互促进，本质上是要继续扩大开放，继续深入融入世界经济产业链、价值链和供应链[60]90。章玉贵（2020）指出，疫情对国际贸易带来的最重大威胁是供应链的局部断裂，基于各种安全理由以及打造更短“多元本地化”供应链的考虑，全球供应链转移自2020年3月以来有所加快。不过，中国自“入世”以来逐渐形成的全球产业链、供应链核心国地位不大可能因为一场疫情的冲击而轻易动摇，中国巨大的市场机遇是任何有远见的企业家不敢也不会轻易放弃的[60]86-9。崔凡（2020）认为，国内大循环的健康有利于中国企业参与国际大循环，积极参与国际竞争又能提高企业在国内市场的竞争力。使得国内国际双循环相互促进才能培育新形势下我国参与国际合作和竞争新优势[60]83。双循环是为了更好地打通国际大循环[60]93。张辉（2020）指出，目前，中国已成为全球主要价值循环的联通枢纽[60]。与我国发生经济联系的188个样本经济体，呈现“8”字形全球价值循环的经济模式，中国是连接发达经济体和发展中经济体的关键节点。“一带一路”沿线也呈现一种以中国为桥梁的上下循环（小“8”字）。因此，全球经济呈现以中国居中的双

"8"字形循环模式。畅通国际循环，有利于生产的规范化、标准化和产品创新[60]76-7。

2.5 网络理论

2.5.1 网络、节点及边

从最基本的意义上讲，网络是任何物体（Objects）的集合，其中一些成对的物体，通过链接联系在一起。这个定义非常灵活，可以使用许多不同形式的关系或连接来定义链接[61]2。网络最简单的形式是由线成对连接在一起的点的集合。点被称为节点或顶点，线被称为边[62]1。通常用 n 来表示网络中的节点数，用 m 来表示边数[62]。节点的邻域是其连接到的一组节点[63]50。纽曼（Mark Newman）（2018）在其经典著作 *Networks* 中将网络主要分为技术网络、信息网络（万维网、引文网）、社会网络、生物网络等几大类[62]，如表 2-4 所示。

表 2-4 网络中节点和边的一些示例[62]106

网络	节点	边
互联网	计算机或路由器	有线或无线数据连接
万维网	网页	超链接
引文网	文章、专利或法律案例	引用
电网	发电站或变电站	输电线路
友谊网	人	友谊
代谢网络	代谢物	代谢反应
神经网络	神经元	突触
食物网	种	捕食

2.5.2 度、度分布、幂律分布、优先依恋、先发优势

节点的度是指涉及该节点的连接的数量[63]51。网络的一个基本特征是其度分布，网络的度分布是对具有不同度的节点的相对频率的描述[63]52。所有节点

的度相同的网络被称为规则网络，度分布遵循幂律的网络被称为无标度（Scalefree）网络[63]53。相对于正态分布，幂律分布有个长尾。科学家常把幂律分布现象称为无标度现象是因其个体尺度差异悬殊，缺乏优选规模。与富者越富（Rich - Get - Richer）相关的理论如优先依恋（Preferential Attachment）或优势累积（Cumulative Advantage）可以解释幂律分布。个人财富和引文网络都符合幂律分布[62]。较早进入网络的节点，有更多时间从其他节点获取链接，平均度更高。最早进入网络的节点最终会接收到所有连接的最大份额。这种现象被称为先发效应或先发优势（a First Mover Effect or First Mover Advantage）[62]。在任何成功带来更多成功的情况下，先行者都会比其他人拥有更大的优势。在这个过程的早期，任何一个小的领先优势都会被优先依恋过程迅速放大为一个更大的领先优势[62]。

2.5.3 中心性及其度量

中心性（Centrality）是指一个人在人际网络中处于有声望或关键地位的程度[64]。中心性是社会网络研究中的一个核心概念，因为中心节点的模式和这些节点的行为提供了网络结构、进化和对行为影响的关键。中心成员对行为改变（扩散）的速度有显著影响。节点度（Node degrees）是网络中节点的各种中心性度量之一。与其他中心性指标相比，度中心性（Degree centrality）是一个与加速扩散更密切相关的指标[64]。其他度量包括向量中心性（Eigenvector centrality）及其变体、接近中心性（closeness centrality）和介数中心性（Betweenness centrality）[62]。度中心性是个人（或组织）发出（入度）或接收（出度）的联系数；介数中心性是个人（或组织）处于连接网络中其他人的最短路径上的程度；接近中心性是个人（或组织）在网络中与他人（或组织）接近的程度（Freeman，1979）[64]。

2.5.4 树图、星图、完整网络、多层网络

树图（Tree Graph）是一个连通的无向网络，不包含回路。“连通”是指网络中的每个节点都可以通过网络中的某条路径彼此连接[62]121。见图 2 - 3a，树的顶部有根结（黑色），分支结构向下。底部仅与另一个节点相连的节点称为叶。树最重要的特性是任何一对节点之间都只有一条路径，而且没有闭环。树的另一个重要特性是，由 n 个节点组成的树总是恰好有 n - 1 条边[62]123。见图 2 - 4，流行病传播和谱系合并都具有相似的分支树结构，在时间上，流行病传播，见图 2 - 4a，向前传播；谱系合并，见图 2 - 4b，向后合并。见图 2 - 3b，星图（Star Graph）由一个中心节点和 n - 1 个其他节点组成，星图是树图的一

种特殊形式[62]154。通过给 m 赋予其最小值 n－1，将网络约束为一棵树，最小化的树由星图获得，星图是有单个中心枢纽的网络[62]482。见图 2－5a，完整网络是一个所有可能的链接都存在的网络[63]。多层网络，见图 2－5b，是一组单独的网络，单独的网络称为层，每层网络代表一种特定类型的节点及其连接，另外还有网络之间的互连边[62]119。

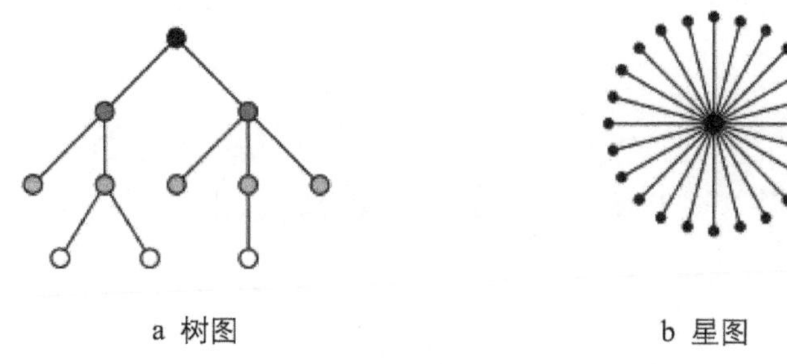

a 树图　　b 星图

图 2－3　树图和星图[62]

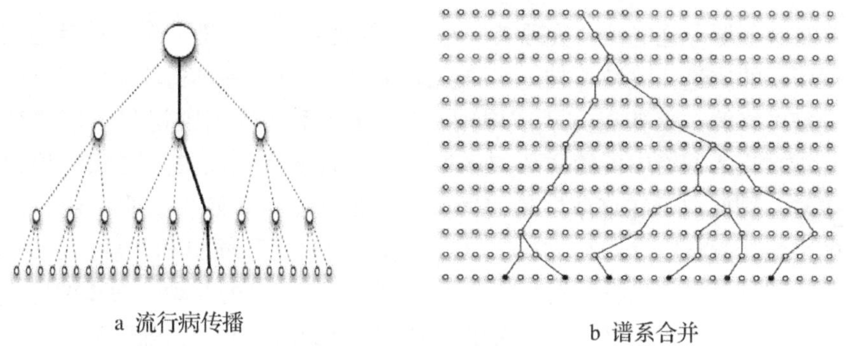

a 流行病传播　　b 谱系合并

图 2－4　分支树结构[61]

2.5.5　社交网络、强联系、弱联系、桥

社交网络被定义为人、组织、政治实体和/或其他单位之间的联系[64]。社交网络分析是一种理论视角和一系列技术，用于理解这些关系以及它们如何影响行为。早在 19 世纪末，在文学中就有明确的社会网络分析的先例，在 20 世纪 30 年代精神病学家雅各布·莫雷诺（Jacob Moreno）开始对群体内的社会互动进行研究[62]48。正如博尔加蒂（Borgatti）（2009）所指出的，“社会科学中最有力的观点之一是，个人被嵌入社会关系和互动的厚网中”（第 892 页）[64]4。目前，你认识谁，比你知道什么重要。这不仅是你认识谁，而是一个人如何利

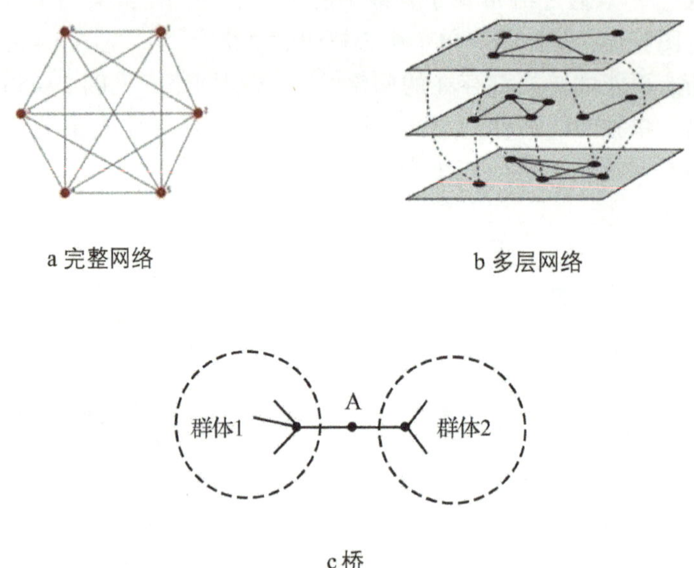

a 完整网络　　b 多层网络

c 桥

图 2-5　完整网络、多层网络和桥[62,63]

用其社会资源。这些社会资源被一些人称为社会资本，即一个人的社会网络中可用资源的质量和数量［林（Lin），2001］[64]。强联系和弱联系的二分法是思考社交网络的一个普遍方式或原则[61]9。强联系（代表密切和频繁的社交接触）往往嵌入网络中紧密联系的区域，而弱联系（代表更为随意和独特的社交接触）则倾向于在这些区域之间交叉。强联系对于隐性、非常规和复杂知识的交流最为有用，如教学和学习；弱联系更适合于简单和常规信息的交流，如基本信息共享。强联系具有三个决定性特征：频繁的互动、漫长的历史以及双方之间的亲密或相互信任。大多数关于变化的研究发现，强联系更有利于深层次或复杂的变化，缺点是可能会培养不那么多样化或新颖的信息和想法。弱联系的优点是只需要很少的时间和精力，但通常在获得信息和知识方面会产生巨大的收益，并可能导致思想上缺乏孤立性［格兰维特（Granvetter），1973］。弱关系的特点是距离遥远，关系不频繁，可能是随意的、不那么亲密的、非互惠的。弱联系更开放，有助于促进组织间合作创新［蔡（Tsai），2002］。弱联系在全球层面上很重要[64]。网络领域的经典发现是弱联系和桥梁对于连接不同群体的重要性，以便信息和行为可以在整个社区或人群中传播［格兰维特（Granvetter），1973］。桥[62]175连接其他不相连群体的链接是网络中重要的结构桥梁[64]209，见图 2-5c。

2.5.6 网络与系统

网络捕获系统各部分之间的交互模式。交互模式会对系统的行为产生重大影响[62]7。网络的节点代表系统的组成成分，链接则代表它们的交互作用。网络将系统简化为抽象的结构或拓扑[62]7。复杂系统包括两方面的“连通性”：结构层面的连通性即谁与谁有联系，行为层面的连通性即每个人的行为都会对系统中每个人的结果产生隐含的影响[61]。图论和博弈论基于结构理论和行为理论，有助于分析系统或网络的连通性。图论是对网络结构的研究，而博弈论提供了在结果取决于他人行为的环境中个体行为的模型[61]8-9。

2.5.7 小世界效应/现象

小世界效应/现象（Small World Effect/Phenomenon）是网络现象中最显著、讨论最广泛的现象之一。在流行文化中，小世界效应被称为“六度分离”(Six Degrees of Separation)，即世界上任何两个人之间的距离只有六步之遥，可以通过不超过五个中间熟人的顺序，从世界上的任何人联系到任何其他人，总共六步[62]62。源于心理学家斯坦利·米尔格拉姆（Stanley Milgram，1967）开展的著名的“小世界”实验即信件传递实验[62]，在该实验中，人们被要求通过社交网络将信件从最初的持有者传递给远方的目标人，到达目标的信件只需非常少的步骤，平均大约六步[62]。米尔格拉姆的实验证明了大型社交网络的两个显著事实：第一，短路径大量存在；第二，人们在没有任何网络全球“地图”的情况下行动，能够有效地集体找到这些短路径[61]612。

2.5.8 网络扩散/传染

网络属性会影响一个人的思想、态度和行为的传播方式。一个人的想法、观点、态度、信念和行为是其社交网络的想法、观点、态度、信念和行为的函数。创新的传播是新思想和实践在社区内部和社区之间传播的过程（罗杰斯，2003）。有大量证据表明，一个人对新想法、新态度、新观点或新实践的采纳受到其社交网络行为的强烈影响[64]14。见图2-6，医学创新、巴西农民和韩国计划生育三项研究已成为创新通过社交网络传播的经典[64]。网络中的级联行为有时被称为“社会传染”，因为它以生物流行病的形式从一个人传播到另一个人。生物传染和社会传染在网络层面动态的相似性已被证实[61]（见图2-7)。网络背景下，生物传染和社会传染的最大区别在于一个人“感染”另一个人的过程。社会传染取决于人们采纳新想法或创新的决策，而生物传染则不涉及[61]646。疾病传播的模型可以有效地帮助我们理解信息的传播，基于网络的感染传播模型，包括SI模型（易感—感染）、SIR模型（易感—感染—恢复）、SIS模型（易感—感染—易感）、SIRS模型（易感—感染—恢复—易感）、SEIR模型（易感—暴露—感染—恢复）[62]。几乎没有网络或社会网络相关著作可以绕开扩散或传染的内容，而在一些文献中"扩散""传染"基本可以互换使用[64,65]。

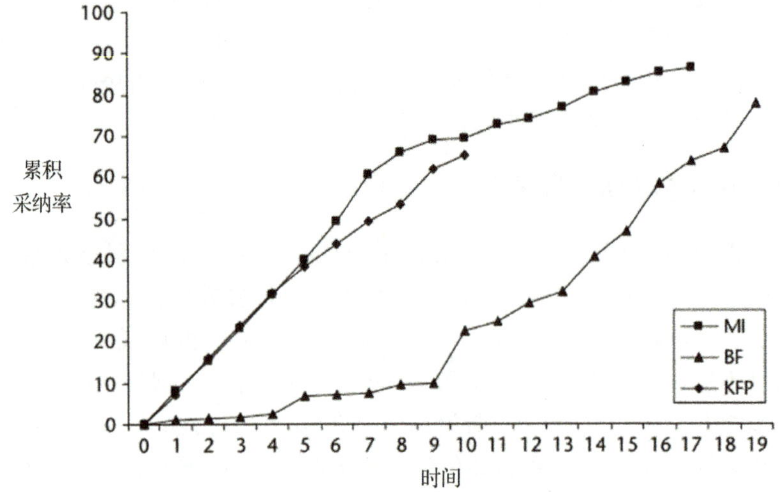

图2-6　三项研究的扩散曲线[64]

注：MI：医学创新；BF：巴西农民；KFP：韩国计划生育。

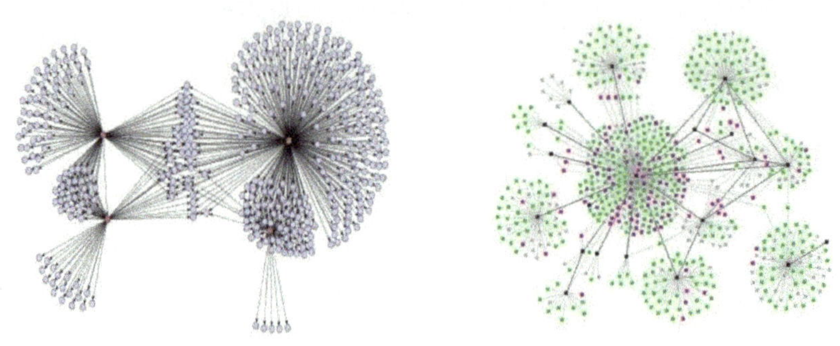

a 日本漫画小说的电子邮件推荐网络　　　　b 肺结核的传播网络

图2-7　社会传染与生物传染的网络相似性[61]

原始图片来源：尤雷·莱斯科维奇（Jure Leskovec，2007）、麦肯齐·安德烈（McKenzie Andre，2007）。

2.6　学习理论

2.6.1　连接主义学习理论

“连接主义”（Connectivism）由大规模开放在线课程（MOOC）的早期开发者西门子（George Siemens）教授在 2004 年首次提出，影响广泛。西门子（George Siemens）认为与学习有关的三个认识论传统：客观主义（类似于行为主义）、实用主义（类似于认知主义）、解释主义（类似于建构主义），都认为知识是一种目标（或一种状态），可以通过推理或经验获得（如果不是天生的），并试图解决个人的学习方式问题。如今，知识和学习是由联系来定义的。“连接主义”主张学习主要是一个连接专门节点或信息源的网络形成过程。这个过程是进化的，网络不断被新的节点或连接扩大和增强。准确的、最新的知识（Currency）是所有“连接主义”学习活动的目的。知识是动态的，每小时、每天都在发生变化。知识呈指数级增长，在许多领域，知识的生命现在以月和年来衡量。冈萨雷斯（Gonzalez）（2004）指出知识的半衰期在缩短（知识的半衰期是知识从获取到过时的时间跨度）。七大社会趋势正在改变知识的存在环境：个人的崛起、增加的连通性、即时性、分解和重新包装、管道的突出性、社会化、物理世界和虚拟世界的模糊。内容、背景、管道塑造了知识的意义。内容是在特定时间冻结的知识，而连接是持续流动新知识的管道。管道比管道内的内容更重要。学习明天需要什么的能力比今天所知道的更重要。随着知识的不断增长和发展，获取所需知识的通路比学习者目前拥有的知识更重要。将技术和建立联系作为学习活动，开始将学习理论带入数字时代。我们不再能够亲自体验和获得我们需要采取行动的学习，而是从建立联系中获得能力。

2.6.2　连接性知识网络

连接性知识网络的特征包括多样性（Diversity）、自治性（Autonomy）、互动性（Interactive Quality）、开放性（Openness）。更高质量的网络和连接带来更高质量的知识共享。一个知识共享的生态环境，应该由以下组成部分构成：非正式的和非结构化的系统，适当丰富的沟通工具（Tool – Rich）、长期一致的活动、高度社会接触培养出的信任感和舒适感，简单的社交方法（Simplicity），用去中心化、促进、连接取代集中、管理和隔离，对实验精神和失败的高包容性（High Tolerance for Experi – Mentation and Failure）。生态在设计过程中需要注意的特征：大师和初学者交流的空间，自我表达的空间，辩论和对话的空间，搜索存档知识的空间，以结构化方式学习的空间，指示实践领域内变化元素（新闻、研究）的新信息和知识的交流空间，为新的竞争和试点过程培养创意、测试新方法的空间。生态是培育和促进的，而不是建造、组织并强制执行的。生态是松散的、自由的、动态的、适应性强的、凌乱的。创新不是通过等级制度产生的。创新需要信任、开放和实验精神——随机的点子和想法可以相互碰撞以进行再创造。能够形成连接的实体能够适应，可能的连接数越多，组织的适应性就越强。现有关系（有机网络）比作为变革计划一部分建立的关系（人工网络）更具影响力。

2.6.3 学习与知识

西门子（George Siemens）（2006）认为学习是知识的对等体。学习和知识获取被认为是相似的概念。而 MOOC 的早期开发者斯蒂芬·道恩斯（Stephen Downes）（2004）认为学习的未来写在知识的未来。世界著名经济学家 Stiglitz 认为发展中国家与发达国家之间的差距更多的是知识差距，而不是资源差距。国家和企业微观经济层面上的最佳、平均和最差实践之间存在巨大差异，这一事实意味着知识不一定能够顺利地跨越国界或企业边界。发展政策的中心重点应该是缩小这一差距，这意味着要加强学习。发展需要学习如何学习。学习是持续增长和发展的基础，学习在弥合知识差距方面具有重要作用。最佳实践和一般实践之间的差距永远不会消除，所以学习是一个永恒的过程。走出前沿和向前沿靠拢这两种学习方式差别并不明显，因为即使是行业领先者，通常也有改进的空间。

2.7 传染理论

2.7.1 概念

传染一词暗示了一种连接和转化的力量[66]131。传染，英文为 Contagion，与 Infectious 同义[67]。Contagion 最早出现在 14 世纪，是拉丁语 con（意为“together with”，一起，合起来）和 tangere（意为“to touch”，接触）的组合[67]28。传染既是生物医学的一个概念也是社会科学的一个概念[66]2。

传染理论（Contagion Theory）是一种集体行为理论。最早由古斯塔夫·勒庞（Gustave Le Bon）在 1885 *The Crowd: A Study of the Popular Mind* 一书中提出。后由社会学家罗伯特·帕克（Robert Park）和布鲁默（Herbert Blumer）

改进，解释了人群如何在社会心理方面动态地影响群体中的个人。目前，社会传染可能是文化出现理论中最主要的方法[68]。类似病毒的传播已经成为传染模式的主流[68]。社会传染是普遍存在的一种社会影响方式，分为简单传染（包括疾病传染和信息传染）和复杂传染（包括态度、信仰、情感和行为传染）[69]。

2.7.2 社会传染已成为一个重要议题

目前，社会传染理论渗透到公共卫生学、社会学、政治学、信息学、经济学和管理学等诸多学科的研究体系中，产生了一系列重要成果[69]。在组织研究中，行动者的个人表现和成就越来越多地被重新解释为社会传染的后果[70]。在教育环境中，知识共享和社会影响都通过建议网络传播[70]。组织和管理学研究中趋同于社会传染一般概念的术语激增，此类术语的不完整列表包括传染（Contagion）、扩散（Diffusion）、同化（Assimilation）、传播（Propagation）、模仿（Imitation）、采纳（Adoption）、行为级联（Behavioral Cascades）、群集（Herding）、流行效应（Bandwagon Effects）、邻里效应（Neighborhood Effects）、同伴效应（Peer Effects）[70]。社会传染可能会扩散个人情绪、绩效声誉、用户偏好、企业实践、知识、制度、企业家精神、创业乐观主义等[70-72]。

2.7.3 社会传染的两种潜在机制

首先，有单独的机制，这些活动通过社会关系和观察他人的行为而起作用，关系更密切的人比关系不密切的人更有影响力；其次，存在集体机制，如大众媒体来源（电视、报纸、社交媒体等）和与从众和同质性相关的规范压力，个人的集体情绪被视为社会趋势的重要驱动力[71]。

2.7.4 社会传染发生的三个条件

首先，必须接触到具有传染性的信仰或行为，这意味着个体可以直接或间接地观察他人的行为；其次，个人必须能够改变他们的信仰或行为；最后，采纳者和信仰或行为的发起人之间必须有相似之处[71]。

2.7.5 社会传染的传播曲线

群体很少由完全同质的个体组成。异质性影响群体内的传染传播。异质性使群体的一个子集更容易接受一种信念。因此，在传染的最初阶段，早期采纳者的传播速度很快。随着早期采纳者耗尽，这一速度会减慢，主要是由于晚期采纳者采纳信念的速度会减慢，相应行动也会变慢[72]。三个研究的创新扩散的传播曲线见图2-7。

2.8 小结

首先，简要概述经济学领域的两大研究传统即牛顿主义及达尔文主义研究传统的区别；其次，重点介绍了经济学三种理论体系新古典主义经济学、演化经济学、中国特色社会主义政治经济学的特点及本文应用的相关理论；最后，针对本书中各章应用的紧密相连的三个理论网络理论、学习理论及传染理论进行了回顾。

第3章　文献综述

针对“药品创新政府投资效益”相关文献的检索中，发现文献最终会导向两个方向，焦点在政府投资“效益（影响）”上，就会导向政府投资效益（影响）的评估文献，这个恰恰不是本书的研究逻辑；焦点在政府投资“方向（优先事项）”上，就会导向政府投资的卫生研究在具体疾病领域治疗药物的优先事项的确定，这个也不是本书的研究目的。因此，按照本书的研究逻辑，相关文献是缺乏的。同时，考虑本书对政府的“保健医”的角色定位，有必要对药品创新的基本且重要的问题，做一下澄清。鉴于此，本章对“什么是真正的药品创新”以及“真正的药品创新是如何实现的”进行简要回顾和综述。

3.1　什么是真正的药品创新

从生物制药和诊断到医疗设备，医疗技术背景下的“创新”是一个复杂的概念，缺乏普遍共识［凯塞尔海姆（Kesselheim）等，2013］。到目前为止，文献中对“什么是真正的药物创新”以及如何恰当地衡量还没有达成一致。

3.1.1　新产品、新药与创新药

在药物创新的相关文献中经常会出现新产品（New Products）、新药（New Drugs）、创新药（Novel Drugs）三组词，增加了理解的难度。见图3-1，本研究首先明晰了三个概念之间的区别和联系。

新产品（New Products），在这里指新上市的产品（Newly Marketed Products），属于商业上的创新[73]，其中包含了新药和仿制药。《2020中国高技术产业统计年鉴》“R&D及相关活动情况”部分（2019），设置了新产品数据统计模块，包括新产品开发项目数、新产品开发经费支出、新产品销售收入[74]。而新产品销售收入作为可获得的创新产出数据，理所当然成为衡量医药制造业创新效率的重要指标之一[75-80]。但因新产品的范围较广，并不能衡量真正的创新成果。

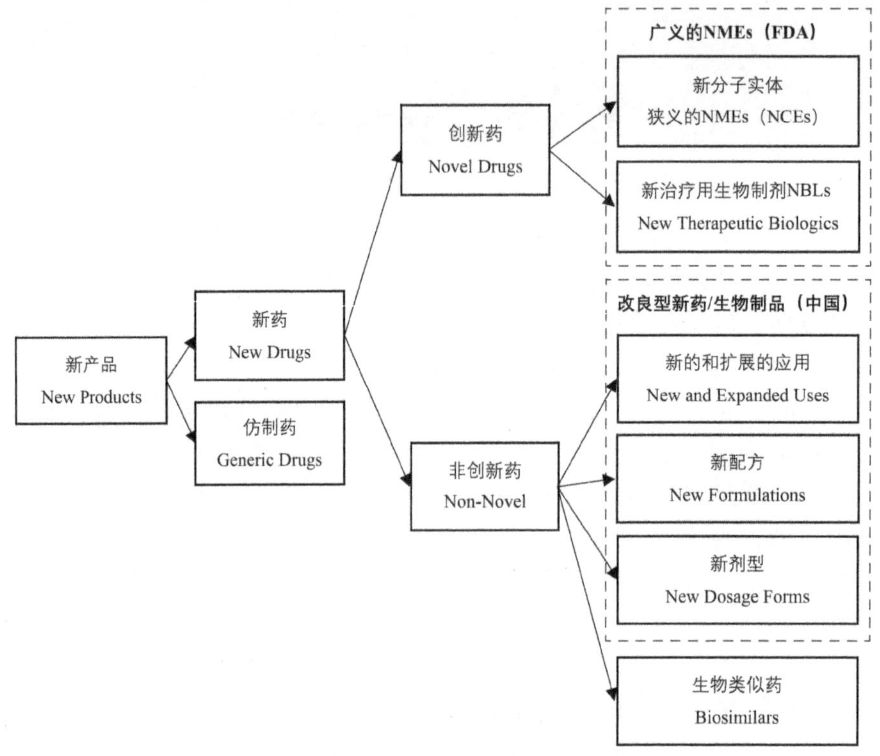

图 3－1　新产品、新药、创新药之间的关系

注：参考《中国药品注册管理办法》（2020）和 FDA 新治疗用药批准年报（2019）[81]；狭义的 NMEs 和 NCEs 可互换使用，通常指新的化学结构，广义的 NMEs 包括新的治疗用生物制品（FDA 按 NMEs 审查）[83]。

新药（New Drugs），相对仿制药而言，根据《中国药品注册管理办法》(2020)，新药（化学药和生物制品）分为创新药和改良型新药。

创新药（Novel Drugs），相对于改良型新药而言，创新药通常是市场上最具创新性的产品[81]。中国创新药的分类包括创新药（化学药）和创新型治疗用生物制品。根据中国《化学药品注册分类改革工作方案》（2016），创新药（境内外均未上市）指含有新的结构明确的、具有药理作用的化合物，且具有临床价值的药品；改良型新药（境内外均未上市）是指在已知活性成分的基础上，对其结构、剂型、处方工艺、给药途径、适应证等进行优化，且具有明显临床优势的药品[82]。根据中国《生物制品注册分类及申报资料要求》(2020)，创新型生物制品是指境内外均未上市的治疗用生物制品；改良型生物制品是指对境内或境外已上市制品进行改良，使新产品的安全性、有效性、质量可控性有改进，且具有明显优势的治疗用生物制品。对于创新药和改良型新药的定义，不同国家之间存在差异。美国的创新药通过提供从未在美国上市的疗法来帮助推进临床治疗。总之，可以看出新产品、新药、创新药三组之间存在明显的不同，新产品不等于创新产品，新药也不等于创新药。

3.1.2　药品创新的维度

STILLER I（2020）认为，药品创新最好被理解为一个由药物新颖性和治疗价值组成的二维结构[84]。

3.1.2.1　治疗获益和新颖性是药品创新定义的两个重要维度

综述研究表明，新药哪些特征构成了可奖励/补偿的药物创新，意见并不统一[83]。该综述研究将44个药品创新的定义（含重复）归入10个维度，结果见图3－2。

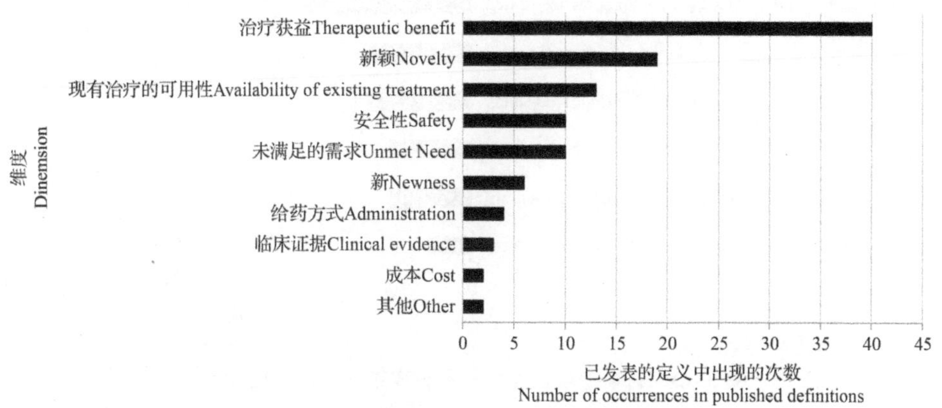

图3－2　药品创新定义中各维度出现的次数[83]

治疗获益出现在40个药品创新定义中，是最重要的维度。根据国际药物通报学会（International Society of Drug Bulletins，ISDB）公告的声明，“治疗性”创新的概念表明了一种新的治疗方法，与以前的现有选择相比，它对患者是有益的[73]。而治疗获益本身就包含了疗效（Efficacy）、安全性（Safety）和方便性（Convenience）三个相互关联的要素，是与先前存在的选择相比对患者的额外获益，又称为治疗价值或者临床价值。在判断药物创新是不是一种治疗进步时，同时考虑疗效、安全性和方便性是至关重要的[73]。

新颖性是第二个重要的维度。这里通常是指新药的结构或作用机制的新颖性，属于研发过程中的技术创新或药理创新，与治疗创新是有区别的。这种新颖性本身并不值得被奖励，临床医生会优先关注新药的治疗获益而不是新颖性[83,85]。

在某些定义中，假设产品必须是新颖的才能具有创新性，可能会导致无法充分认识到治疗获益。尽管新颖性和创新性的概念往往相互关联，但无论是新颖性还是有效性单独都不足以被称为药物创新。即使是新颖性和有效性的简单结合也是不够的，药物创新需要有效的新颖性[86]。创新是一种创造不同价值的行为，从改变已经存在的东西（渐进的进步）到创造以前不存在的东西(重大的突破)[87]。

另外一项调查证实了药物创新定义中的治疗获益和新颖性这两个维度对于医学专家同样重要（见图3-3）。该项调查就过去25年（1985—2009）FDA批准的新药中哪些最具有变革性作用，达成了共识。该共识基于最重要的两个依据，提高疗效以及新型作用机制，二者分别是治疗获益和新颖性的重要表现[85]。

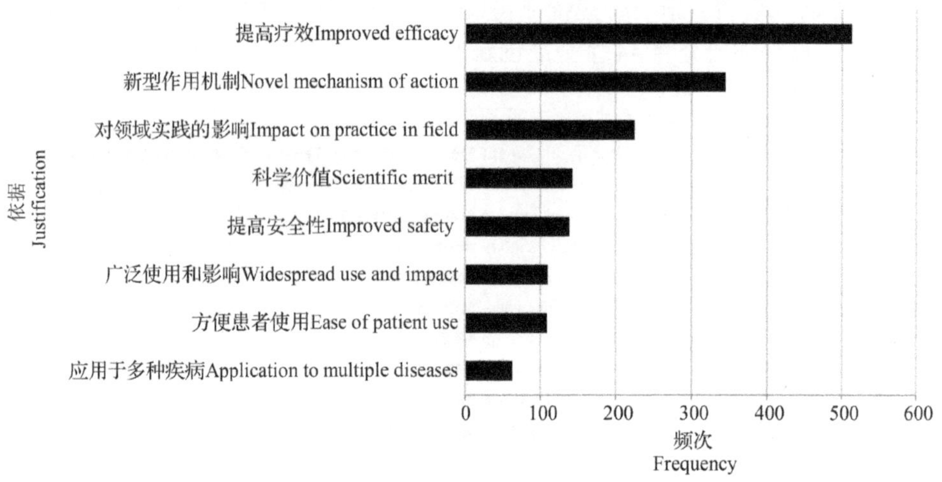

图3-3 医学专家认为新药具有变革性作用的理由[85]

3.1.2.2 治疗获益与新颖性二者之间的联系

欧洲药品评价局（EMEA）批准的生物技术药物（1995—2003），只有约1/4（15/61）是创新药物，与有效对照药物相比，这15种药物中有2种（13%）在硬终点方面显示出治疗优势[88]。EMEA批准的176种治疗药物(1995—2004)，其中有49种（28%）被归类为具有重要程度的治疗创新。60种生物技术治疗剂中有15种被认为是重要的治疗创新（25%），而非生物技术治疗剂的这一数字为29%[89]。摩托拉（Motola）等人采用了一种专注于治疗创新以及药理学和技术创新的算法。药理创新被定义为改善依从性、更好的动力学或没有治疗优势的新作用机制，而技术创新则是通过新的给药系统或基于生物技术的开发过程等获得的现有活性成分的迭代。通过该算法对EMEA批准的151种产品（1995—2003）进行评估，71种（47%）产品代表了重要或适度的治疗创新。当评估121种被批准用于严重疾病的药物的子集，发现47种（39%）属于重要的治疗创新，19种（16%）属于适度的治疗创新，4种(3%）属于微小的治疗创新，而51种（42%）仅仅是药理学或技术创新[90]。

处方杂志国际版（Prescrire International）（2001）仅将近2 300种新药或现有药物的新适应证（1981—2000）中的74种（3%）评为主要或重要的治疗收益[91]。在生物技术药物和癌症治疗中，只有不到10%的药物被认为在临床硬指标方面有实质性的改善[88,92]。维特里（Vitry）等（2013）对澳大利亚的新药的质量价值进行了评估，共提出217项批准建议（2005—2007），其中新适应证81项（37.3%），新药69项（31.8%）。在摩托拉（Motola）的评分系统中，59种药物中有31种（52.5%）被评为药理或技术创新，28种（47.5%）被评为治疗创新。59种药物中只有7种（11.9%）被评为重要创新。与现有的治疗方法相比，只有少数在澳大利亚上市的新药提供了额外的治疗价值[93]。

3.1.3 药物创新的分类

本书总结了文献中出现的四种医药创新的分类方式，分类方式a既考虑了治疗创新，也考虑了药理创新和技术创新。分类方式b是站在企业的角度、市场的角度进行的分类。分类方式c和d完全是以治疗创新为结果导向的分类。分类方式a和d又进一步对治疗创新的程度进行了分级。

见图3-4a，摩托拉（Motola）等基于治疗创新（Therapeutic innovation）、药理创新（Pharmacological innovation）、技术创新（Technological innovation）的分类，对EMA集中程序后批准的治疗用药进行了创新程度的评估。其评估方法按可提供的治疗将药物分为三个层级：A. 尚无公认标准治疗的疾病的治疗用药；B. 患者亚群对已上市药物和/或其他医疗干预反应较差的疾病的治疗用药；C. 对已上市药物或其他医疗干预反应灵敏的疾病的治疗用药。并进一步将C层级划分为三个亚层：C1. 比现有药物更有效或更安全的药物（治疗创新）；C2. 单纯的药理学创新，即具有更好动力学或新作用机制的药物；C3. 单纯的技术创新，即具有与现有产品类似治疗作用的新型化学或生物技术产品。评估方法按治疗效果将药物分为三个层级：A. 对临床终点或经验证的替代终点有重大获益；B. 对疾病有部分获益或有重大获益的有限证据；C. 对疾病某些方面有微小或暂时获益。最终，根据可提供治疗方法和治疗效果的综合评价，将治疗创新分为三个层级：重要（Important）、适度（Moderate）和微小（Modest）的创新[90]。

见图3-4b，邝（Kwong）和诺顿（Norton）（2007）将药物分为创新产品、接近替代产品和新剂型三类创新[94]。创新产品被定义为与相同适应证的现有药物相比具有新颖药理作用机制的药物。接近替代产品其药理作用机制与用于相同治疗适应证的其他现有上市或研究产品相似。新剂型是现有产品的新剂型。

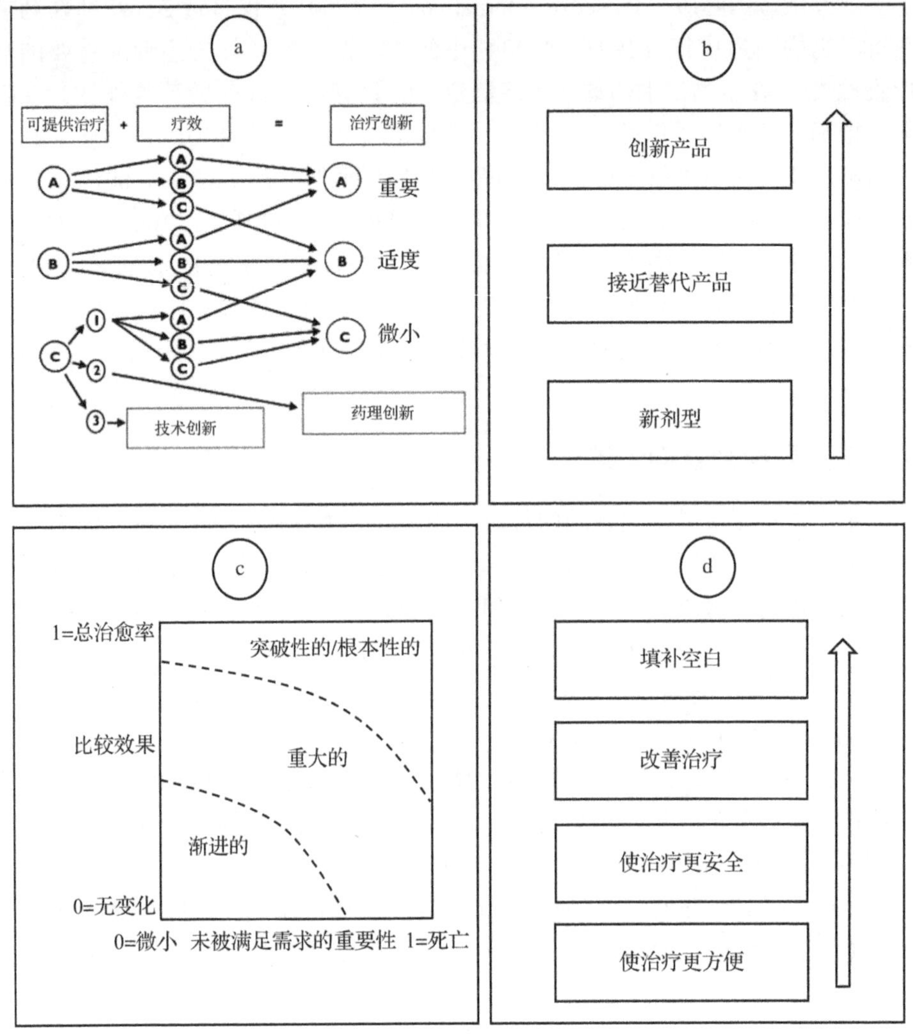

图 3-4 药物创新的分类方式汇总（a[90]、b[94]、c[86]、d[95]）

来源：作者根据文献整理。

见图 3-4c，摩根（Morgan S）等（2008）根据药物创新所解决的未满足医疗保健需求的重要性（未满足需求的严重性）以及它改善与该需求相关的净健康结果的程度（比较有效性），药物创新可以被认为是渐进的、重大的或根本性的[86]

见图 3-4d，费尔纳（Ferner）等（2010），根据临床实用性和创新程度将药品创新分为四类：在没有有效治疗的情况下治疗疾病，在没有持续满意治疗的情况下改善治疗，使治疗更安全，以及使治疗更方便。并区分了五个创新水平：高（High）、中（Moderate）、微小（Slight，健康相关）、微小（Slight，非健康相关）和无创新[95]。

3.1.4 药品创新的衡量

衡量制药行业的创新具有挑战性[87]。不同的利益相关者（患者、制药公司、医疗保健系统和政府）对创新药品有用性的观点不同[96]。药品创新效果的测量，包括健康相关结果（提高临床疗效、提高安全性、提高成本效益、提高公平性、改善便利性等）和非健康相关结果（公司盈利能力、改善就业、增加国家财富、改善环境等）[95]。

3.1.4.1 NMEs数量和治疗价值是较常用的药品创新测量指标

见图3-5，凯塞尔海姆（Kesselheim）等（2013）综述研究表明药物创新衡量指标主要有四类：批准新药数量（21/42，50%）、治疗价值（14/42，33%）、专利(4/42，10%)、经济指标（3/42，7%）。每一种方法在描述创新的效用上都有局限性[97]。而批准新药数量又多为NMEs（62%）可见NMEs数量和治疗价值是衡量药物创新的较常用的两个指标。

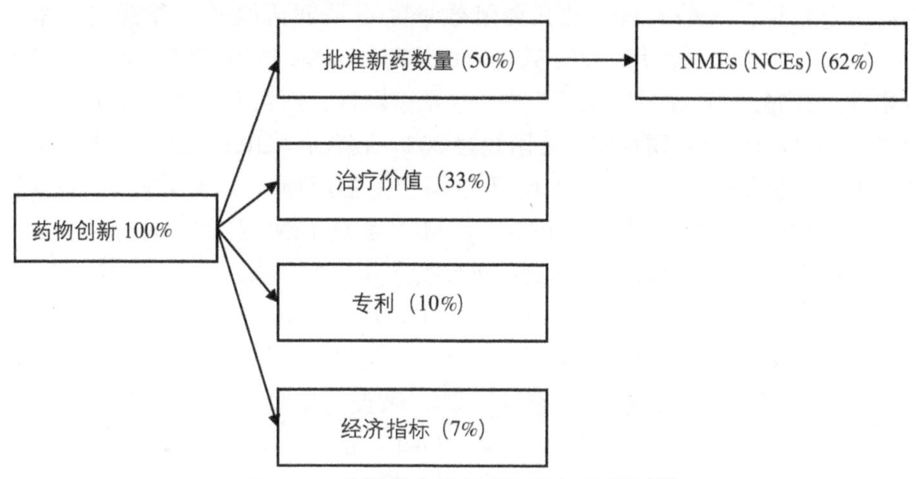

图3-5 衡量药物创新的四种方法占比[97]

来源：作者根据文献整理。

过去，每年批准的新药数量经常作为衡量药物创新的指标[98]；目前，每年批准的NMEs数量是衡量药物新颖性的标准[84]。尽管大多数研究使用简单的NME或NCE数量，但近年来越来越多的研究者应用更复杂的算法或其他方法来评估药物创新。治疗价值指标在评估公共和私人来源药物开发投资的有效性方面最有希望。同时，治疗价值评估药物创新也有一些重要的局限性，量化治疗价值的算法很难得到一致的应用[97]。经济指标和专利率是评价药物创新最不常用的指标。经济指标可能难以采用，因为创新可能无法反映在药物的投资回报或开发成本中。专利，很多企业通过开发批准药物的微小变化来扩展专利[85]。

14 篇文章通过评估已批准药物的治疗价值来衡量药物创新[97]。3 项研究根据上市前试验的质量来衡量药物的治疗价值[99-101]。7 篇论文主要通过与市场上其他替代品的比较来评估治疗价值。蓬特曼（Puntmann）等（2010）使用了一种更为复杂的算法 EVITA（评估框架），评估药物创新的治疗优势，该算法根据疗效、安全性、需要治疗的数量、使用的终点类型（替代终点与最终终点）和治疗目的（预防或治疗）对药物的上市前临床试验进行评分[100]。摩根（Morgan）等（2005）通过修改加拿大专利药品价格审查委员会对治疗新颖性的评估，评估了加拿大批准的药物的创新性，从“轻微或无改善”到“中度改善”再到“突破”。专利药品价格评审委员会将突破性药物定义为“第一种有效治疗特定疾病或比现有产品有实质性改善的药物。”

3.1.4.2 NMEs 作为衡量指标的局限

威尔斯（Wills）（2020）认为虽然获批 NMEs 的数量是常用的衡量药品创新的一个指标，这种测量方法只测量数量而不是创新性[87]。维泽勒（Wieseler）等（2019）认为用 NMEs 数量来衡量药物创新的方法至少有两个关键的局限性。首先，NMEs 只反映了药物的技术新颖性，而没有反映药物的治疗价值[84]，例如与现有药物相比，德国超过 50% 的新药（2011—2017）没有提供额外的治疗获益[102]。其次，NMEs 不适用于生物药物[103]，评估药物创新时，生物制剂常被排除在外[104]。见图 3-6，本文汇总了 NMEs 的四种分类，从分类中可以进一步了解 NMEs 作为药品创新衡量指标的局限。

分类 a[105]，格拉博夫斯基（Grabowski）等（2006）将 NMEs 细分为全球（Global）NMEs（要么至少在美国、加拿大、法国、德国、英国、意大利和日本等七国集团的四个国家引入新药，要么代表高质量或具有商业重要性的 NCE，或者二者兼而有之）、同类首创（First-in-class）NMEs、生物技术药物以及孤儿药（NMEs 在批准前认定，用于在美国影响不到 20 万名患者的罕见疾病患者）。

分类 b[106]，摩根（Morgan）等（2012）按照 FDA 对 NMEs 的批准分为三类：在化学或生物亚组内批准的同类首创（First of kind）NMEs，在同类首创 NMEs 获批后 10 年内批准的早期跟随（Early follow-ons）NMEs，以及 10 年后批准的后期跟随（Late follow-ons）NMEs。

分类 c[107]，兰蒂尔（Lanthier）等（2013）认为创新定义的界定是研究创新的关键，尽管每个 NME 都有不同的创新性，但并非所有 NMEs 都具有相同

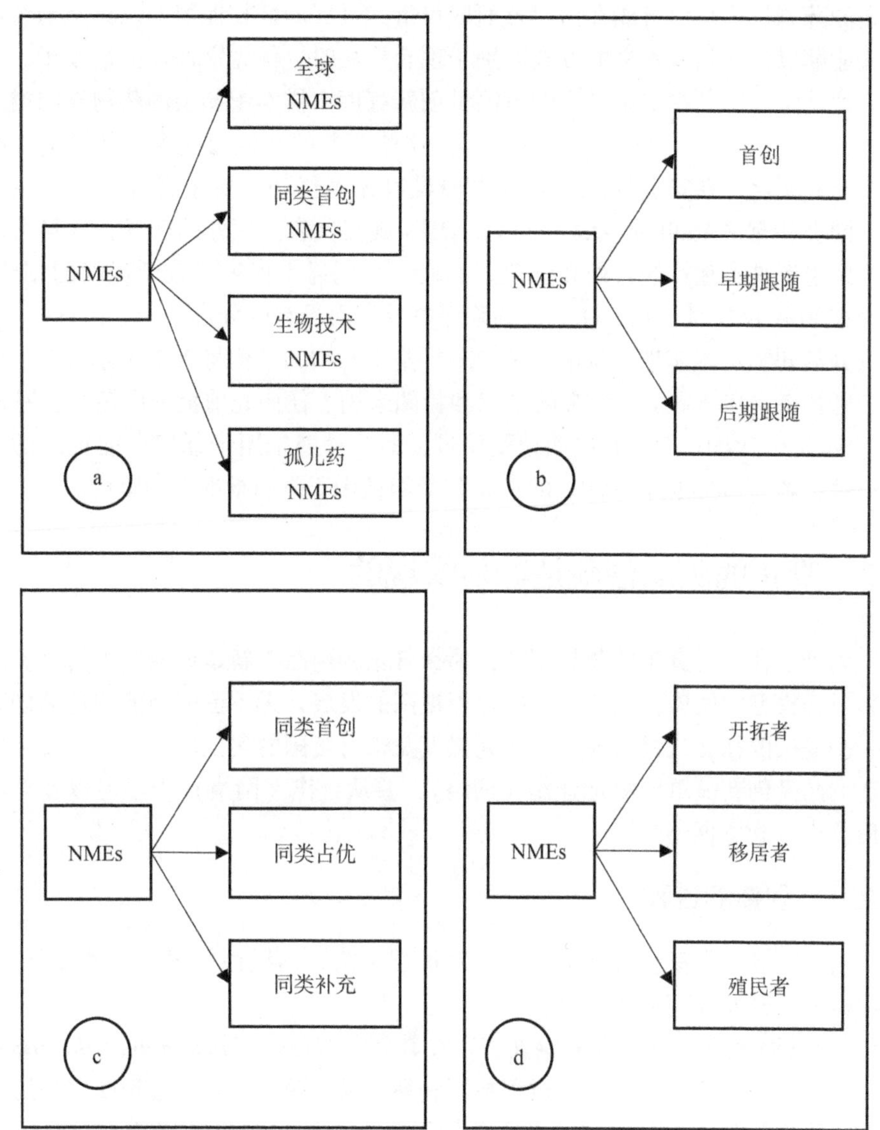

图 3－6 NMEs 分类的汇总

来源：作者根据文献整理。

的创新性。在其各自的药物类别内批准的第一种药物被视为同类首创（First－in－class）NMEs。首创的药物在药理学上是创新的，因为每一种药物都是治疗疾病的新途径。尽管同一类别的后续批准可能比第一种药物更具优势，但首创药物确实具有创新性，因为每种药物都代表了一种新的药物治疗方法。同类占优（Advance－in－class）NMEs 被定义为非同类首创药物，但获得优先审评指定的药物，这是为可能在治疗方面取得重大进展的药物保留的。只有当候选疗法能够以具有临床意义的方式区别于现有疗法时，优先审评才会被授予。优先审评认定表明药物临床潜力的可测量创新程度。样本中剩余的药物被归类为同类补充（Addition－to－class）NMEs。这些药物的功能与同类药物类似，与现有产品相比，在安全性或有效性方面没有显著优势。对患者和临床医生来说，同类补充（Addition－to－class）NMEs 确实代表了额外的选择，并且可能对个别患者具有独特的益处和价值。然而，它们通常代表着较低程度的创新，因为在 FDA 审评时，它们在潜在的临床益处方面没有区分自己。

分类 d[87]，威尔斯（Wills）（2020）基于药物的结构将 NMEs 分为三个分类。开拓者（Pioneer），NME 的形状和骨架未用于任何先前批准的药物；移居者（Settler），NME 的形状以前曾使用过，但其骨架未用于任何以前批准的药物；殖民者（Colonist），NME 的形状和骨架被用于先前批准的药物中。

3.2 真正的药品创新是如何实现的

识别了什么是真正的药品创新，那么真正的药品创新是如何实现的呢？从创新过程模型的发展，到药品创新过程视图的发展，无不证明当前的药品创新是一个复杂的社会过程。最近的研究焦点及来自美国的实证研究证明，要实现真正的药品创新最重要的是合作（网络），要从合作（网络）中学习以及学习如何合作（建立网络）。

3.2.1 创新的过程

通常，经济学家和管理学家的创新过程是简化的线性过程，即基础研究、应用研究、开发及商业化[108]97。

伯努瓦·戈丁（B. Godin）（2017）在其著作 *Models of innovation: the history of an idea* 中，将创新模型分为过程模型和系统模型两个大类，过程模型是历史模型，系统模型是社会模型；一个是发展模型，另一个是功能模型。但戈丁（Godin）强调，过程模型和系统模型在很大意义上都是社会过程的模型[108]5。在创新研究中，过程意味着时间上的一系列活动或制度体系及其关系[108]5。时间和空间是理解创新过程的两个基本框架（经合组织，1978）[108]5。

如表 3－1 所示，创新过程模型已经发展到第五代（罗艾·劳斯韦尔（Roy Rothwell），1992）：第一代，技术驱动模型（Technology Push）；第二代，需求拉动模型（Need－Pull）；第三代，耦合模型（Coupling Model）；第四代，整合模型（Integrated Model）；第五代，系统整合与网络模型（Systems Integration and Networking Model，SlN)[109]。

与第五代系统整合与网络模型相对应，创新系统（IS）方法将创新视为一个由不同参与者组成的互动过程，强调企业不能孤立地进行创新：创新被视为一个集体过程[38]。在创新过程中，企业与其他企业以及非企业组织（如大学、研究中心、政府机构、金融机构等）进行互动。他们的行动是由制度决定的［伦德瓦尔（Lundvall），1993；卡尔森，1995 年］。而关系和网络是创新过程的关键要素［埃德基（Edquist），1997］[38]。产业创新可以描述为一个知识积累的过程，或学习过程，涉及内部和外部学习的要素［罗艾·劳斯韦尔（Roy Rothwell），1994］[110]。学习是创新的关键决定因素［埃德基（Edquist），1997］[38]。

表 3－1　五代创新过程模型[109]

创新过程模型	特点
第一代技术驱动模型(Technology push)	简单的线性顺序过程；重视研发；市场是研发成果的盛器
第二代需求拉动模型(Need－pull)	简单的线性顺序过程；强调市场营销；市场是指导研发的思想源泉，研发具有反应作用
第三代耦合模型(Coupling model)	顺序，但有反馈回路；推或拉或推/拉组合；研发和营销更加平衡；注重研发/营销界面的整合
第四代整合模型(lntegrated model)	与整合开发团队并行开发；强大的上游供应商联系；与领先客户紧密合作；强调研发与制造（可制造性设计）的整合；横向合作（合资等）
第五代系统整合与网络模型(Systems Integration and Networking model，SlN)	完全整合的并行开发；在研发中使用专家系统和模拟建模；与领先客户的紧密联系（“以客户为中心”处于战略前沿）；与主要供应商进行战略整合，包括共同开发新产品和相关 CAD 系统。横向联系：合资企业；合作研究小组；合作营销安排等。强调企业的灵活性和发展速度（基于时间的战略），更加注重质量和其他非价格因素

3.2.2　药品创新的过程

从“V”形图到 4D 图——药物发现和开发的复杂过程

“高技术、高投入、高风险、长周期”的特点是药物研发或创新的行业共识。这些特点源于药物发现和开发的复杂过程。见图 3－7，尽管治疗药物开发过程复杂，但它通常用一个单向简化的“V”形图表示[111,112]。

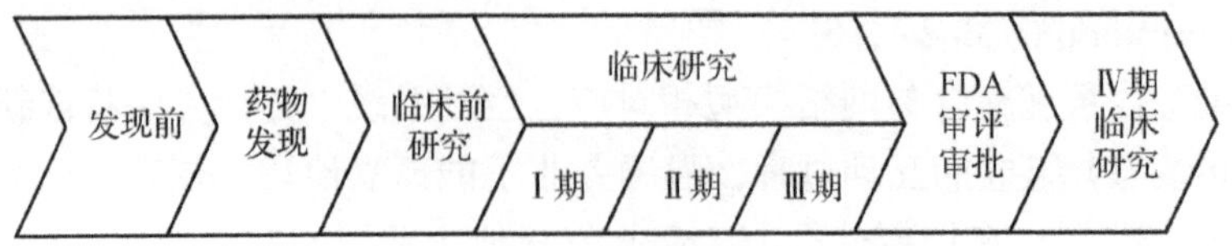

图 3-7 治疗用药开发的"V"形图

在"V"形图下，药物发现和开发通常被规划为一条"管线（Pipeline）"[111]。其作为"管线"的共同特征意味着候选治疗药物以不变的形式从基础研究发现到药物再到应用的一致单向流动，这与容易失败的迭代学习循环形成鲜明对比。在现实中，科学家、医生、监管者、支付方和患者必须经过这些循环来开发和使用新的治疗药物。这种根深蒂固的误称导致公众对药物开发过程缺乏了解，对科学和公共政策产生影响，并导致可能无法改善甚至恶化该过程的行动[113]。

在美国国家科学院、工程院和医学院的药物发现、开发和转化论坛（论坛）的主持下，建立了一个"合作行动"（Action Collaborative）[111]，来自治疗用药开发生态系统各个部分的一组利益相关者众包了当前药物开发过程的完整、准确和全面的图表，称为药物发现、开发和部署图（The Drug Discovery, Development and Deployment Maps，4DM），包括小分子 4DM、生物制剂 4DM，其中展示了最容易延迟或失败的步骤[111]。该图于 2017 年年底发布（https://ncats.nih.gov/translation/maps）。

参与者对小分子和生物发展之间关键差异的洞察导致了小分子和生物制剂的不同版本，后者使用单克隆抗体作为代表形式。这两种图之间的主要区别在分别表示候选治疗方案的识别和优化的两个区域。与以前的模式相比，上市后活动区域（G）现在包括对安全性、使用模式和有效性的观察。医疗景观区域（H）抓住了越来越关键的准入和报销问题。临床研究和发展区域（E），强调了自然史研究、流行病学和患者参与的关键重要性。最后，增加了一个靶向治疗药理学和生物标志物开发区域（B），尽管人们认识到生物标志物的开发是在发现和开发的多个阶段进行的，而不是在这个过程中的某段时间[111]。

4DM 为药物发现和开发的复杂过程提供了一个网络视图，有助于生态系统参与者之间进行更流畅的对话，以鼓励进一步的创新[111]。

药物发现和开发方法的变化，导致了药物发现和开发的新方案，其特点是更高的复杂性，需要更多不同学科的互动和整合[114]。

3.2.3 合作重要

3.2.3.1 合作是近期的研究焦点

罗马桑塔（A. K. S. Romasanta）等（2020）从宏观、中观和微观三个层面对制药研发和创新相关研究文献进行了综述分析[115]。15 年间（2000—2014）的研究焦点，宏观层面包括创新系统和知识转移；中观层面包括战略联盟、合作网络、开放式创新、资源和能力；微观层面包括产品开发、组织学习和战略团队。战略联盟、合作网络和开放创新是近期的研究焦点，这三个主题有一定程度的重合，共同特征就是合作（见图 3－8 的绿色模块），这源于药品研发过程的复杂性及行动者的异质性［鲍威尔（Powell）等，1996；罗瑟米尔（Rothaermel）和博克（Boeker），2008］[115]。

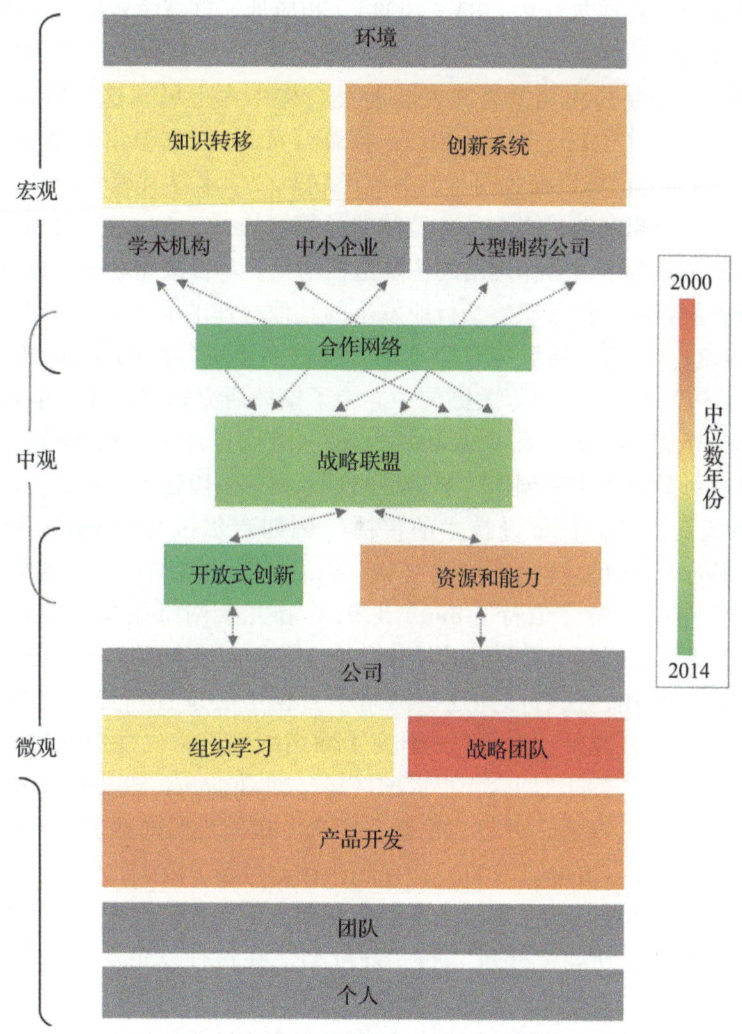

图 3－8　制药行业创新研究的整合框架[115]

注：研究主题按其分析水平进行分组。模块的大小反映了文献的数量。右侧“中位数年份”栏中的颜色表示文章的焦点在 2000 年到 2014 年的转移。

在所有研究主题中，战略联盟在过去十年中增长最快，不仅在规模方面，而且在其对创新文献的影响方面（根据引文衡量）。由于研发过程越来越复杂，企业需要合作［鲍威尔（Powell）等，1996；罗瑟米尔（Rothaermel）和博克（Boeker），2008］。在制药行业，有不同的参与者具有不同的专业能力：基础研究大学、早期药物发现的小公司和后期药物开发和营销的大型制药公司［比安奇（Bianchi ）等，2011；斯图尔特（Stuart）等，2007］。为了使药物开发向前发展，参与这些联盟的公司还有一个次要目标，即从合作伙伴那里获取关键知识［鲍威尔（Powell），1998］。相应地，创新学者探索了伙伴关系发起和伙伴选择的驱动因素。这甚至在管理界引发了一场争论，小型生物技术初创公司或大型制药公司是否在发起此类合作中占上风［迭斯特雷（Diestre）和拉贾戈帕兰（Rajagopalan）2012；梅森（Mason）和德雷克曼（Drakeman）2014］。随着公司可以随时参与许多此类联盟，学术界对理解如何有效管理公司的联盟组合越来越感兴趣［如范德弗兰德（Van de Vrande）2013］。

在中观集群中，合作网络的主题也在增长。不像战略联盟，重点是合作本身，合作网络将合作置于整个行业发生的其他合作的大背景下［古拉蒂（Gulati）1998］。与孤立地看待联盟不同，网络使用更广泛的视角，反映在“网络”“结构”“中心性”等关键词中。为了整体研究这些合作，学者们使用各种网络分析工具，将个人或组织映射为由一组社会关系连接的节点。这些网络可以从各种数据源重新创建，最常见的是专利、出版物和并购。一个被广泛探索的领域是网络如何促进技术的传播［例如吉尔希（Gilsing）和诺特布姆（Nooteboom）2006；奥尔塞尼戈（Orsenigo）等人，2001］。这类研究通常会引发关于结构漏洞［伯特（Burt）1992］和冗余网络结构［科尔曼（Coleman）1988］在创新中重要性的经典辩论。在任何情况下，个人和公司都会更积极地发挥作用，使自己在这些网络中占据中心位置［如董（Dong）和杨（Yang）2016］。此外，学者们还研究了除组织间网络之外的其他网络，包括单个公司内科学家们之间合作形成的网络（如 Grigoriou 和 Rothaermel 2017）。

在过去的 20 年里，开放式创新，广义上指的是向外部创新开放企业边界［切斯布洛（Chesbrough）2003］，在制药行业引起了极大的兴趣。它特别关注这些公司与学术机构、生物技术初创公司和大型制药公司等各种知识来源接触的不同关系模式（如“外包”和“许可”）。在这种以企业为中心的观点下，与开放式创新主题相关的一个主要部分是吸收能力，它被定义为企业“认识外部知识价值、吸收外部知识并将其应用于商业目的的能力”［科恩（Cohen）和列文塔尔（Levinthal）1990］。事实上，由于其重要性，科恩（Cohen）和列文塔尔（Levinthal）（1990）的里程碑论文是数据集中引用最多的文章。随着行业内企业吸收新知识的方式不断演变，创新学者多次重新审视吸收能力，例如，他们追踪了其行业特定过程［帕特森（Patterson）和安布罗西尼（Ambrosini）2015］。随着该行业继续转向合作，我们看到了中观层面与其他研究层面的更大融合和整合。

大量研究记录了组织的合作网络与其创新产出之间的强烈相关性，尤其是在研究密集型行业，在这些行业中，网络是创新的中心［鲍威尔（Powell）、科普特（Koput）和史密斯－多尔（Smith－Doerr），1996］[116]。鲍威尔（Powell）（1990）在其开创性作品《既不是市场也不是等级制度：网络形式的组织》（*Neither market nor hierarchy：network forms of organization*）中指出，在某些特定的情况下，关系或网络形式的组织是一种明确可识别且可行的经济交换形式，并对市场、等级制度和网络三种不同的经济组织形式进行了比较（如表3－2所示）。

表3－2 经济组织形式的程式化比较[118]

	形式		
主要特征	市场 Market	等级制度 Hierarchy	网络 Network
规范基础	合同—产权	雇佣关系	优势互补
沟通方式	价格	日常工作	关系
冲突的解决方法	讨价还价诉诸法院强制执行	管理的法定监管	互惠规范，声誉问题
灵活性程度	高	低	中等
当事人之间的约定金额	低	中等至偏高	中等至偏高
基调或氛围	精确的和/或怀疑的	正式的，官僚的	开放式，互惠互利
行为人的偏好或选择	独立的	依赖的	相互依存的
混合形式	重复交易［格尔茨（Geertz），1978］，合同作为分层文档［斯廷奇科姆（Stinchcombe），1985］	非正式组织［德尔顿（Delton），1957年］，类似市场的功能：利润中心，交换价格［埃克尔斯（Eccles），1985］	多个合作伙伴，正式规则

鲍威尔（Powell）等（1996）实证研究证明，在生物技术领域，创新的轨迹存在于组织间关系的网络中，这些关系维系着一个不断变化的（学习）社区[117]。

整合互补性资产的需求在企业之间联盟（合作）的发展中发挥了作用。一系列研究的一个关键发现是，行业的研发强度或技术成熟度水平与这些行业联盟的强度和数量正相关。从广义上看，技术变革有两种形式。其一，当先进技术建立在现有技术的基础上时，老牌公司将获得大部分好处。其二，当新的发现造成技术上的不连续性，或者彻底打破以前占主导地位的方法时，现任者的许多优势都可能被剥夺。这种激进的新发展有可能重组一个成熟的行业，生物技术对成熟制药工业的影响便是如此。生物技术代表着一种破坏创新的能力，因为它建立在免疫学和分子生物学的知识基础上，与更成熟的制药行业的有机化学的知识基础显著不同[117]。当一个行业的知识基础既复杂又不断扩大，且专业知识来源广泛分散时，创新的轨迹将出现在学习网络中，而不是单个企业中[117]。生物技术行业对组织间合作的大规模依赖反映了人们对获取知识的根本和普遍关注[117]。新技术既是一种刺激，也是各种合作努力的重点，这些合作努力旨在减少与新产品或市场相关的固有不确定性。在生物技术领域，创新的核心是维持一个流动和不断发展的社区的组织间关系网络[117]。

企业不是利用外部关系作为一种临时机制来补偿其尚未掌握的能力，而是利用合作来扩展其所有能力。通过相互依赖而不是通过垂直整合来保持独立学习的能力，这反过来又促进了社区层面的互惠主义。竞争不再是一场零和的游戏，而是一种提供资源的新机制随着知识的进步而发展的正和的关系[117]。

这种关系的核心是获取相关知识的关键需求：一种复杂的、广泛分布的、不容易在企业内部产生或获取的知识[117]。

3.2.3.2 从合作中学习以及学习如何合作[119]

对于小型生物技术公司和大型全球制药公司来说，一个关键的挑战是从与外部各方的合作中学习，以及构建一个合作伙伴组合，提供获取新兴科学技术和必要组织能力的途径[119]。

广泛的组织间联系对知识传播、学习和技术发展至关重要。在迅速发展的生物技术领域，知识库既复杂又不断扩大，专业知识来源分散广泛。当不确定性较高时，组织与外部各方的互动更多，而不是更少，以获取知识和资源。

在生物技术领域，企业必须具备吸收知识的能力。内部能力和外部合作是相辅相成的。在评估外部开发的想法或技能时，内部能力是不可或缺的，而与外部各方的合作提供了获取内部无法生成的新闻和资源的途径。网络提供了及时获取其他方面无法获得的知识和资源的途径，同时测试了内部专业知识和学习能力[119]。

生物技术是与多学科和多产业相关的技术[119]。生物技术领域最初的研究主要是源于对重组 DNA 方法的发现，以及创造单克隆抗体的细胞输注技术，这些研究主要基于分子生物学和免疫学。早期的发现极具突破性，如果没有互动，知识的转移就会很慢。随着科学的迅速传播，基因工程、单克隆抗体、聚合酶链反应扩增和基因测序技术已经成为微生物学研究生标准工具包的一部分。要想保持领先地位，就必须站在寻求知识和技术发展的最前沿。此外，从遗传学、生物化学、细胞生物学、普通医学、计算机科学，甚至到物理学和光学科学，许多新的科学领域都已密不可分。

生物技术领域也是多机构的[119]。除研究型大学、初创企业和老牌企业外，政府机构、非营利研究机构和领先的研究医院在开展和资助研究方面发挥了关键作用，而风险投资家和律师事务所则扮演着人才搜寻、意见提供、顾问和金融家的重要角色。在生物技术领域，知识发展迅速、来源分散，竞争所需的所有必要技能和组织能力都不容易在同一个屋檐下找到，组织结成广泛的联盟，以获得不同的能力和知识。组织在获取超出其边界的知识和技能方面的能力各不相同。DBF、研究型大学、制药公司、研究机构和领先的医疗中心都在不断寻找合作伙伴，帮助他们跟上或领先这一快速发展的领域。但各组织在合作方式上存在很大差异[119]。

在创新驱动的领域，企业参与学习竞赛。这些竞赛在平行轨道上进行，一个涉及从合作中学习，另一个涉及学习如何合作。这两项竞赛都需要发展技能，以促进信息和知识的转移[120]。

3.2.4 基于美国的经验证据

一直以来，美国在 NMEs 获批总数量、Global NMEs 获批数量、First - in - class NMEs 获批数量方面占据绝对优势地位[105]。香榧投资银行（Torreya）（https：//torreya. com），全球活跃的专注于医药领域的投资银行，于 2021 年 11 月发布了 The Pharma 1000 报告（世界上最有价值的 1 000 家制药公司）。据报告显示，美国波士顿大都会区（the Boston Metropolitan area，以下简称波士顿）、旧金山湾区（the San Francisco Bay Area，以下简称湾区）、圣地亚哥县（San Diego County）占据了全球生物技术集群的前三的位置。从 20 世纪 90 年代初到 2003 年底，由 DBF 开发并经 FDA 生物制品评估与研究中心（CB-ER）批准的 37 种药物中，有 21 种来自这三个地区的公司。2001 年，负责开发销售最广的 10 种生物技术药物的六家公司，其中五家来自这三个地区。在 2009 年的一项研究样本中，1988—1999 年，60% 的生物技术专利和一半的正式合同合作涉及这三个已建立的集群中的公司[116]。

美国是如何实现药品创新的？本文没有对各种观点进行全面综述，而是重点关注在研究生物医药合作关系影响最为广泛的美国社会学家鲍威尔（Powell）及其合作者的系列文献（如表3-3所示）。鲍威尔（Powell）及其合作者对美国生物医药产业，尤其波士顿及湾区的合作关系（网络）进行了深入、系统的研究，或可提供参考。

表3-3　Powell及其合作者的部分著作

时间	作者	题目
1990	鲍威尔（Powell）	既不是市场也不是等级制度：组织的网络形式（Neither market nor hierarchy：network forms of organization）
1996	鲍威尔（Powell）、科普特（Koput）和史密斯-多尔（Smith-Doerr）	组织间合作与创新轨迹：生物技术学习网络（Interorganizational collaboration and the locus of innovation：Networks of learning in biotechnology）
1998	鲍威尔（Powell）	从合作中学习：生物技术和制药行业的知识和网络（Learning from collaboration：Knowledge and networks in the biotechnology and pharmaceutical industries）
2004	欧文·史密斯（Owen-Smith）、鲍威尔（Powell）	作为渠道和管道的知识网络：波士顿生物技术界的溢出效应（Knowledge networks as channels and conduits：The effects of spillovers in the Boston biotechnology community）
2005	凯利·波特（Porter, K.）、惠廷顿（Whittington）、鲍威尔（Powell）	高科技地区的制度嵌入：波士顿生物技术社区的关系基础（The institutional embeddedness of high-tech regions：relational foundations of the Boston biotechnology community）
2006	欧文·史密斯（Owen-Smith）、鲍威尔（Powell）	波士顿和湾区生物技术的出现和创新（Accounting for emergence and novelty in Boston and Bay Area biotechnology）

续表

时间	作者	题目
2009	惠廷顿（Whittington）、欧文·史密斯（Owen - Smith, J.）、鲍威尔（Powell）	知识密集型产业中的网络、邻近性和创新（Networks, propinquity, and innovation in knowledge - intensive industries）

其系列实证分析的数据主要基于 DBF 数据，时间范围为 1988—1999 年。通常，1980 年被视作美国生物技术发展的分水岭年[120]，基因泰克（Genentech）在当年成功上市，随后 DBF 兴起。1988 年，相当于 DBF 兴起后的第九年。2010 年后，中国新生物技术公司（NBF）开始大批创立（百济神州、信达、君实等），而 2018 年，刚好也相当于 NBF 兴起后的第九年。将 2018 年对标 1988 年，则 2022 年对标 1992 年，刚好落在研究期间的正中。从这个意义上来讲，研究结果对当前中国药品创新发展具备一定的参考意义。

3.2.4.1 波士顿和湾区的合作网络比较

了解成功的集群如何产生实质性的创新，需要关注网络的动态，这些网络将小型的基于科学的生物技术公司、投资者和非营利研究组织编织成一个连贯的区域性组织“社区”[121]。

欧文·史密斯（Owen - Smith）和鲍威尔（Powell）（2006）基于 12 年（1988—1999）战略联盟（合同）数据，跟踪了世界上最多产的，两个典型的成功生物技术集群波士顿和湾区的战略联盟的不同发展轨迹，通过网络分析对其成功的原因给出了解释。波士顿和湾区生物技术社区在 12 年的回顾期内变得更加相似，摆脱了各自对专业人士和风险投资者的依赖，并发展了强大的公司对公司的组成部分[121]。

如果不了解潜在的制度差异和开发新药的独特方法，人们很容易得出错误的结论，即公共研究组织、风险资本和小公司的结合是成功经济发展的最终秘诀。但类似的方法可能非常具有欺骗性，掩盖了制度和技术发展的根本原因上的巨大差异（如表 3 - 4 所示）[121]。

表 3 - 4 波士顿和湾区生物技术社区的主要区别

	波士顿	湾区
起源时主导二元合作模式	专业生物技术公司与公共研究组织（DBF - PRO）	专业生物技术公司与风险投资公司（DBF - VC）

续表

	波士顿	湾区
公共研究机构	麻省理工学院（MIT）和哈佛大学（Harvard）的卓越机构组合所在地，基础科学及临床医学强大 （MIT，强大的基础科学机构，但没有医学院。Harvard，强大的基础科学机构，有医学院、研究性医院和研究所。）	加州大学旧金山分校（UCSF）所在地，转化医学强大 ［UCSF 跨学科、跨职能的医学组织模式，重点是将基础科学转化为临床应用（Varmus 和 Weinberg 1992）。基因泰克采用并完善了这一模式，转化研发方法通过科学家流动转移，最终成为该地区的主导安排。］
知识技术来源	更依赖外部	更自力更生
新产品开发	为需要缓解特定疾病（罕见病）的可识别和活跃患者群体提供药物	速度更快、产量更高。为可能面临激烈竞争的更大市场（心脏病、癌症、糖尿病等）寻求新药物

来源：作者根据文献整理。

DBFs 合作的二元结构比较（见图 3－9）。网络组件中存在三种类型的二元结构：DBF 相互连接（DBF－DBF），DBF 与公共研究组织（大学或医院等）连接（DBF－PRO），或 DBF 与风险投资公司连接（DBF－VC）[121]。波士顿的二元结构见图 3－9a，湾区的二元结构见图 3－9b。在柱状图形中，下部深灰代表 DBF－DBF、中部黑色代表 DBF－PRO、上部浅灰代表 DBF－VC。总体来说，波士顿和湾区生物技术社区二元关系起点不同，但终点相似。波士顿在其发展早期通过与公共研究组织的共同联系而联系在一起（DBF－PRO），这些联系仍然是网络的重要组成部分，但 DBF－DBF、DBF－VC 的增加反映了商业网络的发展，这种商业网络在结构上变得自主，同时带有公共部门的印记[121]。在最初，湾区完全由连接 DBF 和当地风险投资公司的关系组成（DBF－VC）。湾区在很大程度上依赖于风险投资者的预期和牵线搭桥工作。随后几年里，风投的重要性也与日俱增。DBF－DBF 关系急剧增长，到 1999 年，超过了其他两种类型的二元关系。波士顿和湾区从依赖于非 DBF 组织形式演变为一个状态，即其中网络的重要部分通过基于科学的生物技术公司之间的直接连接（DBF－DBF）而变得一致。换句话说，网络进化中的相似端点是通过不同的路径到达的。而两者都依赖于不同于生物技术公司的组织：波士顿以公共部门为主，而湾区则由风险投资家主导。这些轨迹的终点是相似的，因为这两个地区在很大程度上依赖于表面竞争对手之间的合作，但它们不同的起点和不同合作伙伴的持续参与可能产生了独特的创新模式。

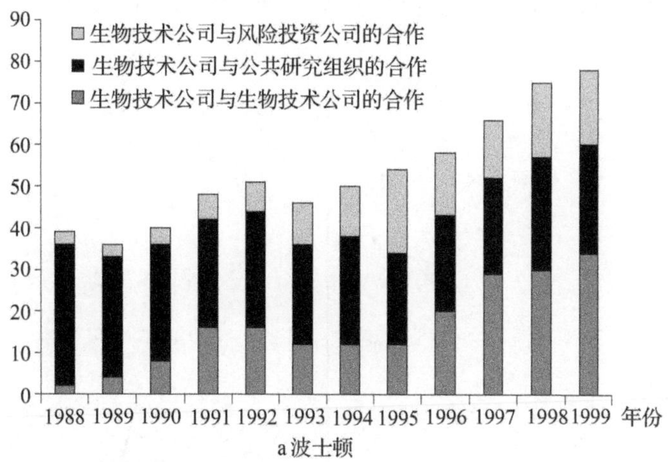

a 波士顿

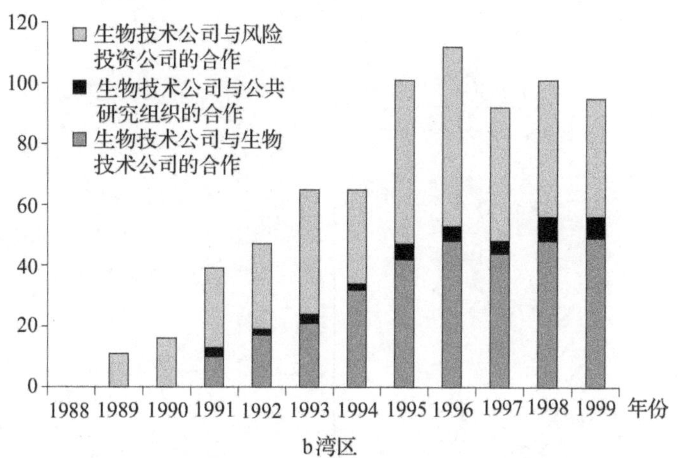

b 湾区

图3－9　波士顿和湾区合作网络中的二元结构比较

DBFs合作网络拓扑结构比较（见图3－10）。左图为波士顿生物技术社区的合作网络，右图为湾区生物技术社区的合作网络。原图中，节点用颜色表示组织的类型。青色节点是DBF，橙色节点是PROs，灰色节点是VC。连接的颜色同样代表不同类型的合作（契约关系）。红色代表研发关系，绿色代表财务关系，黑色代表许可关系，蓝色表示商业关系。给定连接的宽度反映了连接一对伙伴的连接数。当二元关系中存在多个联系时，联系的颜色反映了最新的活动类型。研发关系代表了共享研发工作的协议。财务关系反映了一个组织对另一个组织的投资。许可关系是指跨组织转让知识产权的协议。商业关系包括从制造到销售和营销的下游产品开发活动。可以看到，1988年，波士顿基于公共研究机构的网络，使其形成早于湾区；1999 年波士顿的许可关系和商业关系明显，而湾区的财务关系更为明显，这从侧面证明了波士顿依赖外部知识来源，而湾区依赖自力更生。

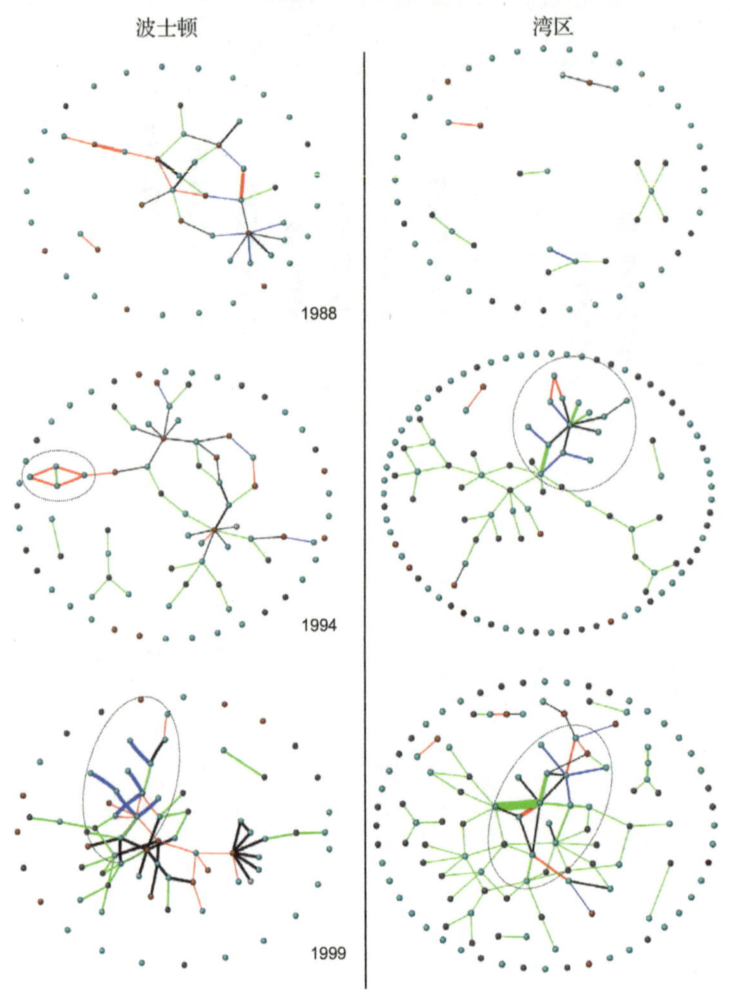

图 3－10　波士顿和湾区生物技术网络拓扑结构比较

3. 2. 4. 2　合作网络的演化

鲍威尔等（2005）对生命科学领域网络和制度演化进行了回归分析[122]。样本来源 BioScan（独立的行业目录），涵盖了 12 年（1988—1999）的 482 家 DBF。1988 年，符合标准 253 家，在 12 年里，新增 229 家，由于失败、脱离行业或合并，91 家退出。该数据库和该行业一样，主要集中在美国。

1988—1999 年，组织合作的主要活动从商业化转向了金融和研发。早期由大型跨国公司和第一代生物技术公司主导，它们合作将年轻公司的主导产品商业化，大型制药公司获得了最大的收入份额。在NIH的稳定支持下，研究进展吸引了新的参与者，也使现有的生物技术公司能够深化产品开发渠道，减少与大型制药公司的联系。研究进展吸引了风险资本的资助，这是由新的可能性所激发的。因此，合作活动从商业化转变为研发合作和风险融资。许多大型跨国公司被推到了边缘，有些则完全退出了网络[122]。少数研究型大学、关键政府机构、少数精英研究医院、大量生物技术公司，以及跨国巨头成为核心[122]。

该研究提出了两个观点。一是多连通性和多样性的组织更有可能成功。要与联系更广泛的不同合作伙伴或者与由位置良好的节点支持的新加入者保持一致。这一规则之所以强大，是因为它创造了新路径，吸引了新来者，同时将未能跟上步伐的现任者挤出。二是较老、联系较少的组织最有可能失败。虽然早期进入者比后期进入者有更多的时间建立联系，但如何建立联系以及开展什么活动至关重要。在行业网络中获得中心地位的途径是通过研发合作。其他途径要么无效，要么在产生中心性方面慢得多。

联系数量扩张的总体模式见图3-11（上），包括五类组织形式和四种活动。五类组织形式分别为生物技术公司（DBF）、公共研究机构（PRO，包括公立和私立大学、非营利机构和研究医院）、政府部门（Gov）、大型制药公司（Pharma）、风险资本（VC）。四种活动分别为商业化（COM），许可（LIC），金融（FIN），研发（R&D）。四种活动占比见图3-11（下），说明了政府部门和风险资本的专业化（政府部门专门从事研发，风险资本专门从事金融），生物技术公司和大型制药公司的多样化，而公共研究机构则显示了研发和许可模式的趋势。风险资本家逐渐主导金融业，制药业掌握商业联系，而许可和研发则由一系列行动者进行。

欧文·史密斯（Owen-Smith）和鲍威尔（Powell）（2008）认为是网络和制度共同演化的过程创造、维持和改变了世界，网络是制度效应的载体。任何特定关系的可能性和影响取决于合作伙伴的制度特征。与制药公司合作进行的研发和与大学合作进行的科学研究相比有很大不同，因为制药公司和大学在不同的制度逻辑下，在不同的选择环境中运作[123]。波士顿和湾区生物技术领域的生产力都很高，但波士顿是建立在一个源自公共部门的网络中的。而湾区则建立在以风险投资（VC）项目为起点形成的网络中。这两个区域网络中不同的制度锚导致了不同的创新方法。同时，随着该领域的一致性和对网络的依赖模式的巩固，出现了各种制度来促进和监测组织之间的合作。在大学校园内设立了办公室以促进技术转让，律师事务所发展了知识产权问题方面的专业知识，各种天使投资者和风险投资公司提供融资、管理监督和向一系列相关企业推荐等服务[123]。

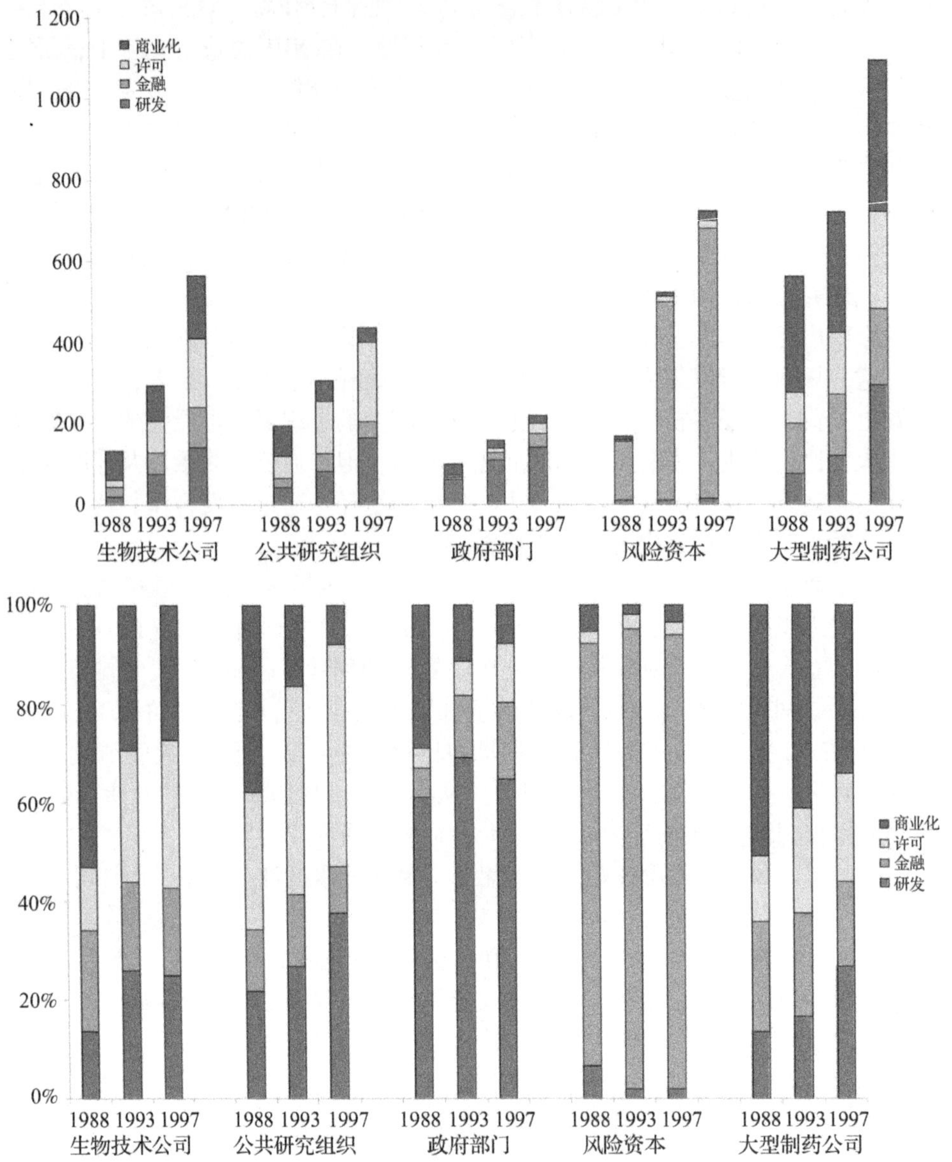

图 3-11 五类组织的四种活动的演化

3.2.4.3 波士顿的多重网络

波特（Porter）等（2005）认为多重网络的交叉——正是格兰维特（Granvetter）（1985）所说的嵌入性——是成功技术集群的源泉，并从正式联系开始，使用合同关系数据集作为基础，确定组织创始人、科学顾问委员会成员和发明家网络。了解了四个不同网络——联盟（合同定义的正式合作）、创始团队、科学委员会和发明家的重叠如何构成波士顿生命科学社区的联系。

在 1988 年至 1999 年，波士顿地区共有 57 家独立的、专门的生物技术公司、19 家公共研究机构，包括大学和医院，以及 37 家风险投资公司。这种多样化的组织由一系列广泛的正式关系和非正式关系联系在一起。

①合同网络。对比 1998 年与 1988 年网络，发现波士顿已经从早期对专业人士的依赖过渡到一个更加市场化的体制，在这个体制中，小型科学公司和风险资本扮演着关键的连接角色。

②创始团队。20 世纪 80 年代初，大约 30% 的初创公司的创始团队中有一名风险资本家。1997 年，风险投资的作用减弱，具有生物技术经验的创始人的重要性上升。因此，在整个 20 世纪 80 年代和 90 年代，哈佛大学和麻省理工学院仍然是科学思想的主要来源，而那些提供商业智慧的机构则从风险投资转向了生物技术高管。

③科学顾问。与创始人群体相比，科学顾问中的医生人数要多得多。1984 年联系最紧密的组织是哈佛大学、塔夫茨大学和哈佛大学、麻省理工学院。可以看到公共研究组织的核心和生成性作用。1997 年，哈佛大学和麻省理工学院仍处于中间位置，马萨诸塞州总医院（MGH）和附近的达纳法伯癌症中心（Dana Farber Cancer Center）也在其中。波士顿的一些其他公共研究机构，包括塔夫茨大学、怀特黑德研究所和波士顿儿童医院，以及纽约市特别是斯隆·凯特林纪念医院（MSK）、西奈山医院（MSH）和洛克菲勒大学，也紧密相连。

④发明家网络。联合专利网络共有 907 名发明家。其中，599 名发明家来自大学，257 名发明家来自 DBFs，以及一个由 23 人组成的精选小组。精选小组的专利同时分配给波士顿大学和 DBFs。这些科学家发挥着重要的桥梁作用，将学术界和商业界联系起来，并促进思想和资源从大学实验室流向商业开发。这些科学家是双重意义上的转化人员——他们熟悉大学的科学和以科学为基础的公司习惯，他们的研究从实验室工作台转化为临床治疗。

波士顿生物技术社区的所有四个网络——合同、创始人、顾问和发明家，都由公共研究机构负责。鉴于这四个网络主要面向商业目的，大学和医院的中心地位是显著的。不同的公共研究机构的影响有所不同。在合同网络中，特别是在 20 世纪 80 年代，研究医院、麻省理工学院、哈佛大学、塔夫茨大学和波士顿大学尤为重要。在创始人关系网中，麻省理工学院和哈佛大学是企业家的主要来源。在科学顾问委员会中，哈佛是教员的主要贡献者，研究医院在这方面也很活跃。联合专利网络在两个关键方面由麻省理工学院主导，麻省理工学院实验室构成了该网络的核心，麻省理工学院的教员占网络主要组成部分中所有发明者的66%以上。

不同时间点的网络快照，呈现关系的演变过程。合同网络经历了双重转变：一是从公共机构支持占主导地位转向以商业化为重点，风险投资公司和第一代生物技术公司的影响力更强大；二是从区域重点转向全球重点，与波士顿以外的组织建立了更多联盟。创始人网络仍然由波士顿人主导，随着时间的推移，更多的创始人来自波士顿以外的地区。然而，当他们这样做时，他们不可避免地会与当地创始人联合。科学咨询委员会的附属网络从一开始就更加国际化。尽管如此，咨询委员会仍有一个非常强大的哈佛印记[120]。

3.3.4.4 地理临近性、网络中心性与创新

惠廷顿（Whittington）等（2019）基于1988—1999年的企业级数据和网络数据与专利数据进行了匹配，对DBF的两种位置，即地理临近性及社交网络中心性与创新的关系进行了研究。结论主要有三点：首先，波士顿、湾区和圣地亚哥创新回报率的关键因素是关系而不是地理。这些区域之所以像区域，是因为它们的本地网络。其次，接近重要类别的组织（其他公司和公共研究组织）的影响因这些重要类别的组织在全球组织间网络中的位置而异，这表明需要进一步开展工作，将集群视为包含多种组织形式的生态系统，存在于不同的选择环境中，并遵循不同的制度逻辑。最后，地理和位置关系概念对创新都很重要。研究结果表明，至少在生物技术领域，网络是主要的。在区域内，提高一个人在本地网络中的中心地位，可以通过更非正式的联系及时获取邻居之间传递的更深层次、更隐性的信息。相比之下，全球中心地位的提高有助于企业跨越对创新至关重要的资源和信息流，具有更好全球地位的组织更容易跨越地理距离追求新奇，而这些机会可以抵消不适当的区域同质性或锁定的限制。

3.3 小结

为了解药品创新自身的规律，本章通过文献综述，重点解决了两个问题，一个是“什么是真正的药品创新”，另一个是“真正的药品创新是如何实现的”。第一个问题，真正的药品创新是超越NMEs的。首先，区分了新产品、新药与创新药的概念；其次，对药品创新的维度进行了回顾，治疗益处和新颖性是药品创新定义的两个重要维度，二者之间存在一定的联系；再次，对药品创新的分类进行了回顾，区分了四种药品分类方式；复次，对药品创新的测量进行了综述，讨论了NMEs指标的优势和局限；最后，区分了四种NMEs的分类方式。第二个问题，合作（网络）是实现真正的药品创新的关键。首先，

对创新过程的模型进行了回顾，重点介绍了第五代创新过程模型，即系统整合与网络模型。其次，对药品创新过程模型进行了回顾，从“V”形图到 4D 图，证明了药物发现和开发是个复杂过程。再次，强调了药品创新过程中合作的重要性，近期的研究焦点是合作，这是由药物发现和开发的复杂过程决定的，医药企业必须学会从合作中学习和学习如何合作。最后，锁定世界生物医药创新的领先国家美国及领先区域波士顿和湾区，对其合作网络特征及演化过程相关研究进行了回顾。如果从 DBF 或 NBF 兴起的时间算起，其研究时间范围与中国目前具有一定可比性，故具有一定的参考意义。

综上，从药品创新市场的角度，政府应该提倡以真正的药品创新为目标，超越狭隘的 NMEs，兼顾新颖性和治疗价值；从药品创新系统的角度，政府应该引导和鼓励有利于真正药品创新的行为，促进合作（网络）的建立。

第4章 中国药品创新政府投资方向与效益研究——基于市场失灵理论

20世纪最伟大的财政学家理查德·马斯格雷夫（Richard Musgrave）提出的政府“三职能”论被简化为“稳定”“效率”“公平”[43]18[41]32。中共十八届三中全会提出，“使市场在资源配置中起决定性作用和更好发挥政府作用”。习近平总书记指出，发展社会主义市场经济，既要发挥市场作用，也要发挥政府作用，但市场作用和政府作用的职能是不同的[55]。弥补市场失灵是政府的主要职责和作用之一[55]。2020年，中共中央、国务院发布《新时代加快完善社会主义市场经济体制的意见》，再次强调要更加尊重市场经济一般规律，最大限度地减少政府对市场资源的直接配置和对微观经济活动的直接干预，充分发挥市场在资源配置中的决定性作用，更好发挥政府作用，有效弥补市场失灵[124]。本章将基于市场失灵理论，探讨中国药品创新中更好发挥政府（资金）作用的方向，并提出建议。

4.1 方法及数据

4.1.1 思路及方法

4.1.1.1 理论分析——构建概念模型

市场失灵是政府干预的必要但不充分条件[46]。分清是否存在市场失灵在确定政府行动的适当范围方面是一个基本步骤[43]209。为给整体研究提供框架，明晰理想与现实的药品创新市场的差距，以进一步从现实的药品创新市场中识别具体的市场失灵，本书基于市场均衡理论、市场失灵理论，在遵循市场规律、药品研发规律及中国国情的基础上，构建了基础的药品创新市场概念模型，并在此基础上分别演化出理想的及现实的药品创新市场概念模型。

4.1.1.2 实证分析——识别主要市场失灵

见图4-1，本研究提取国内不同时期和欧盟可比时期医药制造业企业创新的主要障碍因素及创新信息来源数据，进行国内比较和国际比较，以发现时间和空间上存在的差异，并利用参考资料进一步印证和分析主要差异产生的根源。

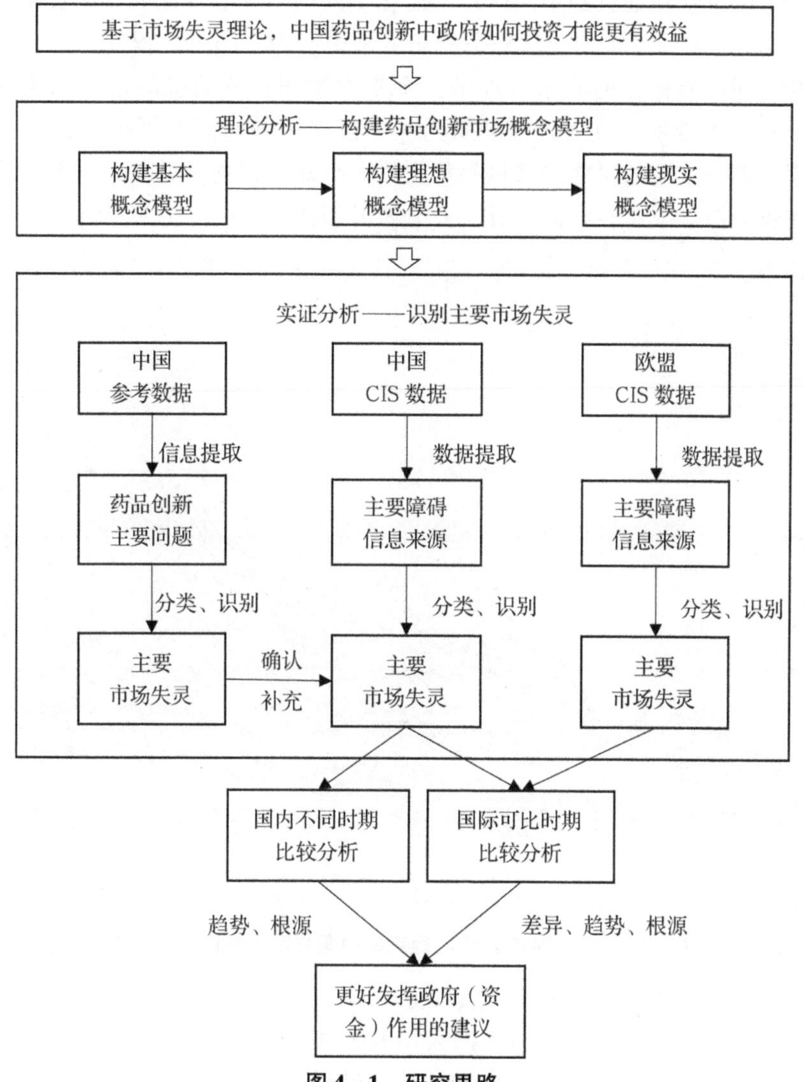

图4-1　研究思路

国内不同时期比较方法。从中国CIS数据中提取2020年与2016年的医药制造业企业创新相关数据，进行比较，并分析其变化趋势及根源。

基于可比时期的国际比较方法。首先，确定中国与欧盟各国的“可比年”，见图4-2。其次，以各国“可比年”作为起点，计算出截至“调查年”，各国向后“年数”。再次，按“年数”从小到大顺序排列，不同调查维度以折线图呈现。“年数”越大，与中国比发达程度越高。调查维度用折线图表示，从个体来说，可以看到不同调查维度在一个国家的相对重要性；从整体来看，可以较直观地看到不同调查维度在不同国家普遍存在的共性及相对重要性。“年数”按顺序排列，从静态的角度来说，为不同发达程度的经济体与调查维度之间可能存在的联系，提供一个观察视角；从动态的角度来说，“年数”从小到大排列，可以近似理解为一个经济体的时间发展进程，为预测经济体相关调查维度的可能的演进趋势提供一个观察视角。最后，与中国的数据进行比较分析，找出存在的差异，并分析其根源。

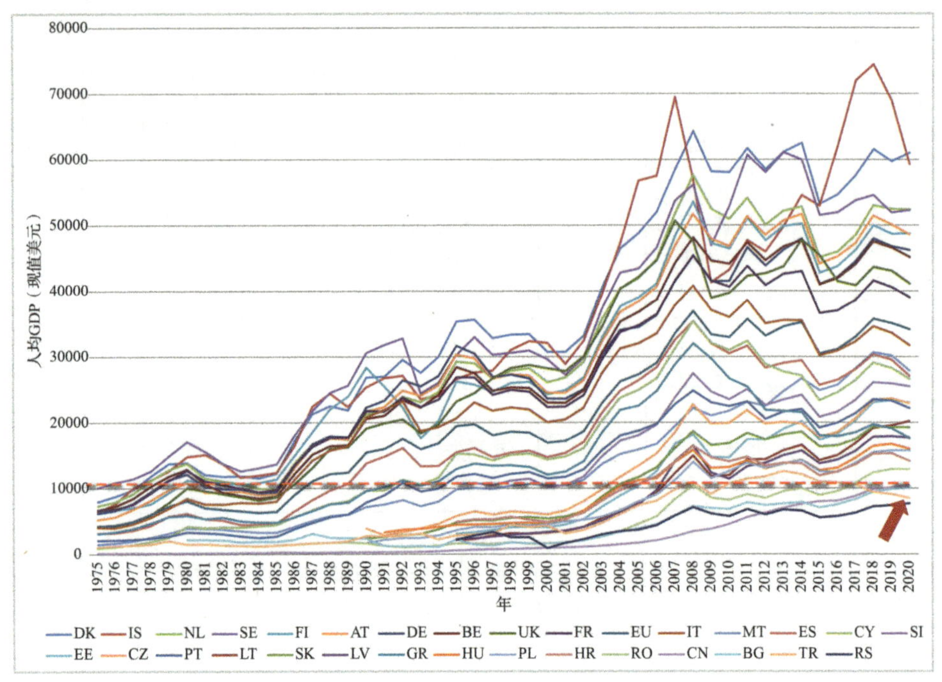

图4-2 以人均GDP（现值美元）确定的中国与欧盟各国可比时期（可比年）

国际可比时期（可比年）确定方法。从2020年中国人均GDP值引出一条与时间轴水平基线，该基线与各国人均GDP折线的交点所对应的年即为可比时期（可比年），有多个交点的，以时间最早的第一个交点为准，结果见图4-2所示。（1）数据来源：世界银行（2022年1月）。（2）指标选择：人均GDP（GDP per capita），以现值美元（Current US \$）作为统一货币衡量单位，保证了国际间横向可比和时间上纵向可比，（3）国家选择：欧盟27个成员国、欧盟总体、中国、英国及不同调查年度纳入的5个非欧盟国家，共计35个国家或地区（国家或地区名称与代码对照表见附件1）。（4）时间选择：1960年到2020年，最终可比起始时间确定为1975年。（5）可视性：为了确保图的可视性，展示时隐去了卢森堡、瑞士、爱尔兰、挪威等国家的四个人均GDP 极高值。

4.1.2　数据来源

本研究数据来源以《全国企业创新调查年鉴》（以下简称“中国 CIS”）及欧盟企业创新调查（Community innovation survey，以下简称“欧盟 CIS”）为主，并参考《中国医药创新十年展望》《中国医药创新生态系统 2021—2025》《中国生物医药创新趋势展望》《中国新药注册临床试验现状年度报告（2020 年）》等四份研究报告。数据来源基本信息如表 4－1 所示。

表 4－1　数据来源[126－131]

序	资料名称	作者	发表时间	类别
1	《全国企业创新调查年鉴》（中国 CIS）	国家统计局社会科技和文化产业统计司	2021	调查数据
2	《全国企业创新调查年鉴》（中国 CIS）	国家统计局社会科技和文化产业统计司	2017	
3	欧盟 CIS	欧盟统计数据库（eurostat）	1992/2010/2018	调查数据
4	《中国医药创新十年展望》	波士顿咨询（BCG），中国 E 药经理人，GBI health	2021	研究报告 调查数据
5	《中国医药创新生态系统 2021－2025》	中国医药创新促进会（PhIRDA） 中国外商投资企业协会药品研制和开发行业委员会（RDPAC）	2021	研究报告
6	《中国生物医药创新趋势展望》	德勤（Delolitte），上海市科学技术协会	2021	研究报告

续表

序	资料名称	作者	发表时间	类别
7	《中国新药注册临床试验现状年度报告(2020年)》	国家药监局药品审评中心	2021	研究报告

欧盟CIS是OECD和欧盟统计局组织开展的企业创新调查，调查频率为每两年一次（部分调查维度周期更长），是创新调查标准规范《奥斯陆手册》(Olso Manusl）体系下的调查，也是目前国际上影响较大，发展较成熟，开展较广泛的创新调查。第一次CIS始于1992年，但欧盟统计数据库（eurostat）医药制造业一直归入化工类（Manufacture of coke，refined petroleum products and nuclear fuel；chemicals，chemical products and man-made fibres 或 Manufacture of chemicals and chemical products)，2008年将医药制造业单列（［C21］Manufacture of basic pharmaceutical products and pharmaceutical preparations)。但直到2010年，CIS才涉及创新障碍调研。选取与本研究相关的调查维度数据，即医药制造业企业创新障碍因素及创新信息来源数据；截取的“调查年”为1992年（第一次CIS，医药制造业创新障碍数据从相关文献中提取[125]）、2010年（最早的“医药制造业单列且有创新障碍调查”的CIS）及2018年（覆盖本研究相关调查维度的最新的CIS)。

《全国企业创新调查年鉴》——中国版CIS数据，中国官方的企业创新调查，正式的连续的调查始于2016年，调查频率为每年一次，主要调查范围为创新活动相对密集的行业，包括医药制造业。截至目前，已经完成了七个年度的调查（2016—2022)，以《全国企业创新调查年鉴》（2017—2023）的形式发布。因2021年之后的调查，部分变量根据需求进行了调整，考虑可比性，本研究选择的是2016年（最早）及2020年（可比且最新）数据。本研究截取2016年和2020年的“规模以上工业企业（医药制造业企业）产品或工艺创新活动阻碍因素情况”“规模以上工业企业（医药制造业）产品或工艺创新信息来源情况”两个调查维度数据。规模以上工业企业，主要指年主营业务收入2 000万元及以上的工业企业法人。2016年调查规模以上医药制造业企业数7 540家，其中开展产品或工艺创新的企业数4 750家（占全部企业的63.0%)，实现产品或工艺创新的企业3 813家（占全部企业的50.6%)，实现产品创新的企业2 780家（占全部企业的36.9%)。2020年调查规模以上医药制造业企业数8 164家，其中开展产品或工艺创新的企业数6 167家（占全部企业的75.5%)，实现产品或工艺创新的企业5 477家（占全部企业的67.1%)，实现产品创新的企业3 852家（占全部企业的47.2%)。

4.2 药品创新市场概念模型

4.2.1 基础的药品创新市场概念模型

为了便于分析和解释问题，利用还原理论，基于药品创新的全生命周期及市场供求关系，本研究对药品创新市场进行了适当的简化还原（还原的程度要保证既降低整体的复杂性，又不至于过于割裂而使局部失去其作为整体的部分存在的意义），构建了基础的药品创新市场概念模型，给出了药品创新市场的全景信息，见图4－3。模型中将药品创新市场 M 适当地还原成五个通过供求关系相互连接的子市场，包括知识市场M_1、技术市场M_2、注册证市场M_3、药品市场M_4、治疗市场M_5。每个子市场包括生产者和消费者，因互相连接的关系，上游子市场的消费者同时是下游子市场的生产者。所以最终呈现出五个子市场环环相扣的形态。这里的“生产”，是指生产者为了获得利益，把各种

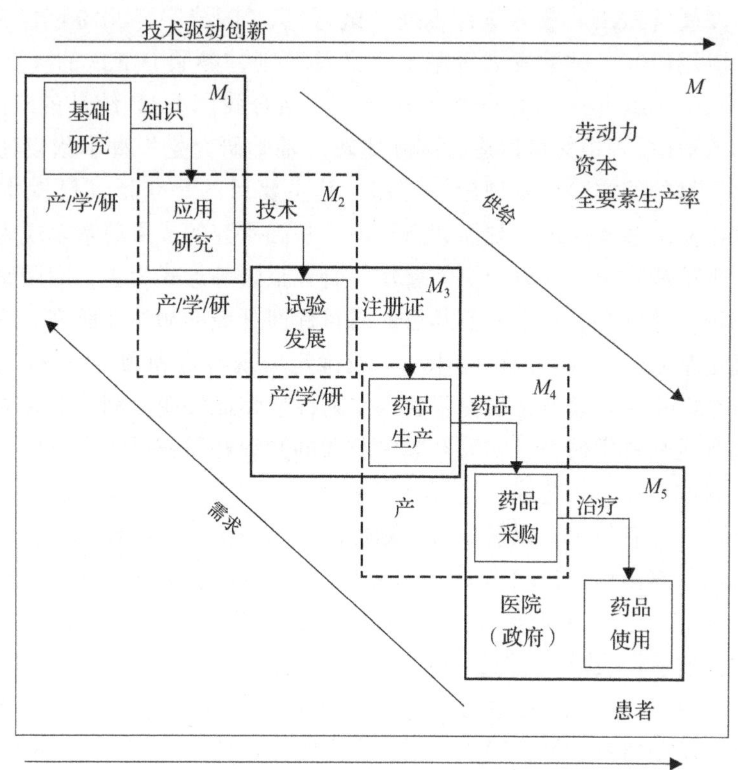

图4－3 基础的药品创新市场概念模型

各样的生产要素组合起来，以提供产品或服务的活动，从纯技术意义上讲，生产就是投入转化为产出的过程[42]81。

（1）模型中各元素的解释。①大、中、小正方形框架。其中大框架表示中国药品创新整体市场，右上角的文字，表明药品创新市场中共同的生产要素。中框架表示五个药品创新子市场。小框架表示药品创新全生命周期的一个环节，往往既是上游子市场的消费环节，又是下游子市场的生产环节，小框架下面的文字表明该环节的主要行动者。②中间五条折线箭头。折线箭头及上方浮现的文字表明供给关系，在上游子市场中，作为产品由生产者供给消费者；同时，在下游子市场中，作为生产要素由要素生产者提供给产品生产者。③上下两条水平箭头。水平箭头表明药品创新的两种主要动力来源，技术驱动和需求拉动。同时，技术和需求也是著名经济学家萨缪尔森所言的市场经济中的“二元君主”[41]26。④中间两条斜箭头。斜箭头表明药品创新中的供求机制，上面的是相对的供给侧，下面的是相对的需求侧。

（2）基础研究、应用研究、试验发展。根据国家统计局发布的文件，《研究与试验发展（R&D）投入统计规范（试行）》（国统字〔2019〕47 号），基础研究、应用研究、试验发展等基本定义及原则，参照 OECD 的《弗拉斯卡蒂手册》（*Frascati Manual*）的相关标准，并结合我国 R&D 统计的实际情况，所包含的 R&D 投入指标可以进行国际比较。基础研究是一种不预设任何特定应用或使用目的的实验性或理论性工作，其主要目的是获得（已发生）现象和可观察事实的基本原理、规律和新知识。基础研究的成果通常表现为提出一般原理、理论或规律，并以论文、著作、研究报告等形式为主。应用研究是为获取新知识，达到某一特定的实际目的或目标而开展的初始性研究。应用研究是为了确定基础研究成果的可能用途，或确定实现特定和预定目标的新方法。其研究成果以论文、著作、研究报告、原理性模型或发明专利等形式为主。试验发展是利用从科学研究、实际经验中获取的知识和研究过程中产生的其他知识，开发新的产品、工艺或改进现有产品、工艺而进行的系统性研究。其研究成果以专利、专有技术，以及具有新颖性的产品原型、原始样机及装置等形式为主。以内部支出计，2022 年中国研究与试验发展（R&D）经费中基础研究为 2 023.46 亿元，应用研究为 3 482.52 亿元，试验发展为 25 276.91 亿元，占总 R&D 经费内部支出的比例分别为 6.6%、11.3% 和 82.1%[4]。以内部支出计，2022 年中国 R&D 经费中研究与开发机构经费（政府来源占 57.4%）的 19.0% 用于基础研究领域，33.2% 用于应用研究领域，47.8% 用于试验发展领域；高等学校经费（政府来源占 73.8%）的 41.3% 用于基础研究，48.8% 用于应用研究，9.9% 用于试验发展；企业经费（政府来源占 2%）的 0.7% 用于基础研究，3.3%用于应用研究，95.9%用在试验发展活动[4]。

（3）产、学、研。产、学、研分别指R&D经费支出的三个部门即企业、高等教育、研究与开发机构（“其他”部门略）。以内部支出计，2022年中国R&D经费产、学、研支出比例，基础研究为9∶49∶36，应用研究为23∶34∶36，试验发展为91∶1∶7[4]。

4.2.2　理想的药品创新市场概念模型

福利经济学第一定理认为“每个一般均衡的市场都是帕累托最优的”。福利经济学第二定理认为“给定适当的初始再分配，每个帕累托最优的资源配置都可通过市场机制达到一般均衡[43]51”。市场失灵是相对于理想的药品创新市场而言，本研究基于市场均衡理论构建了理想的药品创新市场概念模型。

见图4－4，在完全竞争、完全信息、完全市场、没有外部性、没有公共产品的理想条件下，供给和需求共同作用使药品创新市场达到帕累托最优状态，即一般均衡状态，用M_i表示；此时各子市场同时达到局部均衡状态，用M_{i1}、M_{i2}、M_{i3}、M_{i4}、M_{i5}表示。此时，药品创新各子市场的供给侧产量最大化，需求侧效用最大化。

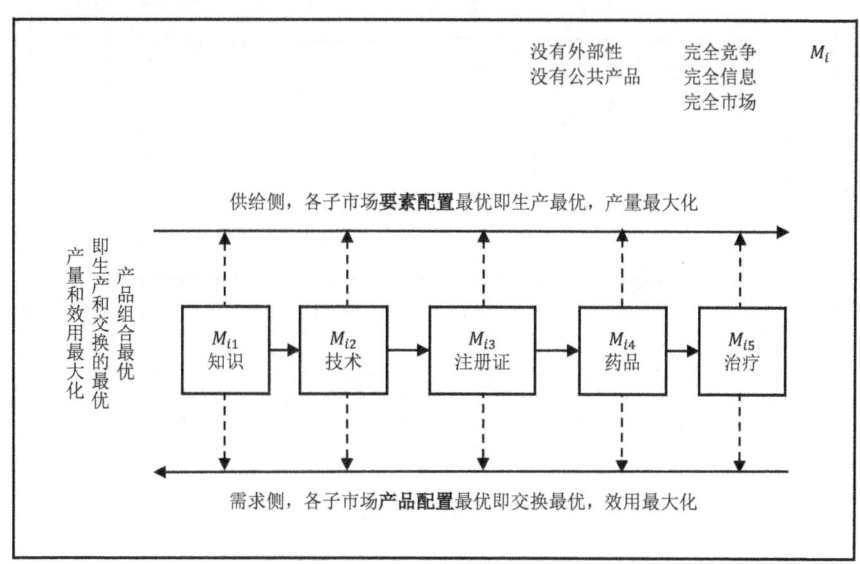

图4－4　理想的药品创新市场概念模型（帕累托最优）

注：下标“i”（ideal），表示理想状态。

4.2.3 现实的药品创新市场概念模型

基于药品创新中固有的约束，构建现实的药品创新市场概念模型，这是现实的市场失灵与政策干预交互作用的药品创新市场。

药品创新五个子市场特有及共有的市场失灵，政府的矫正性及非矫正性干预措施，交互作用构成了现实的药品创新市场，见图4－5。除了普遍存在的不完全信息，药品创新各子市场还存在特有的市场失灵，包括“知识”作为公共产品的存在（公共产品可以视为正外部性的极端表现）；“技术（专利）”及“注册证”生产过程中伴随着信息的正外部性；药品生产过程中产生的“三废”及噪声对环境的负外部性及药品交换环节的买方垄断（国家医保谈判）；“治疗”服务生产过程中，企业和医生之间，医生和患者之间的信息的不对称。而政府也针对性地提出了干预性措施：“知识”生产中，政府的直接

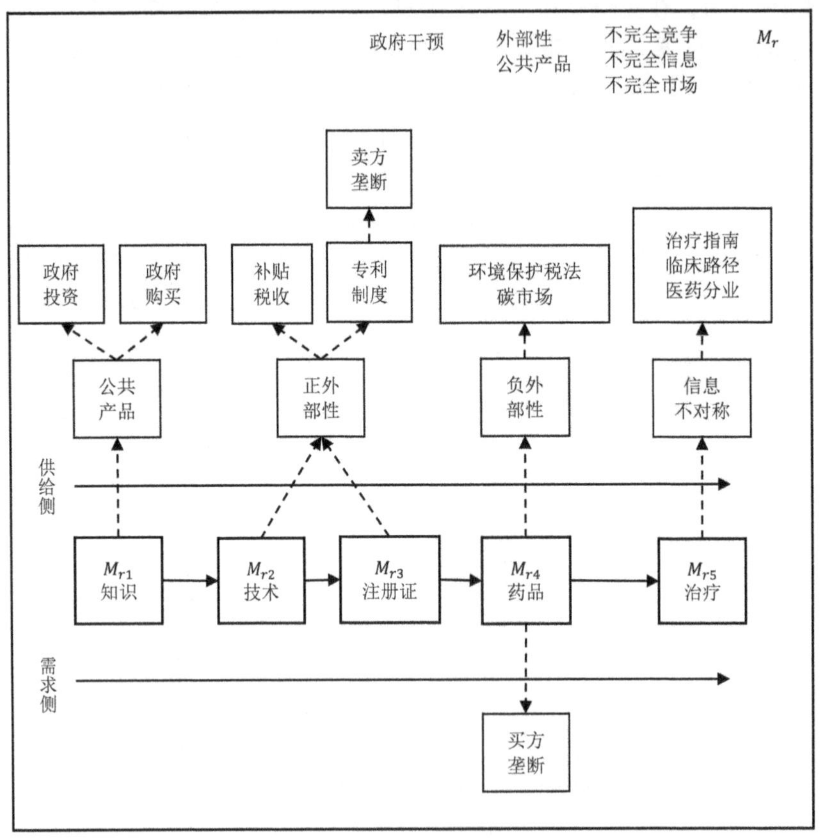

图4－5　现实的药品创新市场概念模型（第三优世界）

注：下标“r”（real）表示现实状态。

投资（公共研究机构）或购买（科研项目）；在“技术”“注册证”生产中，政府实施的将外部效益内部化的税收、补贴政策及药品专利制度；在“药品”生产过程中，政府颁布的《中华人民共和国环境保护税法》，建立的全国碳排放权交易市场；在“治疗”生产过程中，专业学术组织发布的治疗指南，政府发布的临床路径和医药分业的政策。而政府的矫正性干预政策，往往又带来了新的扭曲。例如，为了将外部效益内部化，引入了药品专利制度；而药品专利制度又带来了卖方垄断；为了抵消因卖方垄断所带来的价格扭曲，又引入了国家医保或集中采购的谈判，这又一定程度上形成了买方垄断。如此，现实的药品创新市场就成了市场失灵与政府干预措施交互作用的复杂系统。

4.3 中国药品创新中的市场失灵

4.3.1 中国药品创新的主要障碍因素

中国CIS数据显示，“缺乏人才或人才流失”“创新成本过高”“缺乏技术信息”是阻碍中国医药制造业企业创新的三个主要因素，见图4-6，2020年，51.7%的企业认为“缺乏人才或人才流失”是阻碍其创新的主要因素，5年复合增长8.8%；40.3%的企业认为“创新成本过高”是阻碍其创新的主要因素，5年复合增长5.7%；28.9%的企业认为“缺乏技术信息”是阻碍其创新的主要因素，5年复合增长6.7%。如表4-2所示，在“缺乏人才或人才流失”调查维度中，问题主要集中在“缺乏人才”上，为聚焦问题，下文简称“缺乏人才”。“缺乏人才”属于要素市场失灵，“缺乏技术信息”则属于信息失灵。因为“创新成本过高”在国内、国际的普遍和客观存在性，本书并未进一步讨论。

4.3.2 中国药品创新的主要信息来源

中国CIS数据显示，2020年，在开展产品或工艺创新活动的医药制造业企业中，对创新影响较大信息来源，“来自企业内部信息”“来自客户的信息”的占比略高（38.6%和34.3%），5年复合增长较快（4.7%和3.8%）；在占比较低的信息来源中，“来自互联网的信息”5年复合增长较快（3.8%）；在明确的信息来源中“来自文献期刊的信息”的占比最低（7.7%），且5年复合增长-0.3%（见图4-7）。

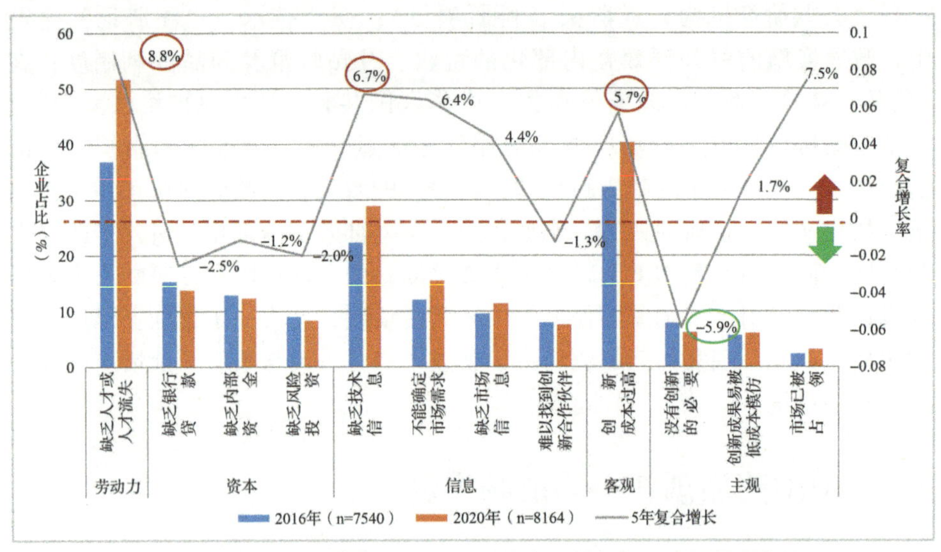

图 4-6　规模以上医药制造业企业产品或工艺创新活动阻碍因素情况

注：数据来源于《全国企业创新调查年鉴 2021》《全国企业创新调查年鉴 2017》。

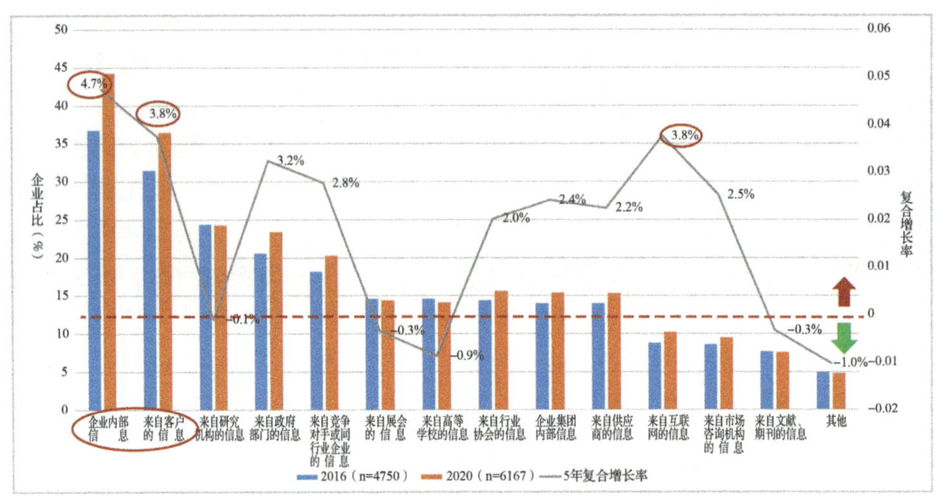

图 4-7　规模以上医药制造业企业产品或工艺创新信息来源情况

注：数据来源于《全国企业创新调查年鉴 2021》《全国企业创新调查年鉴 2017》。

4.3.3　中国药品创新市场中存在的问题

从参考资料来看，药品创新市场存在的问题供给侧及需求侧都有，但主要集中在供给侧，包括产品市场的供给侧、要素市场的供给侧及政策供给，如表 4-2 所示。

表 4－2　当前中国药品创新市场供给侧存在的问题

信息来源	《中国医药创新十年展望》	《中国医药创新生态系统 2021—2025》	《中国生物医药创新趋势展望》	《中国新药注册临床试验现状年度报告（2020 年）》
M_1知识	基础研究跟随性突出，还不足以支撑大规模源头创新	优质前沿研究有待提升	基础研究仍薄弱	NA.
M_2技术	NA.	知识产权转化产出不足，医疗机构转化研究不足	科研成果的商业转化仍有待加强	NA.
M_3注册证	临床资源和研究水平落后于创新药发展需求，临床研究能力建设迫在眉睫	NA.	NA.	新药临床试验同质化问题明显，临床试验获批后的实施效率不高，儿科药物临床试验占比偏低、临床试验地域分布不均衡
M_4药品	NA.	NA.	NA.	NA.
M_5治疗	NA.	NA.	NA.	NA.
人才	未来创新药发展亟须复合型创新型领导以及临床研发关键人才；从创新研发的角度，中国目前最紧缺人才，转化医学人才为最；与发达国家相比，领军人才规模差异显著	顶尖人才引进竞争激烈、复合型人才难以满足需求（以转化研究人才最为突出）	创新型人才不足问题日益放大	NA.

续表

资本（品）	NA.	核心资源生产和供给存在“卡脖子”风险	对生物医药创新项目的投资预期和风险收益心态需调整	NA.
政策	引导搭建合理的支持创新溢价支付体系是最亟待完善的政策	经费阶段分布不尽合理，国家科技重大专项资助偏后期，对于创新最需要支持的早期转化和产业最亟待解决的关键技术突破，扶持不足	NA.	NA.

注：NA.，not available，未提供相关信息。

供给侧的问题从各子市场产品供给来看，基础研究薄弱，跟随性突出，优质前沿研究有待提升；转化研究及产出不足；临床资源和研究水平落后于创新药发展需求，新药临床试验同质化问题明显。从要素供给来看，各类创新人才紧缺，以转化医学人才为最；核心资源存在“卡脖子”风险，资本市场不成熟。从政策供给来看，支持创新溢价支付体系的政策亟待完善，政府药品创新经费分配政策亟待完善。

需求侧问题主要体现在目前创新药占总体医药市场的份额与经济发展水平及创新药发展目标不匹配[128]6，事关中国药品创新可持续性发展的创新药支付报销机制需进一步完善，多层次医疗保障体系亟须构建等[128]7/13。

4.4 欧盟 CIS 同维度数据分析

4.4.1 欧盟药品创新的主要障碍因素

1992 年欧盟 CIS 数据显示[125]，医药制造业企业创新的最重要的三个阻碍因素为“缺乏适当的资金来源”“创新成本太高”“创新的回报周期太长”，这与药品创新的行业共识（“高投入”“长周期”）相吻合，如表 4－3 所示。

表 4－3　1992 年欧盟 CIS 化学工业子部门——医药部门阻碍创新的因素的重要性[125]

重要性排序	阻碍创新因素		最重要	最不重要
1	金融风险与资本不足	过度感知风险		
		缺乏适当的资金来源	是	
		创新成本太高	是	
		创新的回报周期太长	是	
2	内部实施风险	企业的创新潜力太小		
		缺乏技术人员		
		缺乏有关技术的信息		
		缺乏有关市场的信息		
		创新太难控制		
		企业变革阻力		
3	竞争风险	创新太容易复制		
		立法、规范、条例、标准、税收		
		客户对新产品和工艺缺乏反应		是
		创新时机的不确定性		
4	缺乏合作和技术服务的机会	外部技术服务可用性方面的缺陷		
		缺乏与其他公司和技术机构合作的机会		
5	先发障碍	由于较早的创新，无须创新		是
6	缺乏技术机会	缺乏技术机会		是

数据来源：ALBACH H，AUDRETSCH D B，FLEISCHER M，et al. Innovation in the European chemical industry：WZB Discussion Paper，No. FS IV 96－26［Z］. WZB Discussion Paper，1996. Table 6. 12 The Importance of Factors Hampering Innovation by Chemical Industry Sub－Sectors 24. 4Pharmaceuticals.

2010 年欧盟 CIS 数据显示，医药制造业创新高度相关的阻碍因素，“企业创新成本过高”是最普遍和最主要的（包括法国），“缺乏企业或集团内部资金”“市场由老牌企业主导”也相对普遍，见图 4－8。

2018 年欧盟 CIS 数据显示，医药制造业企业高度相关的创新障碍因素，“高成本”仍旧是最普遍和最主要的（包括瑞士），见图 4－9。另外，“年数”在 15 年以内的国家，“获得公共赠款或补贴的困难”及“缺乏内部资金”相对普遍。“年数”在 20 年以上的国家，“激烈竞争”和“企业内部不同优先级”（包括法国）等因素有一定程度凸显。

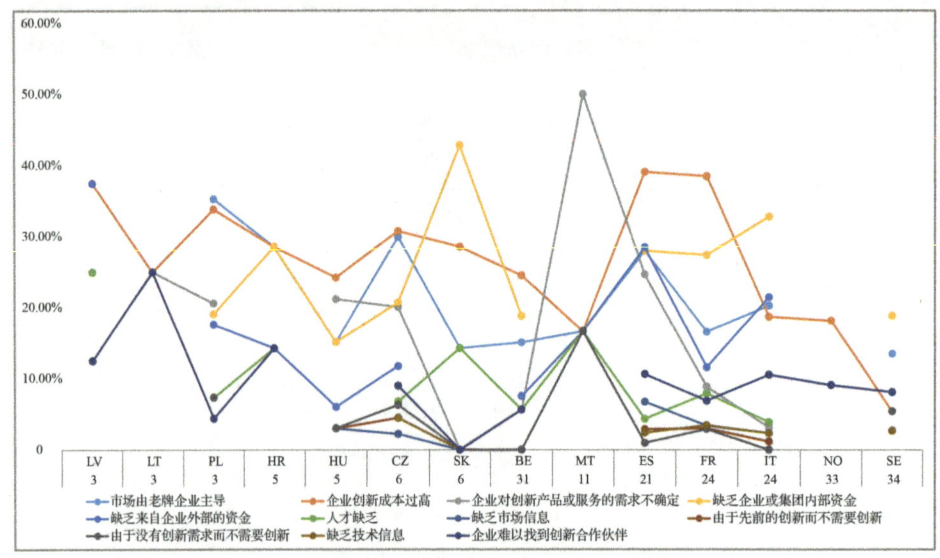

图 4-8　2010 年欧盟 CIS 高度相关的创新障碍因素

注：纵坐标轴代表企业占比（单位:%），横坐标轴代表按“年数”（“年数”=“调查年”(2010)-“可比年”）从小到大排列的样本国家或地区，“年数”越大，与中国比其发达程度越高。行业：Manufacture of basic pharmaceutical products and pharmaceutical preparations。数据来源于欧盟统计数据库（eurostat）。

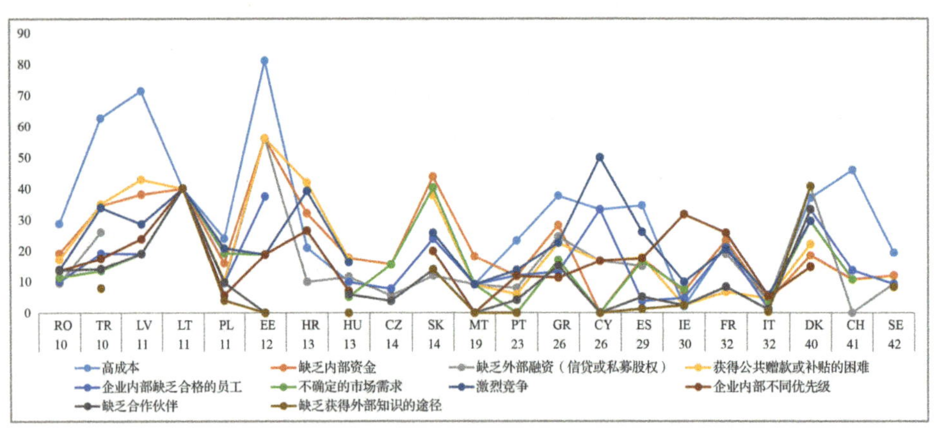

图 4-9　2018 年欧盟 CIS 高度相关的创新障碍因素

注：纵坐标轴代表企业占比（单位:%），横坐标轴代表按“年数”（“年数”=“调查年”(2018)-“可比年”）从小到大排列的样本国家或地区，“年数”越大，与中国比其发达程度越高。行业：Manufacture of basic pharmaceutical products and pharmaceutical preparations。数据来源于欧盟统计数据库（eurostat）。

4.4.2　欧盟药品创新的主要信息来源

1992 年，欧盟医药制造业企业最主要的三个信息来源：客户或顾客、专业会议或专业期刊、企业内部，如表 4－4 所示。

表 4－4　欧盟 1992 年 CIS 化学工业子部门——医药部门企业创新信息来源的重要性[125]

<table>
<tr><th>重要性排序</th><th colspan="2">信息来源</th><th>最重要</th><th>最不重要</th></tr>
<tr><td rowspan="6">1</td><td rowspan="6">其他公司</td><td>材料和部件供应商</td><td></td><td></td></tr>
<tr><td>设备供应商</td><td></td><td></td></tr>
<tr><td>客户或顾客</td><td>是</td><td></td></tr>
<tr><td>您所在行业的竞争对手</td><td></td><td></td></tr>
<tr><td>专业会议（conferences 或 meetings）、专业期刊</td><td>是</td><td></td></tr>
<tr><td>博览会/展览</td><td></td><td></td></tr>
<tr><td rowspan="3">2</td><td rowspan="3">内部来源、专利披露</td><td>企业内部</td><td>是</td><td></td></tr>
<tr><td>企业集团内部</td><td></td><td>是</td></tr>
<tr><td>专利披露</td><td></td><td></td></tr>
<tr><td rowspan="4">3</td><td rowspan="4">科学</td><td>咨询公司</td><td></td><td></td></tr>
<tr><td>大学/高等教育</td><td></td><td></td></tr>
<tr><td>政府实验室</td><td></td><td>是</td></tr>
<tr><td>技术学院</td><td></td><td>是</td></tr>
</table>

数据来源：ALBACH H，AUDRETSCH D B，FLEISCHER M，et al. Innovation in the European chemical industry：WZB Discussion Paper，No. FS IV 96－26［Z］. WZB Discussion Paper，1996. Table 6. 9 The Importance of the Sources of Information for Innovation by Chemical Industry Sub－Sectors “24. 4 Pharmaceuticals.”

2010 年欧盟 CIS 数据显示，“企业或企业集团”是医药制造业企业最普遍和主要的信息来源（包括法国），见图 4－10。“年数”在 10 年以内的国家，“会议、交易会、展览会”“科学期刊和贸易/技术出版物”等为重要信息来源。“年数”在 10 年以上的国家，有更多的信息来源于关系网络，包括“客户或消费者”“供应商”“竞争对手或同行”。

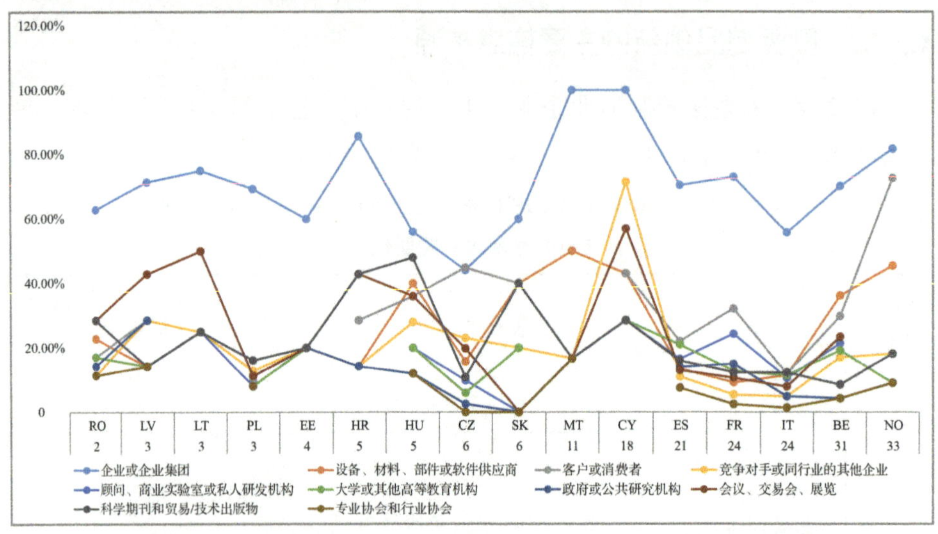

图 4－10　2010 年欧盟 CIS 产品或工艺创新的高度重要的信息来源

注：纵坐标轴代表企业占比（单位:%），横坐标轴代表按“年数”［“年数”＝“调查年”（2010）－“可比年”］从小到大排列的样本国家或地区，“年数”越大，与中国比其发达程度越高。行业：Manufacture of basic pharmaceutical products and pharmaceutical preparations。数据来源于欧盟统计数据库（eurostat）。

2018 年欧盟 CIS 数据显示，“会议、交易会、展览会”“科学/技术期刊或行业出版物”等为医药制造业企业普遍和重要的信息来源，见图 4－11。

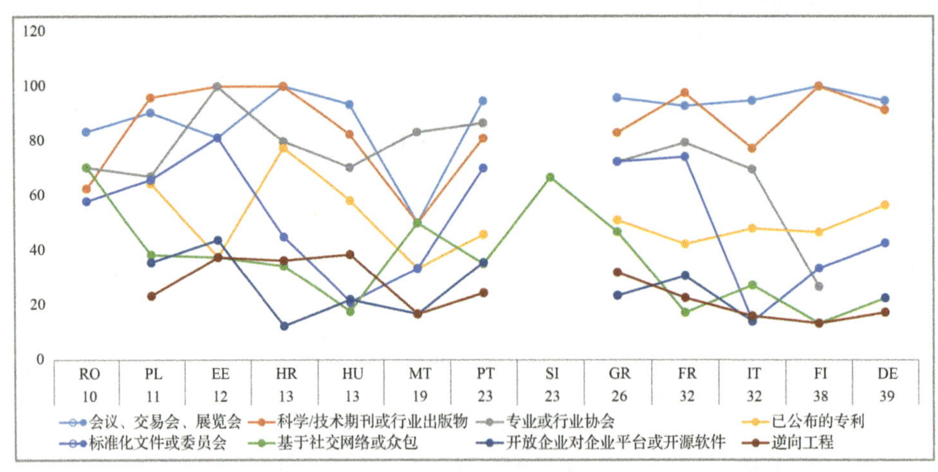

图 4－11　2018 年欧盟 CIS 产品或工艺创新的高度重要的信息来源

注：纵坐标轴代表企业占比（单位:%），横坐标轴代表按“年数”［“年数”＝“调查年”（2018）－“可比年”］从小到大排列的样本国家或地区，“年数”越大，与中国比其发达程度越高。行业：Manufacture of basic pharmaceutical products and pharmaceutical preparations。数据来源于欧盟统计数据库（eurostat）。

4.5　讨论及结论

4.5.1　研发创新中市场失灵普遍存在

市场失灵是指在没有干预的情况下，市场无法有效配置资源的情况[46]。只要私人回报和社会回报不同，市场就无法产生有效的结果。当存在外部性、不完全竞争、不完善的风险市场、不完善的资本市场或信息不对称时，就会出现这种情况，而这些“不完善”是创新过程本身固有且重要的特征[132]124-5。创新活动的一些重要特征可能导致次优的市场结果，包括存在太少或太多的创新或创新活动的错误组合[133]212。

各种市场失灵是相互关联的，一个市场失灵可以强化另一个市场失灵[132]124。对比理想的药品创新市场概念模型（见图4-4）和现实的药品创新市场概念模型（见图4-5），可以很清晰地看到现实药品创新市场是一个由多个子市场，多种市场失灵和政府干预政策交互作用的复杂系统。

当只存在一个市场不完善的时候（次优世界），可能会知道最优的补偿政策是什么，但在一个具有许多相互依存的市场不完善的世界里，很难确定最优政策[133]216。世界著名华人经济学家黄有光教授指出[45]133：“次优世界”是存在着某些不可消除的扭曲但信息成本可以忽略的情形，但考虑到管理成本和信息不充分，它既非最优也不可行。真正最优的可行性可以称为第三优（the third best），因为存在着扭曲和信息成本，用第三优来描述现实世界会更准确。应该按现有的最好的信息行事[134]。基于粗略估计的决策也比随机选择或没有决策要强[135]。

综上所述，在现实的药品创新市场这个复杂系统中，各子市场均无法实现理想的生产效率、交换效率、产品组合效率，要素、产品无法实现最优配置，只能追求最优实践（第三优）。鉴于此，本书的观点是，政府的关注点应该是抓主要矛盾，关注行业共性的阻碍药品创新的主要市场失灵，并进而提出相关干预政策。

4.5.2　市场失灵是政府干预的必要但不充分条件

当市场正常运行时，政府干预的作用应限于提供支持市场所需的最低限度的国家服务[46]。政府对市场的干预超出了建立正常运作的市场的最低要求，只能以经济效率、市场失灵、社会公平、收入再分配为理由[46]。市场失灵是政府干预的必要但不充分条件[46]。在存在市场失灵的地方，政府有可能进行干预，以改善社区、环境、企业和经济的结果[46]。要保证政府干预，还必须满足以下条件：解决和克服市场失灵必须在技术上可行；干预的好处必须大于成本；非政府手段无法以同样有效的方式解决市场失灵（也就是说，应首选扭曲性最小的解决方案）[46]。

更有进一步的观点认为，“正外部性”是认定市场失灵的必要但不充分条件。正外部性是由以积极方式影响无关第三方的行为（或市场交易）引起的。这些有时被称为积极溢出或外部效益。如果内部参与者产生足够的效益来采取行动，称为“充分性原则”（Sufficiency Principle），可以简单认为产生的效益能令参与者感到满意或满足，那么就不存在市场失灵。然而，当一项行动（例如，提供产品或服务）具有正外部性，且不满足充分性原则时，该行动通常是提供不足的（相对于有效市场将提供的）。这被认为是市场失灵的一种形式，因为内部参与者无法单独产生足够的效益来采取行动（没有其他受益人的协调贡献）[46]。

4.5.3 创新中市场失灵政府的干预政策

政府用来影响私人经济活动的三种主要工具为税收、支出和管制[41]。约瑟夫·E. 斯蒂伯格茨认为可供选择的政府干预措施有以下几种[43]：当产品或服务由政府生产时，干预措施包括免费分配、低于生产成本进行分配、按成本分配；当产品或服务由私人生产时，干预措施包括政府给生产者提供补贴（或征税）、政府给消费者提供补贴（或征税）、政府直接分配、政府管制。

达斯古普塔（Dasgupta）（1987，1988）把纠正创新中市场失灵的政府政策分了三大组[133]216－217：①庇古（Pigou）方法，对创新活动出现的外部性的补贴或征税；②林达尔（Lindahl）方法，创建或者巩固产权以确保没有向第三方免费溢出的制度；③萨缪尔森（Samuelson）方法，促进市场未能给予足够支持的活动的政府支出或采购。

4.5.4 中国与欧盟在药品创新障碍因素上存在差异

中国 CIS 数据显示（见图 4－6），“缺乏人才或人才流失”“创新成本过高”“缺乏技术信息”是阻碍中国药品创新的三个主要因素。

三次欧盟 CIS 数据显示，整体上创新成本太高是一直客观存在的医药制造业创新活动的首要障碍因素，其次是缺乏内部资金来源。在不同的“调查年”，其他障碍因素会有某种程度的凸显。

欧盟 CIS 在三次调查中都涉及了人才和信息的维度。人才维度，例如 1992 年的“缺乏技术人员”，2010 年的“人才缺乏”，2018 年“企业内部缺乏合格的员工"。信息维度，例如1992年"缺乏有关技术的信息""缺乏有关市场的信息"，2010年"缺乏技术信息""缺乏市场信息"，2018年"缺乏获得外部知识的途径"。但不同于中国，人才和信息缺乏从未成为欧盟国家医药制造业创新的主要障碍因素。

4.5.5　中国与欧盟在药品创新人才上存在差异的根源

中国和欧盟在药品创新人才上的差异，可以通过参考资料来解释。目前在中国医药产业掀起的创新浪潮，是由海外回国人员即"国际创新人才"主导的。《中国医药创新十年展望》数据显示[129]，回国人员已成为中国医药创新生力军，在创新型上市医药企业中占比83%，在创新型私营生物技术公司中占比94%。接受调查的人员指出，"因行业缺乏长期的积累，又突然面对爆发期，当涉及全新的机制，尤其是全球的开发时，能做的人特别少"。从这些信息来看，"国际创新人才"的缺乏和本土现有人才的局限共同造成了人才紧缺的现状。

4.5.6　中国与欧盟在药品创新信息上存在差异的根源

阻碍中国药品创新的第二大因素"信息缺乏"，从未成为欧盟各国医药制造业创新的主要障碍。数据显示，这种差异来自创新信息获取方式上的差异。而这种信息获取方式上的差异，来自吸收能力或者说知识上的差距。

三次欧盟CIS数据显示，欧盟各国医药制造业产品和工艺创新的高度重要信息来源一直以来都相对稳定，例如，1992年的"专业会议或专业期刊"（见表4-4），2010年的"会议、交易会、展览会""科学期刊和贸易/技术出版物"，2018年的"会议、交易会、展览会""科学技术出版物或行业出版物"，都是医药制造业高度重要和普遍的产品创新和工艺创新的信息来源。

中国CIS数据显示（见图4-7），对创新影响较大的信息来源，选择"企业内部信息"和"来自客户的信息"的企业占比略高。选择"来自互联网的信息"的企业占比低但增长最快。而在明确的信息来源中，选择"来自文献期刊的信息"的企业占比居于最末。

通常通过出版物和其他"开放科学"渠道传播的科学研究的信息价值，可能会给企业提出项目构想，更普遍地提高其研发活动的效率[12]。史密斯-多尔（Smith-Doerr）、鲍威尔（Powell）（2005）区分了两种信息传播的网络，专业网络和组织间网络，并指出重要的知识往往通过专业网络传播，包括专业协会和行业协会、大学、培训机构、专业期刊和商业出版社。专业网络会传递有关当前最佳实践的信息。而组织间网络是有关行政和技术创新的重要新闻来源，包括供应商、关键客户、相关监管机构的成员等[136]。“专业会议或专业期刊”是最新的专业、前沿信息的主要扩散源头[127]。与其他创新信息来源相比，对搜索、识别和获取信息的能力要求较高。中国和欧盟在创新信息来源上的差异，其实是创新信息搜索、识别和获取能力上的差异，也就是吸收能力上的差异。吸收能力被定义为“认识外部知识价值、吸收外部知识并将其应用于商业目的的能力”［科恩（Cohen）、列文塔尔（Levinthal），1990］。因此，吸收能力上的差距，也可以说是知识上的差距，知识有助于使用其他知识，已知的知识对能学到的东西有着至关重要的影响[117]。发展吸收能力与人才政策重叠，因为有明确的证据表明，公司雇用的合格科学家和工程师的数量与公司的吸收能力成正比[137]。弥合能力或知识的差距，一方面可以引进人才，另一方面需要加强学习。

4.6 更好发挥政府（资金）作用的方向

在充分了解中国药品创新市场的现实状态（见图4－5）的基础上，基于可用信息识别的市场失灵，包括中国CIS数据显示的药品创新主要障碍因素（见图4－6），及参考资料显示的现阶段中国药品创新市场存在的问题（见表4－2），出于“抓主要矛盾”的考虑，政府应该关注行业共性的阻碍药品创新的主要市场失灵。本章并未对中国药品创新市场存在的所有问题面面俱到进行分析，但给出了政府（资金）可以更好发挥作用的六个方向。

4.6.1 解决“人才紧缺”问题

人才属于生产要素，人才的生产（培育），既具有公共产品属性（高等教育），又具有正外部性（相对于企业）。所以需要政府的投资或支持。中国CIS数据显示（见图4－6），“人才缺乏或人才流失”是阻碍中国药品创新的第一大因素，特别是当前最为紧缺的转化医学人才。

在药品创新中“更好发挥政府作用”，首先就要在药品创新人才市场失灵中更好地发挥政府的作用，尤其政府资金的作用。建议制订专门的药品创新人才战略规划，重点针对“紧缺人才”提出解决方案。

4.6.2 搭建专业学习平台

信息失灵是市场失灵当中的一个重要类别。中国CIS数据显示（见图4－6），“缺乏技术信息”是阻碍中国药品创新的第二大因素，企业吸收能力不足或者说知识存量不足是主要原因。这种知识是专业知识，属于被编码的显性知识。企业需要学习不断更新的专业知识，这属于企业的共性需求。“十四五”规划强调，要“发挥在线教育优势，完善终身学习体系，建设学习型社会”。在此过程中，政府相关部门可以充当支持者、协调者、组织者、指导者，支持专业领域的学习活动或项目，协调公共部门充当世界前沿知识的转化者，完善和利用已有平台（包括线上或线下平台，公共或私人平台）或组织搭建新的平台，集中解决专业学习中的共性问题。

4.6.3　生产“高质量”知识

知识作为公共产品，政府是主要生产者，这是政府投资的重点。参考资料显示（见表 4-2），“高质量”的知识是行业的普遍需求。这里的“高质量”一方面要追赶生命科学领域世界科技前沿，另一方面要立足药品创新最终患者需求。要提供“高质量”知识，就要进行“高质量”的基础研究。要提供“高质量”基础研究，就必须解决“卡脖子”的高端人才、高端实验设备、材料、试验环境问题。

4.6.4　资助“共性”技术

技术具有正外部性，尤其“共性”技术，属于准公共产品[138]，可以公共投资，也可以私人投资，抑或是公共和私人合作投资。公共和私人合作投资的形式被称为公私合作伙伴关系（Public - Private Partnership，“PPP”）。例如欧盟的创新药物联合技术倡议（Joint Technology Initiative on Innovative Medicines，IMI）。在三种投资方式中 PPP 模式最开放，最有利于交流学习，促进行业共同进步。

（1）IMI 项目的公私联合投资模式。2007 年，欧盟委员会和欧洲制药行业协会联合会（EFPIA）共同创立了 IMI，这是世界上最大的公共卫生合作伙伴关系，迄今为止已经完成了两期 IMI1（2008—2013，20 亿欧元）和 IMI2（2014—2020，32.76 亿欧元）。IMI 项目是由联合财团支持，联合财团通常由几家公司（EFPIA 代表）和几个公共合作伙伴（例如学术界，监管机构，患者团体和非政府组织）组成。由于具有混合性、协作性，这种研究工作具有特殊筹资模式，公共和私人投资比例为 1∶1。产业界不会得到任何公共资金，EFPIA 在 IMI 项目中的投资通常是实物投资，在项目中投资的资源成本包括专家的时间，样品，研究，消耗品，分包的工作等。欧盟委员会向公共部门提供同比例的赠款。例如，如果行业合作伙伴的实物出资额为 500 万欧元，那么欧盟委员会将向公共合作伙伴支付 500 万欧元的赠款。

（2）IMI 项目锁定重点疾病领域，解决药物研发中的共性问题，有助于改进所有疾病领域的新疗法的开发。IMI2 的战略研究议程（SRA）确定四个疾病领域，传染病（抗生素耐药性和埃博拉病毒）、脑部疾病（阿尔茨海默病和孤独症）、糖尿病和癌症；四个主要研究方向，目标验证和生物标志物研究（功效和安全性）、采用创新的临床试验范例、创新药物、量身定制的依从性计划。IMI1 确定的优先疾病领域包括癌症、脑疾病（如痴呆症）、炎性疾病（如类风湿关节炎、哮喘、慢性阻塞性肺疾病）、代谢紊乱（如糖尿病）和传染病（包括疫苗）。IMI1 两次确定（2008 及 2011）的研究重点，包括生物标志物和生物库、监管和法律障碍、科学交流、人类疾病的药物遗传学和分类学、罕见疾病和分层疗法、药物研究中的系统方法、超越高通量筛选—在分子水平上的药理相互作用、活性药物成分（API）技术（药物化合物开发）、高级配方、干细胞用于药物开发和毒性筛选、将成像技术整合到药物研究中。

(3) 资助“共性”技术成本—效益最高。参考资料显示（见表 4－2），国家科技重大专项资助偏后期，对于创新最需要支持的早期转化和产业最亟待解决的关键（共性）技术突破，扶持不足。从公共产品的需求（见图 2－2b）可以看出，公共产品的投资是在不同需求方所有需求上的投资的加总，从满足需求的角度，在“共性”需求上进行投资，是在限定成本的情况下产出效益最高的投资。“共性”技术作为准公共产品同理。“共性”强调的是技术对整个行业的重要性，属于竞争前技术，而不是某家企业用于竞争的“个性”技术。

4.6.5 建立动态的临床资源信息公开和使用平台

注册证是药品生产的派生需求，属于私人产品，以私人投资为主。注册证由药品上市许可持有人（Marketing Authorization Holder，MAH）持有。2019 年 12 月，随着新修订的《中华人民共和国药品管理法》的颁布，药品上市许可持有人（MAH）制度开始全面实施，药品上市许可（注册证）与药品生产许可（生产许可证）的分离，在一定程度上促进了药品“注册证”作为“产品”的生产和交换活动。参考资料显示（如表 4－2 所示），在“注册证”生产的过程中，即临床试验的开展过程中，同质化问题明显（临床资源竞争激烈），获批后实施效率不高，地域分布不均，整体临床资源配置水平亟待提高。这主要是信息失灵导致的行业共性问题，需要政府干预。本研究构想了一个“动态的临床资源信息公开和使用平台”，通过提高信息的可用性，来优化临床资源配置，提高临床试验效率。此平台应该是全国临床资源的所有供给方“临床试验机构”与临床资源的所有需求方“开展临床试验的机构（企业、CRO 等）”共用的平台。各临床试验机构按疾病领域登记并实时更新其临床资源的存量、预约及占用情况；开展临床试验的机构，在平台上对全国的临床试验机构临床资源的存量及占用情况，一目了然，依据平台提供的信息，在平台上预约临床资源，设计并开展临床试验。

4.6.6 确保不同患者群体获取药品的机会公平

（1）药品属于私人产品，主要由私人投资。但药品试验开发阶段依然存在正外部性即外部效益，从而使研发投资的私人效益小于整个社会效益，但这并不意味着市场失灵。只有当某些疾病领域的私人投资效益不能令投资者满意时即不符合“充分性原则”时[46]，这些疾病领域便缺少私人投资，导致“市场不完全”即市场失灵出现，继而带来公平性问题。政府的三大经济职能是效率、公平、稳定，市场失灵及公平为政府干预特定疾病领域的药品开发提供了双重理由。

（2）私人投资的倾向性。私人投资更多倾向于大市场、大品种，而忽略小市场、小品种。疾病负担大、患者数量多、回报高的领域，市场作用良好，且竞争激烈。无论是从理性经济人的假设推理，还是现实中，皆是如此。但私人研发投资往往忽视疾病负担相对小，患者数量相对少，回报相对低的领域，在这些领域市场作用有限，且缺乏竞争力。“十四五”医药工业发展规划（2022）指出，企业开发罕见病药、儿童药积极性低。《中国新药注册临床试验现状年度报告（2020 年）》数据显示的新药申请中，恶性肿瘤治疗领域单克隆抗体药物（PD－1 或 PDL－1）的“热”（临床试验靶点 PD－1 排名第一，开展的临床试验接近 100 项）和儿科用药的“冷”，也充分证明了此点。登记临床试验的药物品种的前 10 位靶点分别为 PD－1（75 项）、CYP51A1（53 项）、VEGFR（50 项）、PD－L1（43 项）等；前 10 位靶点中有 9 个靶点的适应证集中在同一领域，其中 7 个靶点的药物品种超过 90% 集中在抗肿瘤领域。

（3）政府投资与私人投资的互补性。在市场作用发挥良好的疾病领域，研发社会投资的边际效益是递减的，政府持续投资的效益令人质疑。国家药品监督管理局药品审评中心上市药品信息显示，目前已上市“单抗”（检索词，为“单克隆抗体”的简称，检索时间 2022 年 4 月 10 日），药物 36 种，包括进口及国产，主要适应证为各种恶性肿瘤。根据“重大新药创制”科技重大专项申报指南（2008，2020），恶性肿瘤在其支持的针对严重危害我国人民健康的 10 类（种）重大疾病中一直排名第一。而目前单克隆抗体药物的扎堆申请、上市、过度市场竞争已经带来了后遗症，价格降至行业所谓的“白菜价”（网络用语），伤害了药品创新的可持续性。在整个社会投资的边际效益递减的情况下，政府投资的价值很难体现，持续投资的效益令人质疑。因此，政府投资与私人投资的疾病领域或治疗药物更多的应该是互补，而不是重合。出于公平考虑，政府资助具体药品创新时，应该更多关注私人忽略的小市场、小品种，而不是市场可以发挥作用的大市场、大品种。

（4）政府投资的经济性。政府解决药品获取机会的公平性问题，往往从两方面入手，提高可及性和可负担性。提高可及性的常见途径有以下几种：一是确保国外已上市新药及时在国内上市，这是效率最高的途径，往往从准入相关政策入手；二是政府直接投资，由公共研究机构研发；三是对私人研发活动进行补贴；四是通过“价格”杠杆进行调节，真正让市场决定价格或出台相关政策使小品种药物的价格保持在适当水平，确保一定的利润空间，直接提高私人研发投资的获益，这需要在药品的可及性和可负担性上进行权衡。针对补贴，需要说明两点：一是范围经济和规模经济将有助于提高“小市场”“小品种”药品的政府补贴的效益。也就是说，政府可以通过对专注于特定疾病领域的药品研发企业，进行重点、持续资助，并鼓励和引导其开发系列药品、进军国际市场，使其从范围经济和规模经济中获益。二是可以针对不同疾病领域设置不同的补贴标准或者补贴梯度。私人投资所产生的内部效益及外部效益，不同疾病领域之间存在差异，外部效益内部化，可以更精准设计不同的补贴标准或梯度，在符合“充分性原则”即让私人满意的情况下，使政府投资效益最大化。提高可负担性，往往从价格及医保政策入手。

（5）政府投资的公平性。“确保公平”是政府的三大经济职能之一[41]。确保不同的患者群体获得药品机会的公平需要做到以下几点：首先，要确保患者的未被满足的治疗需求能被公平听到，即让不同的患者群体或其代表参与到研发优先事项的确定中来，参考资料侧面证明了患者的信息一定程度上是缺乏的（见表4－2），需要建立长期、可持续的机制，在这方面有更多的国际经验可供参考[139]；其次，要确保代表“患者获得药品机会”的研究课题及研究机构在获得政府资助上有公平竞争的机会，这需要政府科研资金的公平配置；最后，在形式上的机会公平基础上，追求能力公平。因为资助机会将受限于研究机构的能力，所以要确保国内有研究机构具有针对特定疾病的研究能力，这需要长期持续的投资，这是著名经济学家阿玛蒂亚·森所言的真正的公平（平等）[140]。

4.7 局限性及未来研究

鉴于中国及欧盟 CIS 数据的可用性及篇幅所限，仅对首要的“缺乏人才或人才流失”及“缺乏技术信息”两项市场失灵的根源进行了深入分析。对于欧盟各国的可比时期确定，仅考虑了人均 GDP（现值美元）单一经济因素。但产业创新往往受政治、经济、社会、技术、法律、环境等多重因素的影响。接下来的研究方向，一是针对各种市场失灵的根源进行深入分析；二是进行多重因素影响下的具体国家间的比较研究，尤其是药品创新领先国家间的比较研究。

4.8　小结

首先，本章利用还原理论，将药品创新市场适当还原为五个子市场，并基于市场均衡理论和帕累托最优理论，构建了基础的药品创新市场概念模型、理想的药品创新市场概念模型（最优世界）及现实的药品创新市场概念模型（第三优世界），为后续分析提供框架。

其次，中国 CIS 不同时期数据比较发现，“缺乏人才或人才流失”“创新成本过高”“缺乏技术信息”是阻碍中国药品创新的三个主要因素，且有增长趋势。中国及欧盟 CIS 可比时期的数据比较发现：一是“创新成本过高”在时间和空间维度上广泛而普遍存在；二是与中国不同，人才紧缺和信息缺乏从未成为欧盟各国医药企业创新的主要障碍，中国与欧盟各国在创新信息来源上差异明显。

再次，对中国和欧盟在“人才紧缺”和创新信息（包括信息缺乏情况和信息来源情况）方面存在的差异的根源进行了讨论。“国际创新人才”的缺乏和现有人才的局限是造成中国药品创新人才紧缺的根源。吸收能力差距或者说知识差距是造成中国和欧盟创新信息方面差异的主要原因。而提供更多符合“国际创新人才”标准的人才和学习是解决以上两方面问题的关键。

最后，基于药品创新市场的三种概念模型，针对资料汇总的药品创新的各种市场失灵，对更好发挥政府（资金）作用的方向，进行了探讨并提出建议。主要建议有六点：一是解决“人才紧缺”问题；二是搭建专业学习平台；三是提供“高质量”知识；四是支持“共性”技术；五是建立动态的临床资源信息公开和使用平台；六是确保不同患者群体获取药品的机会公平。

第5章 中国药品创新政府投资方向与效益研究——基于系统失灵理论

新冠疫情全球大流行更加凸显健全国家药物创新体系（系统）的重要性。《“十四五”规划》（2021）强调要完善国家创新体系。《“十四五”医药工业发展规划》（2022）强调要“瞄准国际先进技术水平，持续健全创新体系”。《中国工程科技2035发展战略医药卫生领域报告》（2019）将“基本形成具有中国特色的国家药物创新体系”作为药物工程领域发展的最终目标。

系统失灵（System Failure）理论是政府干预创新的主要理由[48,50]。本章基于系统失灵理论，探讨中国药品创新中更好发挥政府（资金）作用的方向，并提出建议。

5.1 方法及数据

5.1.1 思路及方法

5.1.1.1 理论分析——构建概念模型

系统失灵是政府干预创新的理由。构建药品创新系统协同演化模型，对于识别药品创新系统失灵是一个基本步骤。本章基于演化经济学相关理论，在尊重创新规律及药品研发规律的基础上，构建了部门创新系统协同演化概念模型及药品创新“行动者和网络”概念模型。

5.1.1.2 回溯法及溯因法——解析中国药品创新系统的演化过程及现状

采用演化经济学常用的溯因法和回溯法解析中国药品创新系统的演化过程。溯因法可以定义为在一种新的脉络（Context）框架中，观察、描述、理解和解释某种事物，这被称作再脉络化（Recontextualization）[40]27。回溯法作为一种科学解释程序，也是从事物的“表象”回溯到事物的深层结构，从而揭示结构、事件与经验之间的因果机制[40]29。

为了能够更清晰地展示中国药品创新系统协同演化的脉络，以国家环境为背景，以中国药品专利制度更新的时间节点作为第一主线（鉴于知识产权制度对药品创新的重要性），以官方行动者——中央政府的财政支持（投资）项目及药品监管制度改革的起始时间节点为第二主线，以企业行动者——2021 年中国医药“创新十强”企业为主要观察对象，基于广泛来源的信息，按照事件发生的先后顺序，将重要的现象、代表性事件串联起来，捕捉行动者之间及其与制度、技术之间的相互作用的因果关系，以便从琐碎的信息中，描述出中国药品创新系统演化过程、机制及现状。

5.1.1.3　实证分析——识别主要系统失灵

本研究主要基于中国和欧盟创新企业调查数据，进行国内不同时期和国际可比时期比较，识别主要系统失灵，并利用参考资料进一步分析和印证，见图 5－1。国内不同时期比较方法、国际可比时期比较方法、国际可比时期确定方法，同第四章（详见 4.1.1.2）。

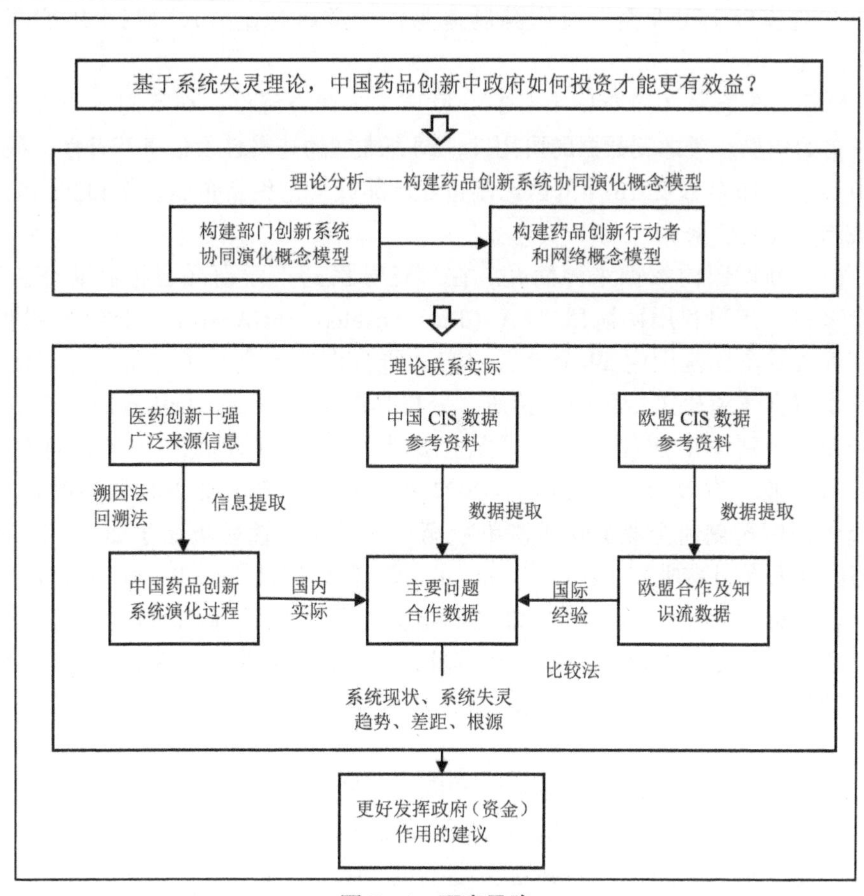

图 5－1　研究思路

5.1.2 数据来源

创新系统中的问题可以通过不同类型的信息来源来识别[141]。为了较全面识别药品创新系统中的问题，本章选取多个数据来源，在第四章信息来源（见表4－1）的基础上，新增部分参考资料（见表5－1）。在基于中国及欧盟CIS数据基础上，同时参考了不同来源的国内和国外资料。确保了解中国药品创新系统的整体情况的同时，又可一定程度了解细节，以便进一步分析。

中国CIS数据（简介见4.1.2）：截取2016年（最早）和2020年（可比且最新）的“规模以上工业企业（医药制造业企业）产品或工艺创新活动阻碍因素情况”“规模以上工业企业（医药制造业）产品或工艺创新合作开展情况”“规模以上工业企业（医药制造业）产学研合作形式”三个维度调查数据。

欧盟CIS数据（简介见4.1.2）：欧盟CIS调查维度，在不同的调查年份有一定的调整。考虑到数据的可用性、调查维度的连贯性及信息互补性。截取2010年、2016年及2018年的医药制造业产品或工艺创新企业合作和知识流动相关调查维度数据。

（1）新增国内数据来源简介。在《江苏医药产学研融合机制研究》这本专著中，曹阳利用两阶段DEA（Data Envelopment Analysis，DEA）模型，对江苏省及全国范围内29个地区的产学研合作效率进行了评价，并对江苏省产学研合作障碍进行了问卷调研，分析其产生的原因，并从政府、企业与高校角度分别提出建议。调查对象主要为高校和科研机构（有效问卷46份）及企业（有效问卷80份）。《2021中国医药创新企业100强榜单》，这是《中国医药创新企业100强榜单》第三次发布。该榜单始于2019年，由E药经理人在科睿唯安Derwent Innovation专利数据及Cortellis竞争情报和临床试验数据基础上，基于“三维度四指标”评选体系（创新根基、创新过程、创新成果三个维度，授权专利数量、专利施引总量、临床试验数量和创新药获批与上市的数量四个指标），历经数月的数据筛选、整合分析后生成。

（2）新增国外数据来源简介。OECD（2006）发布的医药生物技术创新——部门水平的国家创新体系比较（*Innovation in Pharmaceutical Biotechnology: Comparing National Innovation Systems at the Sectoral Level*），对八个国家生物医药创新系统进行了对比分析。医药部门创新系统（*Pharmaceuticals as a sectoral innovation system*）是McKelvey和Orsenigo（2001）为欧洲部门创新系

统（European Sectoral Systems of Innovation，ESSY）项目撰写的项目报告，对欧洲生物医药部门创新系统的制度和技术的协调演化进行了探讨。

表5-1 数据来源（新增）[3,51,131]

序	资料名称	作者	发表时间	类别
8	《江苏医药产学研融合机制研究》	曹阳	2020	调查数据图书（吉林大学出版社）
9	《2021 中国医药创新企业 100 强榜单》	E 药经理人；科睿唯安（Clarivate）	2021	研究报告
10	医药生物技术创新——部门水平的国家创新体系比较	OECD	2006	研究报告案例研究
11	医药部门创新系统	McKelvey，M. & Orsenigo，L.	2001	项目报告

注：序号接表4-1。

5.2 部门创新系统协同演化概念模型（“创新之轮”）

本研究综合了行业经验、共识，部门创新系统相关文献观点，以部门创新系统（SIS）为框架，以演化经济学相关理论为基础，融入了技术变迁、制度变迁、环境分析及循环积累因果的概念，构建了“创新之轮”——部门创新系统协同演化概念模型（见图5-2）。随后，对其构成要素、动力来源、协同演化过程进行了解释，并进一步给出了药品创新“行动者和网络”概念模型（见图5-3）。

5.2.1 构成要素

部门创新系统的三个主要组成部分：知识和技术、行动者和网络、制度构成［弗朗哥·马勒巴（Malerba Franco），2005］。在演化经济学传统的制度—技术二分法的基础上，增加了创新主体，即行动者和网络。

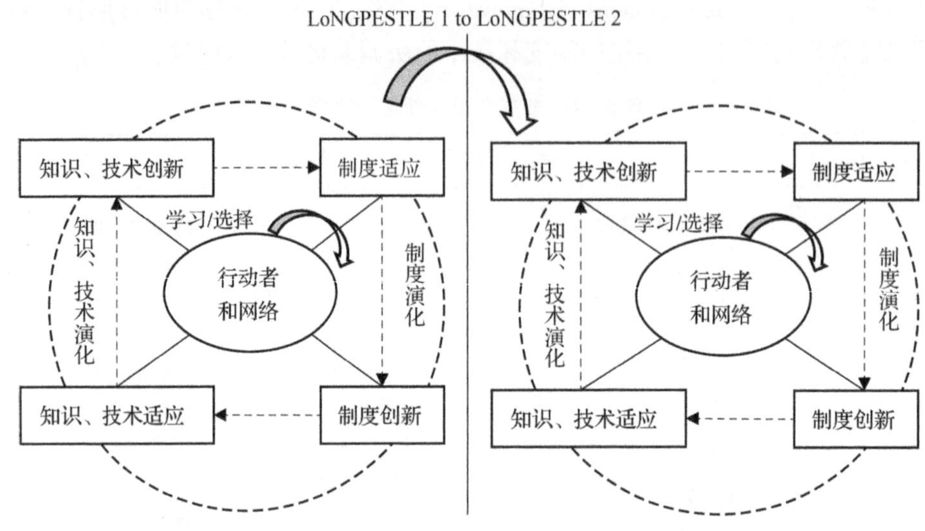

图 5－2　部门创新系统协同演化概念模型（“创新之轮”）

来源：作者（2022）。

（1）知识和技术（Knowledge and Technologies）。马勒巴·弗朗哥（Malerba Franco）（2005）认为任何行业都可能有特定的知识库、技术和投入。对知识和技术的关注以一种动态的方式将部门边界问题置于分析的中心。在创新相当迅速的部门，部门边界不是固定的，而是随着时间的推移而变化的。知识和基础技术是企业行为和组织多样性的主要制约因素。人工制品和活动之间的联系和互补性在确定部门系统的真正边界方面也发挥着重要作用。这些联系和互补性可以是静态的（就像输入—输出联系一样），也可以是动态的。动态互补性考虑了相互依赖性和反馈（在需求和生产层面），是部门系统转型和增长的主要来源，并可能启动创新和变革的良性循环[38]。

（2）行动者和网络（Actors and Networks）。行动者（Actors）采用马勒巴·弗朗哥（Malerba Franco）（2005）在部门创新系统中的概念，指部门创新中的互动的人和组织（由人构成），与主体（agent）可以互换使用。这有别于行动者网络理论（Actor－Network Theory，ANT）中的“行动者”，在 ANT 中“行动者”既可以指人，也可以指非人的存在和力量［米歇尔·卡龙（Michel Callon）；玛德琳（Madeleine）；Bruno Latour，1980s］。马勒巴·弗朗哥 Malerba Franco（2005）认为部门由组织和个人（如消费者、企业家、科学家）组成。主体的特点是特定的学习过程、能力、信念、目标、组织结构和行为。他们通过沟通、交流、合作、竞争和指挥等过程相互作用。在部门系统内，异质主体通过市场和非市场关系以各种方式联系在一起（见图 5－3）。

（3）制度构成（Lnstitutional Composition）。主体的认知、行为和互动是由制度所塑造的，制度包括规范（Norms）、常规（Routines）、共同习惯（Common Habits）、既定惯例（Established Practices）、规则（Rules）、法律（Laws）、标准（Standards）等。制度的范围可以从对主体约束或强制执行的到由主体之间的相互作用（如合同）产生的；从多约束到少约束；从正式到非正式（如专利法或特定法规与传统和习俗）[38]。

5.2.2 动力来源

本研究将部门创新系统（SIS）协同演化模型称为“创新之轮”，是因其形状像一个车轮，又包括内部和外部两个动力来源。协调好内部和外部动力，可以推动“创新之轮”不断向前转动，形成正向自我强化（良性循环累积因果）。内部动力来自创新主体的能动性，包括学习和选择。外部动力来自“部门创新系统”嵌入的更广泛的背景环境，可以通过背景环境分析工具LoNGPESTLE来识别。LoNGPESTLE：是识别多层次外部影响因素的一个工具或框架，由两部分组成。第一部分LoNG，代表三个外部影响的地理层面，即本地（Local，用前两个字母“Lo”表示），国家（National，用大写首字母“N”表示），全球（Global，用大写首字母“G”表示）；第二部分PESTLE，是经典的环境分析工具PEST的变体，包括六个外部影响因素，即政治（Political，用大写首字母“P”表示），经济（Economic，用大写首字母“E”表示），社会（Social，用大写首字母“S”表示），技术（Technological，用大写首字母“T”表示），法律（Legal，用大写首字母“L”表示）和环境（Environmental，用大写首字母“E”表示）。

5.2.3 协同演化

制度—技术的协同演化。部门创新系统中的制度创新会带来知识和技术的适应性演化（变迁）；知识和技术的适应性演化，累积到一定程度会导致知识和技术的创新；而知识和技术的创新又会带来制度的适应性演化（变迁），最终再次导致制度创新。如此循环累积，制度—技术协同演化。部门创新系统中制度-技术的协同演化过程通过不同的创新主体实现。以中国药品创新系统的知识产权制度与技术的协同演化为例。20世纪90年代，中国为加入WTO做准备，对《中华人民共和国专利法》进行了修订，于1993年1月1日正式实施，自此开始给予药品专利保护，这对中国药品创新系统来说属于正式制度创新。在此时间点前后，药品创新相关主体开始进行技术调整，以适应药品专利制度的创新。首先，企业或企业家感受到了仿制药的危机，开始通过合作或提升自主研发能力以获得具有创新价值的药品，例如，1992 年恒瑞医药购买中国医科院药研所开发的抗癌新药异环磷酰胺的专利（公开资料），并自此踏上本土药企的创新之路。其次，药品专利制度的实施，催生了国家“1035 工程”[142]，这是第一次从国家层面组织推动医药创新（陈凯先，瞭望智库，2020）。此后二十余年时间，国内药品创新力量逐渐形成。例如，2018 年，首个国产 PD－1 单抗药物上市；2019 年百济神州泽布替尼美国获批，实现原研新药出海“零的突破”。这对药品创新系统来说属于生物技术创新。而在国内外药品创新力量的共同推动下，包括药品专利制度在内的一系列正式和非正式制度开始进行调整，以适应技术创新的需求，并导致 2021 版《中华人民共和国专利法》中纳入药品专利链接和专利期限补偿制度。

部门创新系统的结构演化。部门创新系统的结构演化（变迁）即部门创新系统的网络演化（变迁），可以由新主体的出现（例如，自 2010 年，中国涌现了大批的 NBF），旧主体的消亡及主体间关系的变化导致。主体间的关系变化即包括创新主体外部的网络结构变迁（相同和不同类别主体间网络结构变迁，例如 NBF 新生物技术公司与传统医药企业的关系的演变，竞争或合作），也包括具体的创新主体内部的网络结构变迁（例如，传统医药企业在生物技术革命的冲击下，正式或非正式的组织网络结构的调整或变化）。

一般情况下，常见的渐进式创新使“创新之轮”处于转动较和缓的状态，但一旦出现突变，出现重大的突破性技术创新，将会带来“创新之轮”的快速转动，主体结构（网络结构）和制度也会出现快速的适应性演化。需要说明的几点：（1）制度和技术的变迁，实际上是药品创新相关主体在经济活动中做出的主动和被动选择在时间和空间维度上的集中体现。（2）药品创新相关主体，少数在推动制度或技术的创新，更多在适应制度和技术的创新。（3）存在博弈过程，同一药品创新主体，既在制度或技术的创新中发挥了创造性的作用，也要适应所有药品创新主体共同作用下的协同进化中的制度和技术变迁。（4）在制度和技术的创新和适应的累积循环因果的作用下，各药品创新相关主体的相对作用会发生变化，一些主体的作用在增强，一些主体的作用在减弱，有新的主体出现，有旧的主体消亡。

5.2.4 药品创新“行动者和网络”概念模型

药品创新“行动者和网络”概念模型中包括七类主体，是集合概念，每个集合又包含了不同的主体类别，见图 5－3。医药产业的创新活动直接或间接涉及各种各样的参与者，包括（不同类型的）公司、其他研究组织（如大学、公共和私人研究中心）、金融机构、监管机构、消费者[3]。药品创新“行动者和网络”概念模型属于完整网络。完整网络是一个所有可能的链接都存在的网络[63]，这里指七类主体之间所有可能存在的关系都存在。其中，企业或企业组织是药品创新的枢纽；大学和公共研究机构是药品创新的源泉[38]，医生或医疗机构，患者或患者组织确保了药品创新的实现；政府部门和金融机构则为药品创新提供支撑。

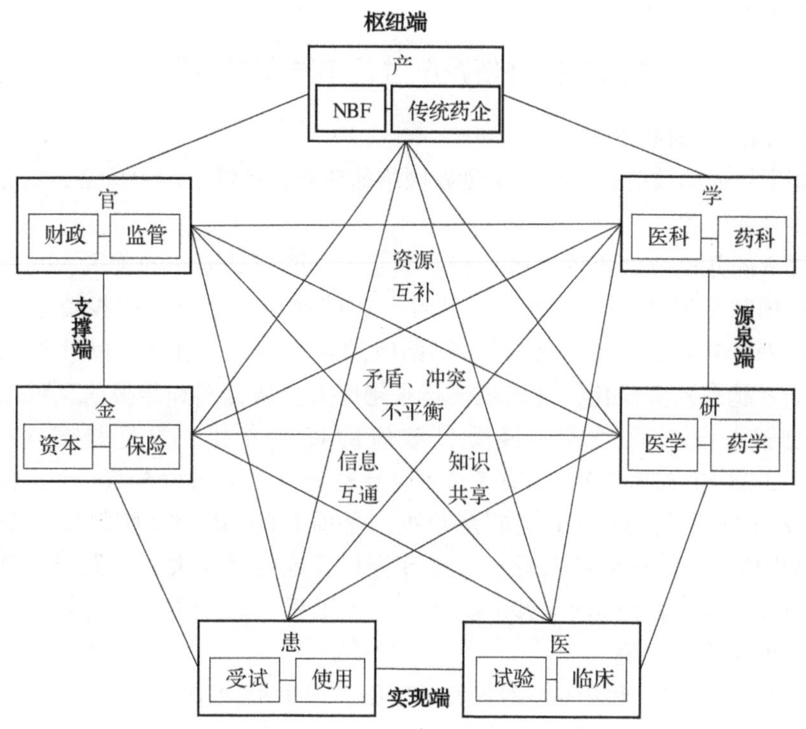

图5－3　药品创新“行动者和网络”概念模型

资料来源：作者（2022）基于行业共识及文献观点整理[3]。

部门体系框架赋予了部门“结构（Structure）”概念特定的含义，在这里结构涉及主体、知识、产品和技术之间的联系和关系。异质主体通过市场和非市场关系以各种方式联系在一起。在不确定和不断变化的环境中，网络的出现并不是因为主体相似，而是因为它们不同。网络允许获取和整合知识、能力和专业化方面的互补性。因此，在部门创新体系框架中，术语结构也指“网络”[143]。

5.3　中国药品创新系统的演化

40年以来，中国药品创新系统嵌入在更广泛的国家宏观背景中：20世纪

80年代初，改革开放；20世纪90年代，中美贸易战、准备加入WTO，国企改制；21世纪初，加入WTO等。国家宏观环境变化，为中国药品创新系统提供了外部动力；行动者的学习和选择过程为中国药品创新系统提供了内部动力。在二者的协同作用下，中国药品创新系统的制度（尤其药品专利制度）、行动者和网络、知识和技术协同演化，互相塑造。详细信息见图5-4，方法参见5.1.1.2。主要发现如下。

5.3.1 政府在构建药品创新系统过程中发挥重要作用

5.3.1.1 财政投入

国家层面的政府投资促进了创新网络的建立，提供了学习机会，培养了大批药品创新人才。

接续的几次政府投资在医药行业刮起了一股药品创新的旋风，其裹挟并汇聚全国药品创新各方力量（行动者）共同前行，随着政府投资增加带来的药品创新利好的“信号效应”，不断吸纳新的行动者加入，从而使药品创新行动者越来越多样化，网络规模越来越庞大。从官网和年报信息可以了解到“创新十强企业”多半接受过政府的资金支持，并且是多次支持。1985—2008年（23年），仅有5个1类新药获批，平均约5年一个；2008—2019年（11年），53个1类新药获批，是前者的10倍（陈凯先，瞭望智库，2020）。虽然从数量来看，2008年开始实施的“重大新药创制”科技重大专项收获颇丰，但始于1996年的“1035工程”为“重大新药创制”科技重大专项积蓄了力量。

准备加入WTO和药品专利制度的实施，催生了“1035工程”[142]。“1035工程”是第一次从国家层面组织推动医药创新（陈凯先，2020）。“1035工程”期间国家药品创新基础设施得到了建设；国家药品创新正式制度得到了完善，非正式制度得到了改善；创新行动者之间的学习、互动、交流被加强。大批博士和中青年药品创新人才得到了培养，成为一段时期中国药品创新的中坚力量[142]。据不完全统计，截至2017年，博士基金获得者或“1035工程”项目资助者中共有11名被评为两院院士。年轻的博士基金获得者中80%先后担任过高等院校、科研院所的领导岗位；一部分优秀学者获得了“国家杰出青年科学基金获得者”和“长江学者奖励计划”的专项资助；一部分还在政府部门中担任“首席科学家”“总体组专家”等职责。博士基金获得者参与的获得国家科技大奖的医药创新团队和群体有34个，国家级重点实验室10家，国家工程研究中心2家，国家工程实验室4家，以及教育部重点实验室5家[142]。

不能将新药的产出直接归功于政府投资，因为在“创新十强”中，有九家上市公司，资金对于企业来说只能是阶段性的问题（上市之前），而且对于哪些是无论有无政府投资一定会上市的新药，哪些是没有政府投资就不会上市的新药，我们无法区分。但是，不能否认政府投资对于药品创新人才培养的重大作用。

5.3.1.2　监管政策

药品监管制度、临床试验制度改革为药品创新创造了有利条件，提供了支持，促进了国际化。

国发〔2015〕44 号文，拉开了药品监管改革的序幕，一系列制度密集出台，解决注册申请积压问题，优先审评审批制度、关联审评审批制度、药品 MAH 制度试点等，旨在缩短药品研发周期，促进医药企业的战略转型，优化创新资源配置，提高创新效率。厅字〔2017〕42 号拉开了临床试验制度改革的序幕，临床试验默示许可制度、认可境外试验数据、临床研究机构备案制度、增设临床试验机构/国家临床医学中心等制度措施，旨在扩充临床资源，满足药品创新的需求；临床试验数据自查核查（被药品研发企业或机构称为“7·22 惨案”），修订《药物非临床研究质量管理规范》《药物临床试验质量管理规范》等技术规范，规范了药品创新行为。

药品监管改革促进了国际化，包括新药概念、技术标准及上市速度。一是新药注册分类逐步与国际接轨，44 号文中将“新药”由现行的“未曾在中国境内上市销售的药品”调整为“未在中国境内外上市销售的药品”；二是新药技术标准逐步与国际接轨，2018 年 1 月，国家食品药品监督管理总局发布《关于适用国际人用药品注册技术协调会二级指导原则的公告》，决定从 2018 年 2 月 1 日至 2022 年 7 月 1 日，逐步适用五个国际人用药品注册技术协调会（ICH）二级指导原则，中国药品技术标准开始与国际接轨。三是新药上市速度逐步与国际接轨。2017 年 10 月，国家食品药品监督管理总局发布《关于调整进口药品注册管理有关事项的决定》，取消阻碍进口药在华上市进程的一系列关卡，进一步加快在华上市速度。2017 年 12 月，《临床急需药品有条件批准上市的技术指南（征求意见稿）》发布，提出允许境外已批准上市的罕见病治疗药品、早期或中期临床试验数据显示有明显治疗优势的药品在中国有条件批准上市。

5.3.2　创新领先企业的成功与“企业家精神”密切相关

根据演化经济学奥地利学派的理论，市场是一个创造性和协调的创业过程，而“企业家精神”是指人类认识到自己环境中产生的主观利润机会并据此采取行动加以利用的能力[144]。当人们以这种方式行动时，他们启动了一个创造性的过程，通过这个过程来协调先前存在的不适应。正如哈耶克和科兹纳所表明的那样，这个过程是市场自发秩序的核心[144]。根据熊彼特的观点，企业家精神还包括建立私人王国的梦想和意志、对胜利的热情、创造的喜悦和坚强的意志。

见图5－4，中国药品创新系统的协同演化过程中，富有企业家精神的行动者们扮演着重要角色，他们市场嗅觉灵敏，善于抓住机会，做出选择，带来新奇，创造多样性。无论是个体行动者，还是企业行动者，无论是土生土长，还是海外回国，无论是传统医药企业，抑或是 NBFs，他们总是能在关键的时间节点（如 1981 年、2000 年），或者在国家知识产权制度变化前（如 1992 年），或者在政府对药品创新的支持政策变化伊始（如 2008 年），就接收到信号，警觉到机会，并采取行动，如恒瑞选择与研究机构的合作以及 NBFs 的扎堆成立。

5.3.3 药品创新系统演化过程中，伴随矛盾、冲突和不平衡

见图5－4，药品创新系统演化过程中存在着矛盾、冲突和不平衡的现象。2016 年，临床试验机构不足制约仿制药一致性评价和药品创新凸显（产—医矛盾）。2021 年《中国新药注册临床试验现状年度报告（2020 年）》发布，靶点同质化较为明显，主要为 PD－1、VEGFR、PD－L1 等，细胞治疗仍以 CD19 靶点为主。受试者人群中，特定人群开展的临床试验相对较少，2020 年在老年人群和儿童人群开展的临床试验分别为 3 项和 33 项，仅占全年试验登记总量的 1.4%（36/2602）（产—患矛盾）。2022 年 2 月，礼来与信达生物的 PD－1 抑制剂信迪利单抗针对非鳞状细胞癌的 BLA 申请被美国 FDA 拒绝。FDA 一改以往鼓励态度，发出收紧信号：需补充临床试验，证明在美国人群和医疗实践中的适用性（官—产矛盾）。

行动者网络间存在的矛盾、冲突和不平衡，如果不能很好地化解，将阻碍药品创新的发展。例如，PD－1 的扎堆现象，导致出现行业所谓的“高端重复”，最终同质化竞争导致 PD－1 降至所谓的“白菜价”（网络用语）。短期看，满足了部分患者未被满足的治疗需求（可负担性）；但长期看，反而不利于更好满足更多患者未被满足的治疗需求。社会创新资源被大量浪费，创新回报的预期降低，创新的可持续性受阻，这对于刚刚起步的中国药品创新企业来讲，无疑是致命的，也令一些准备加入创新队伍的企业望而却步。确保药品创新系统演化过程的各构成要素的互动的良性循环，需要化解矛盾、冲突和不平衡，变阻力为动力，这又为政府发挥作用提供了方向。

	《专利法》药品专利制度演化	官	产	学/研	医/患	金
1984 版	改革开放伊始，与国际接轨起草《专利法》，出于药品仿制为主的国情“药品和用化学方法获得的物质”不授予专利权	1981 年，国务院发布《关于加强医药管理的规定》为医药行业的发展指明了方向	1981 年，创新十强齐鲁制药，由李博涛接手，同年成立齐鲁制药中心实验室，80 年代即有包括国家级新药卡铂在内的多个新产品上市，自此一直保持在药品创新上走在同时代企业的前列			
1993 版	因中美贸易战、国外创新药企要求，准备加入 WTO 等外部及内部原因，1992 年 1 月，中国政府做出承诺，修订专利法，并于 1993 年 1 月 1 日起开始实施，自此给予药品专利保护	1996 年国家启动“1035 工程”2000 年 863 框架下实施“创新药物和中药现代化”科技重大专项。药品创新国家项目汇聚了全国的创新力量	创新十强恒瑞和豪森开始起步。1992 年，土生土长的孙飘扬接手恒瑞不久，意识到仿制药的危机，用一年的利润 120 万元，购买了中国医科院药研所开发的抗癌新药异环磷酰胺的专利，自此踏上本土药企的创新之路；1995 年，钟慧娟创立中外合资豪森药业。1995 年，上实集团进军医药行业（上海医药）1997 年，十强创新企业石药集团组建完成。同期，外资药企大批涌入。2000 年，两家创新十强在香港注册成立	其间，含中国医科院药研所研制的丁苯酞、双环醇，中国医科院医药生物技术研究所研制的博安霉素等在内的一批在研项目在国家的资助下，最终实现产业化。国家项目培养了一批药品创新人才（包括院士、高校及科研院所领导、“杰青”“长江学者”“973 计划”首席专家）。建设了一批新药筛选平台、安全评价中心和临床试验中心		
2008 版	增加对提前开始仿制有利的“Bolar 例外”（源自 Hatch-Waxman 法案）。这是国内仿制力量与国外创新力量博弈的结果	2008 年“重大新药创制”国家科技重大专项启动。2013—2017 年药监改革、临床试验制度改革。鼓励政策和监管政策密集出台［含国发〔2015〕44 号及药监 117 号］2017 年中国药监加入 ICH。2018 年国家医保局成立；国家集采试点，为创新药预留费用空间；首批 17 种抗癌新药通过谈判进入医保；2019 年 MAH 制度全面实施；2020 年明确四种药品加快上市注册程序	创新十强中的三家 NBF 均在此时成立，百济神州（2010）、信达生物（2011）、君实生物（2012），顺势成立，主创均为海归人员。2018 年，首个国产 PD-1 单抗药物上市。2019 年，百济神州泽布替尼美国获批，实现原研新药出海“零的突破”2008—2019 年 53 个 1 类新药国内获批。2019 年，国产 PD-1 单抗药物进入医保。2020 年，登记临床试验过于集中 PD-1 靶点。2011—2020 年海外 license-in 产品5 22 个；License-out 产品 54 个（含上市和未上市）海外回国人员成为中国医药创新生力军。创新和国际化成为领先创新企业共同战略	全国企业创新调查 2016 及 2020 数据显示，高校和研究机构是医药制造业产品或工艺创新企业最主要的合作伙伴前两位，也是最有价值的合作伙伴前两位。2019 年中国生物技术专利授权数达 8619 件，药品专利授权数达 7104 件，医疗技术专利申请数达 7503 件，均名列全球前三位。2020 年，国内生物、医药和医疗器械技术交易增幅最大，居首位。2020 年，中国生物医学论文发表篇数仅次于美国居第二位	2016 年临床试验机构不足制约仿制药一致性评价和药品创新凸显。2018 年电影《我不是药神》上映，将一直以来处于“灰色地带”的海外代购药品现象揭示出来，引发社会对癌症患者未被满足治疗需求的广泛关注	针对未盈利生物科技公司 2018 年香港联交所推出 18A 新规（港股 18A）；2019 年上交所科创板开板 2020 年深交所创业板改革
2021 版	纳入药品专利链接和专利期限补偿制度（源自 Hatch-Waxman 法案）。这是国内外药品创新力量共同推动的结果		2022 年 2 月，礼来与信达生物的 PD-1 抑制剂信迪利单抗针对非鳞状细胞癌的 BLA 申请被美国 FDA 拒绝。FDA 一改以往鼓励态度，发出收紧信号：需补充临床试验，证明在美国人群和医疗实践中的适用性		2018 年国家医保局成立以来，4 次准入谈判，累计 250 种药品增入目录。2021 年，年内累计为患者减负 1494.9 亿元	2021，以“专精特新”企业为核心服务对象的北交所开板。2000—2021 年，除齐鲁制药外创新十强皆成功上市，最多三地上市，如百济神州

图 5－4　中国药品创新系统的协同演化

注：“中国医药创新企业 100 强（2021）榜单”Top10 企业简称“创新十强”。WTO：世界贸易组织。ICH：国际人用药品注册技术协调会。BLA：生物制品许可申请。FDA：美国食品药品监督管理局。NBF：新生物技术公司。License－in：授权引进。license－out：向外授权。

5.3.4 其他发现

一是药品创新系统的边界必定是超越国界的，创新领先企业有更多的国际化合作，海外上市、海外授权引进（license - in）和向外授权（license - out）。二是资本市场的支持至关重要，在“创新十强”企业中，九家上市，甚至多地上市。

5.4 中国药品创新中的系统失灵

5.4.1 中国医药制造业产品或工艺创新的主要障碍因素

首先，根据中国 CIS 数据，将中国药品创新的最主要阻碍因素“缺乏人才或人才流失”（见图 5 - 5），识别为“行动者缺失”问题，归入药品创新系统的“行动者和网络”部分；其次，对中国医药制造业合作相关数据，进行了分析，进一步识别“行动者和网络”特征；最后，提取参考资料中的相关信息，为识别出的系统失灵提供更详细的解释。

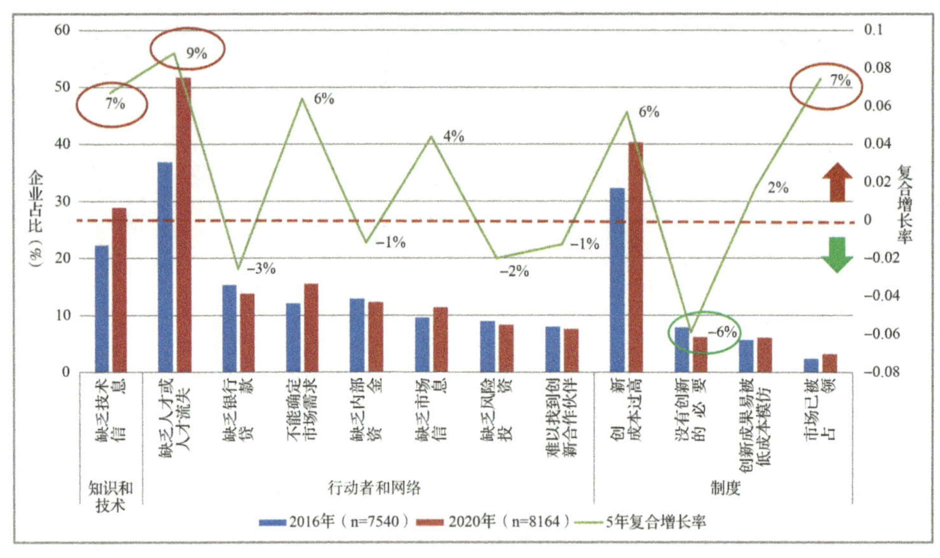

图 5 - 5 规模以上医药制造业企业产品或工艺创新活动阻碍因素情况

注：数据来源于《全国企业创新调查年鉴 2021》《全国企业创新调查年鉴 2017》。分类依据为部门创新系统协同演化概念模型，知识和技术的生产、传播、使用问题归入“知识和技术”；行动者或网络互动的缺失或不当问题归入“行动者和网络”；正式的制度和非制度约束问题归入制度。

5.4.2　中国医药制造业的产品或工艺创新的合作关系

创新合作企业占全部企业比重，由2016年的45.8%增长到2020年的58%；与“高等学校”和“研究机构”的创新合作趋势下降，5年复合增长-3.6%和-2.5%；市场咨询机构成为新兴的创新合作伙伴，5年复合增长4.7%；与“风险投资机构”创新合作趋势下降最为明显，5年复合增长-19.7%（见图5-6）。

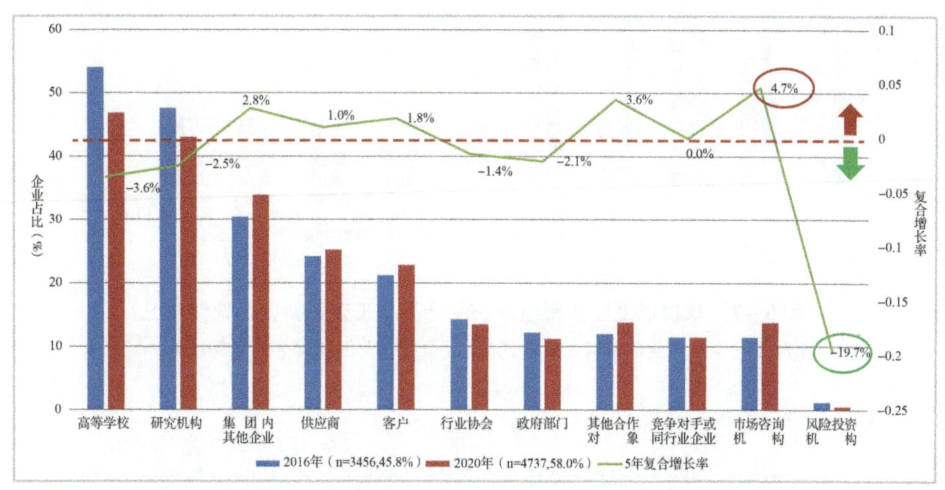

图5-6　规模以上医药制造业企业的产品或工艺创新的合作开展情况

注：数据来源于《全国企业创新调查年鉴2021》《全国企业创新调查年鉴2017》。

5.4.3　中国医药制造业产品或工艺创新有较大价值的合作伙伴

2020年“高等学校”“客户”“研究机构”虽仍居于有较大价值的合作伙伴前三，但与2016年相比，5年复合增长率均呈下降趋势，尤以“客户”最为明显（-16.6%）。作为新兴的有较大价值的合作伙伴，“市场咨询机构”5年复合增长18.4%（见图5-7）。其余合作伙伴的价值下降趋势居多。

5.4.4　中国医药制造业产品创新合作关系

2016—2020年，医药制造业产品创新一直以“独立开发”为主。与境内其他企业合作开发及与集团内企业合作开发，增长相对明显，5年复合增长率分别为4.3%和3.8%（见图5-8）。与境内高等学校、境内研究机构合作开发及在其他单位开发的基础上调整或改进，下降明显，5年复合增长率依次为-7.3%、-8.7%、-7.4%。

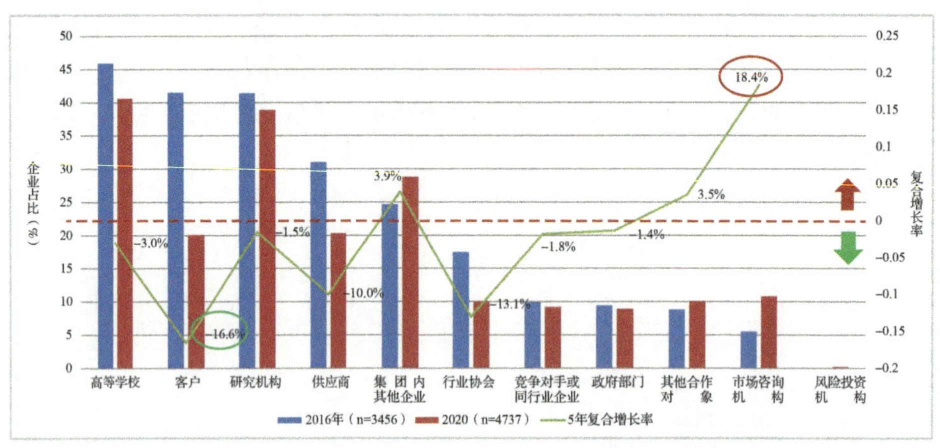

图5-7 规模以上医药制造业企业产品或工艺创新合作伙伴情况

注：数据来源于《全国企业创新调查年鉴2021》《全国企业创新调查年鉴2017》。

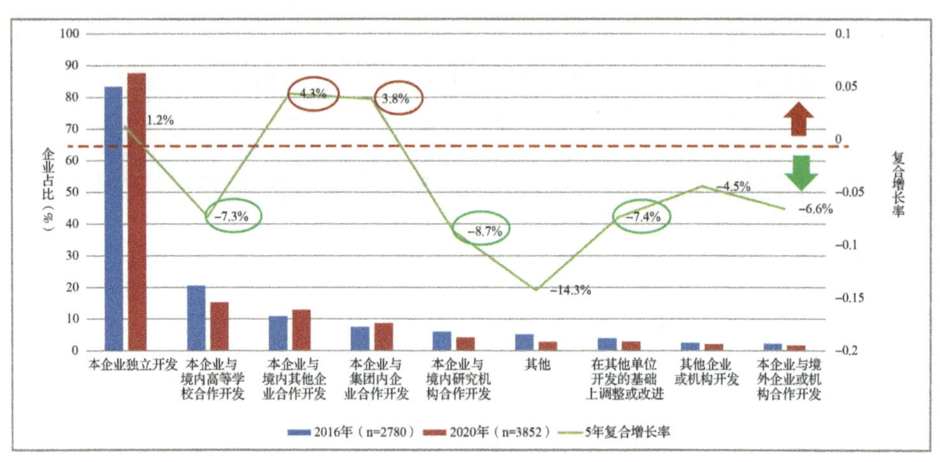

图5-8 规模以上医药制造业产品创新开发情况

注：数据来源于《全国企业创新调查年鉴2021》《全国企业创新调查年鉴2017》。

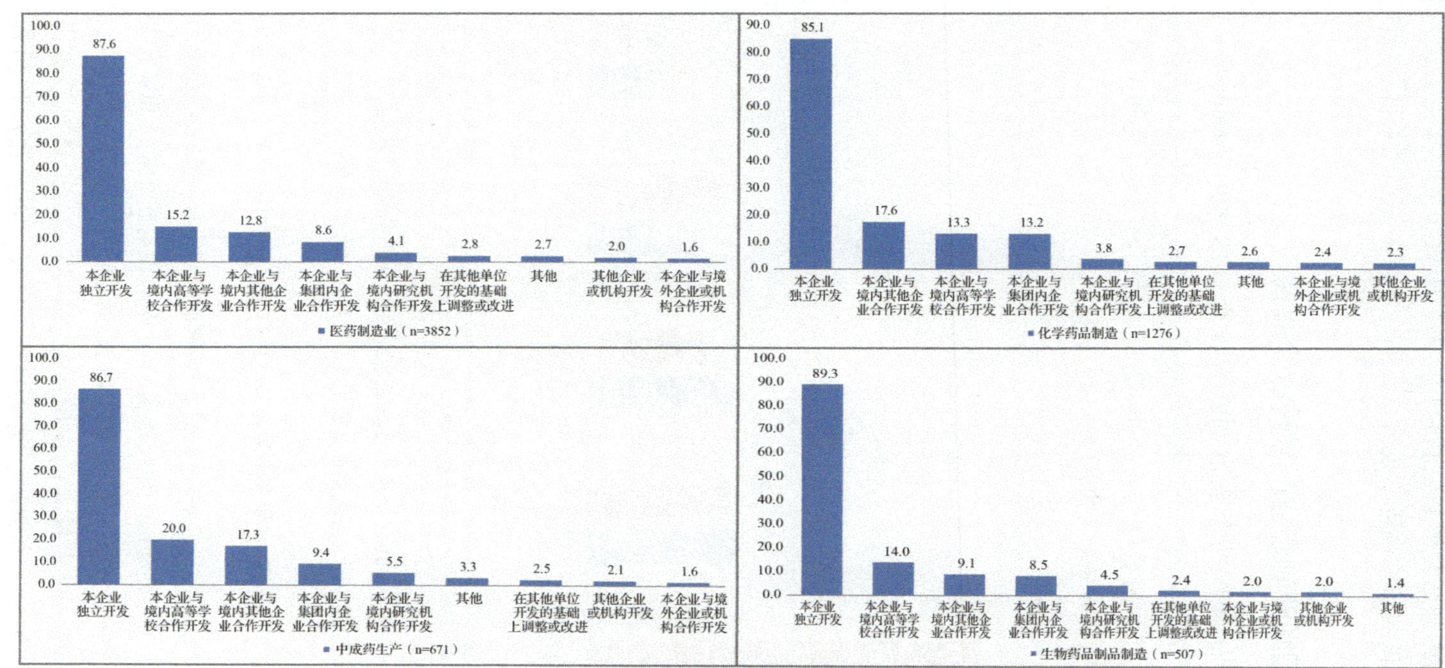

图 5－9　2020 年规模以上医药制造业子产业产品创新开发情况

注：数据来源于《全国企业创新调查年鉴 2021》《全国企业创新调查年鉴 2017》。

2020 年医药制造业产品创新合作开发，中成药生产和生物药品制品制造两个子产业首选与境内高等学校合作，而化学药品制造则首选与境内其他企业（见图 5 -9）。

5.4.5 中国医药制造业产学研合作形式

开展产学研合作的企业占创新合作企业的比重下降明显，2016 年为 71.5%，2020 年为 64.2%，5 年复合增长 -2.7%。“共同完成科研项目”仍是医药制造业产学研合作的主要形式。产学研合作形式更加灵活，“其他形式”5 年复合增长 3.9%（见图 5 -10）。

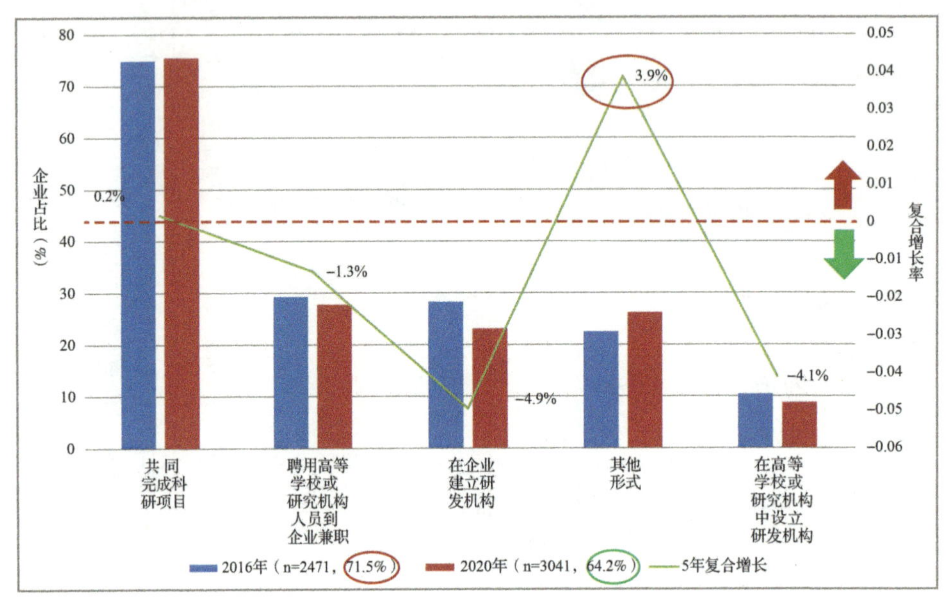

图 5 -10 规模以上医药制造业企业产学研合作形式

注：数据来源于《全国企业创新调查年鉴 2021》《全国企业创新调查年鉴 2017》。

5.4.6 产学研合作主要障碍——以江苏省为例

Torreya（https：//torreya. com），全球活跃的医药领域投资银行，于 2021 年 11 月发布了 The Pharma 1000 报告（世界上最有价值的 1 000 家制药公司），报告显示江苏省在全球 9 个顶级的生物技术区域中排名第六，与 2020 年相比，跃升 3 位，是唯一进入排名的中国区域。曹阳（2020）对江苏医药产学研合作的主要障碍进行了调研，结果见图 5 -11。企业和高校的观点完全不同。一方面，企业认为“成果难以实现产业化”是主要障碍，至于原因，企业认为是高校“纸上谈兵”所致，而高校认为是企业研发能力或者说“二次创新”能力不足所致[131]72-4。另一方面，高校认为“难以找到合适的合作对象”是主要障碍，高校教师难以找到与自己研究方向相匹配的企业合作。

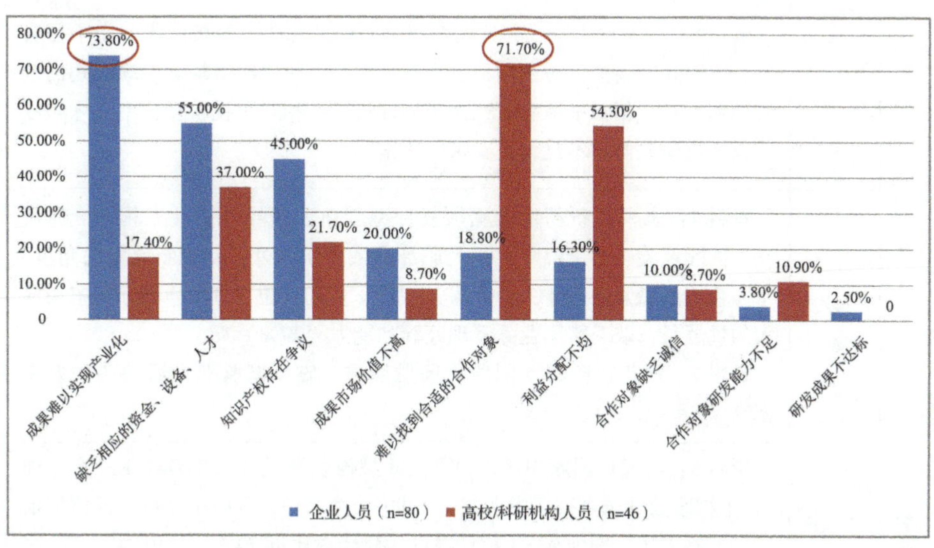

图 5-11　江苏省医药企业和高校开展产学研合作主要障碍[131]

注：数据来源于《江苏医药产学研融合机制研究》（曹阳，2020）。

5.4.7　中国药品创新系统中存在的问题

表 5-2　中国药品创新系统中存在的问题

		问题
知识和技术	知识	资料 4：基础研究跟随性突出，不足以支撑大规模源头创新；优质前沿研究有待提升；核心资源生产和供给存在“卡脖子”风险 资料 6：基础研究仍薄弱
	技术	资料 5：知识产权转化产出不足 资料 6：科研成果的商业转化仍有待加强

续表

		问题
行动者和网络	官	资料4：自“十三五”起规划，国家科技重大专项资助阶段偏后期（重产出），对创新最需要支持的早期转化和产业最亟待解决的关键技术突破的扶持不足。 资料5：经费投入阶段和分配效率掣肘创新源头，经费阶段分布不尽合理；国家和社会基金对于创新源头投入偏少、科研经费缺乏国家级别的统筹规划、对于创新主体和研究人员的评价体系相对短视、复合型人才短缺以及转化研究协作不足为主要掣肘因素
	产	资料4：未来创新药发展亟须复合型创新型领导（企业家精神、懂研发、国际经验、勇于冒险）以及临床研发关键人才；从创新研发的角度，中国目前的最紧缺人才：转化医学（79%）居首位；现阶段国际化布局最大的挑战是：缺乏跨国业务管理经验和能力（79%） 资料7：新药临床试验同质化问题明显，临床试验获批后的实施效率不高
	学/研	资料5：与发达国家相比，领军人才规模差异显著。2020年ESI全球前1%生物医药领域高被引学者共有1790人次上榜，其中美、英、德位列前三，上榜人次分别为943、171、111，合计占比近70%，而中国上榜人次为25
	医	资料4：医疗机构转化研究不足；临床资源和研究水平落后于创新药发展需求，临床研究能力建设迫在眉睫；支持创新的基础设施与国外相比还有较大的提升空间，首要因素是研究型医院的数量和管理（67%）；阻碍中国药企临床水平的核心因素：首要因素是企业缺乏临床策略设计人才（75%）
	患	资料7：受试者人群中，特定人群开展的临床试验相对较少，2020年在老年人群和儿童人群开展的临床试验分别为3项和33项，仅占全年试验登记总量的1.4%（36/2602）
	金	资料4：整体投资偏保守，对支持投资不足 资料5：目前医保和商业健康险的保障仍有局限性 资料6：对生物医药创新项目的投资预期和风险收益心态需调整
	互动/共性	资料5：产学研医跨界协作有限；顶尖人才引进竞争激烈、复合型人才难以满足需求（以转化研究人才最为突出） 资料6：创新人才不足问题日益放大

续表

		问题
制度	正式	资料 4：亟待完善的政策：首位是合理的支持创新溢价支付体系（64%）；科研人员考核、激励机制，科研成果转化服务体系仍需细化方案 资料 5：中国研发、注册与审批与全球尚存“时间差”；高校科研评价体系偏倚
	非正式	资料 4：需加大宣传创新文化，回归初心价值，激励科研精神，提高对创新失败的容忍度

注：数据来源于《中国医药创新十年展望》《中国医药创新生态系统 2021—2025》《中国生物医药创新趋势展望》《中国新药注册临床试验现状年度报告（2020 年）》（资料 4 – 7 序号与表 4 – 1 同）。

5.5　欧盟 CIS 相关维度数据分析

5.5.1　欧盟药品创新的主要合作伙伴

2010 年调查当时，欧盟医药制造业产品或工艺创新企业排在第一位的合作伙伴，“年数”较小的国家，“顾问、商业实验室或私人研发机构”“设备、材料、零件或软件供应商”更普遍。“年数”较大的国家，“大学或其他高等教育机构”“政府或公共研究机构”更普遍。特别关注药品创新领先国家（英、法、德及瑞士，下同），其确定方法综合考虑药品创新的新颖性（以 NMEs 累积数量代替）和临床治疗价值（以商业价值代替）[145 – 147]。法国是“设备、材料、零件或软件供应商”。德国是“大学或其他高等教育机构”（见图 5 – 12）。

2016 年调查当时，欧盟医药制造业产品或工艺创新企业排在第一位的合作伙伴，药品创新领先国家，法国、德国和瑞士皆为大学或其他高等教育机构，而英国则是私营研究机构（2018 年未进行该维度调研，故引用 2016 年数据）（见图 5 – 13）。

5.5.2　欧盟药品创新的有较大价值的合作伙伴

2010 年调查当时，欧盟医药制造业产品或工艺创新企业最有价值的合作伙伴，“企业集团内与其他企业”较普遍，而德国则是“大学或其他高等教育机构”（见图 5 – 14）。

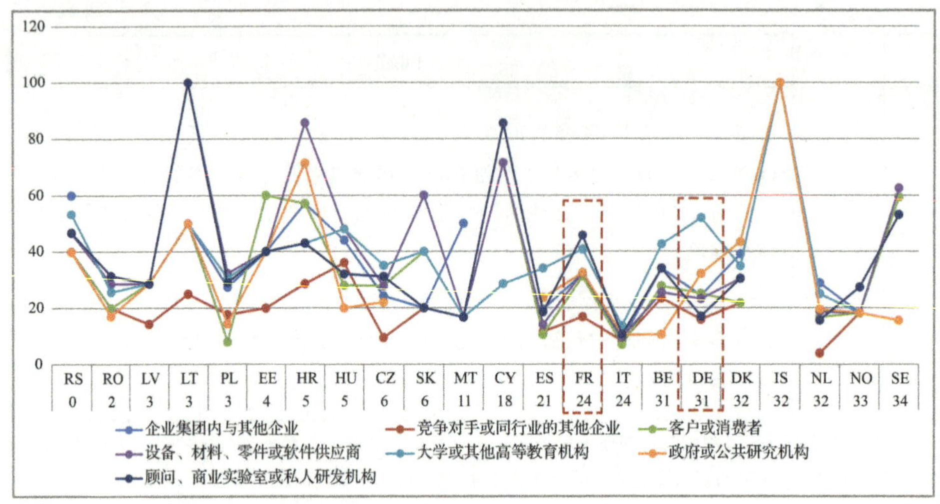

图 5-12 2010 年欧盟 CIS 产品或工艺创新的合作伙伴类型

注：纵坐标轴代表企业占比（单位:%），横坐标轴代表按“年数”［“年数”=“调查年”（2010）-“可比年”］从小到大排列的样本国家或地区，“年数”越大，与中国比其发达程度越高。行业：Manufacture of basic pharmaceutical products and pharmaceutical preparations。数据来源于欧盟统计数据库（eurostat）。

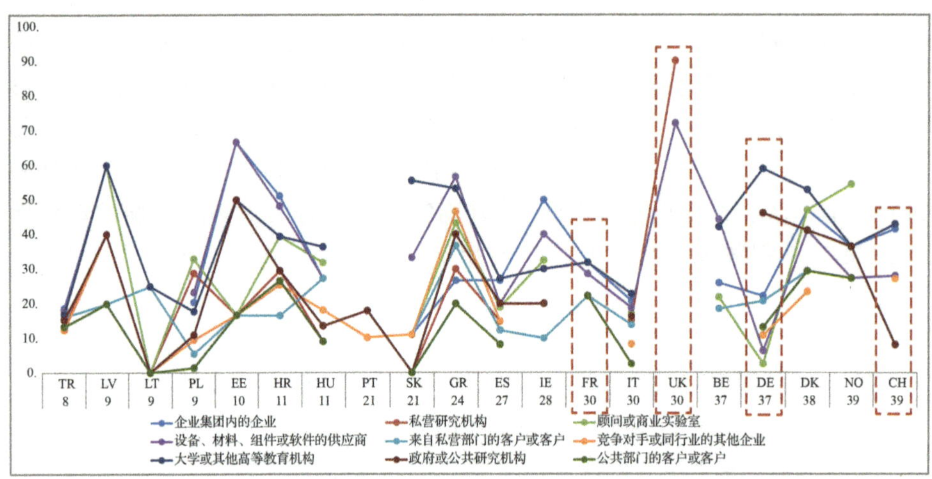

图 5-13 2016 年欧盟 CIS 产品或工艺创新的合作伙伴类型

注：纵坐标轴代表企业占比（单位:%），横坐标轴代表按“年数”［“年数”=“调查年”（2016）-“可比年”］从小到大排列的样本国家或地区，“年数”越大，与中国比其发达程度越高。行业：Manufacture of basic pharmaceutical products and pharmaceutical preparations。数据来源于欧盟统计数据库（eurostat）。

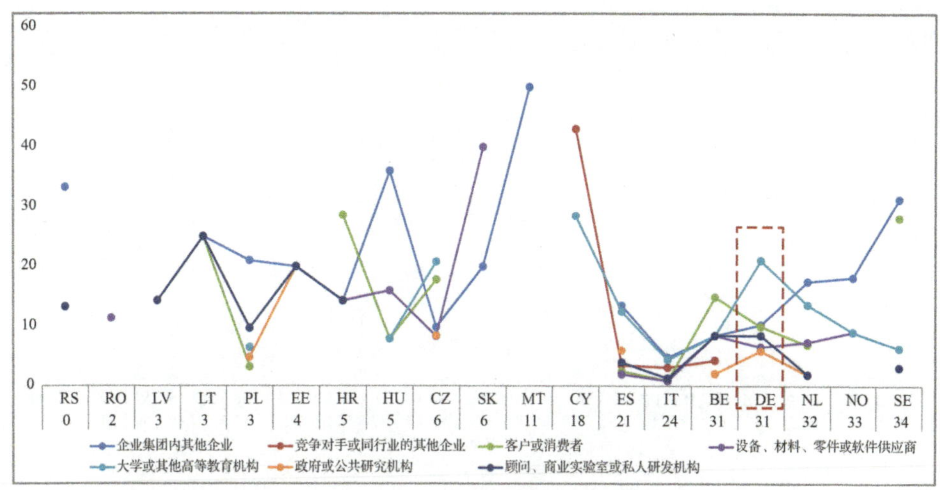

图 5-14　2010 年欧盟 CIS 产品或工艺创新的最有价值的合作伙伴

注：纵坐标轴代表企业占比（单位:%），横坐标轴代表按“年数”［“年数”＝“调查年”（2010）－“可比年”］从小到大排列的样本国家或地区，“年数”越大，与中国比其发达程度越高。行业：Manufacture of basic pharmaceutical products and pharmaceutical preparations。数据来源于欧盟统计数据库（eurostat）。

5.5.3　欧盟医药制造业创新企业合作伙伴地理分布

据 2018 年调查，当时欧盟医药制造业创新企业，按地理位置划分的合作伙伴的企业占比，“年数”较小的国家，拥有国家范围内的合作伙伴占比普遍远高于外国合作伙伴（个别国家除外），而“年数”较大的国家，国家范围内及国外的合作伙伴的企业占比更接近。法国、德国国家范围内的合作伙伴占比均高于国外的合作伙伴，而瑞士国外合作伙伴占比则高于国家范围内的合作伙伴（见图 5-15）。

5.5.4　欧盟医药制造业知识产权来源

据 2018 年调查，当时欧盟医药制造业创新企业不同知识产权来源企业占比，“从私营企业获得许可或购买”普遍高于“从公共研究机构、大学或其他高等教育机构获得许可或从其购买”，法国、德国亦然（见图 5-16）。

5.5.5　欧盟医药制造业知识产权去向

据 2018 年调查，当时欧盟医药制造业创新企业知识产权去向，从整体看，以向外授权（licenced out）为主，法国亦然。但德国以出售为主（见图 5-17）。

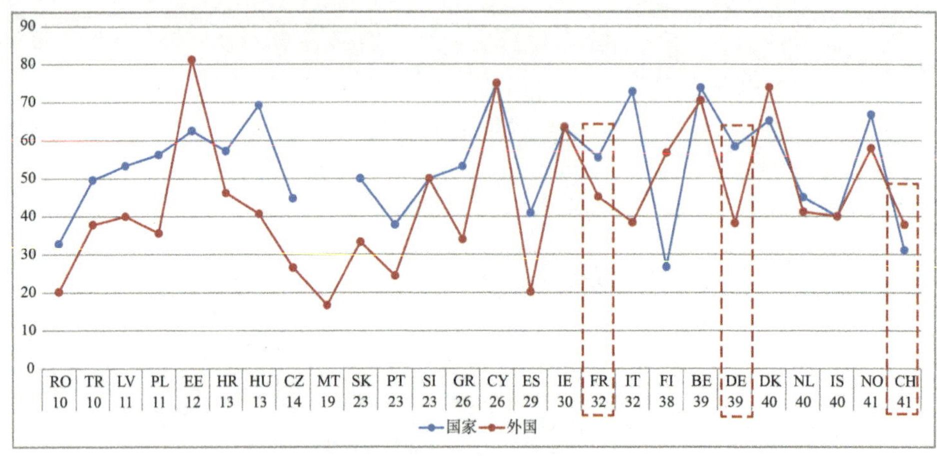

图 5-15　2018 年欧盟 CIS 按地理位置区分的创新企业的合作伙伴

注：纵坐标轴代表企业占比（单位:%），横坐标轴代表按“年数”［“年数” = “调查年”（2018） - “可比年”］从小到大排列的样本国家或地区，“年数”越大，与中国比其发达程度越高。行业：Manufacture of basic pharmaceutical products and pharmaceutical preparations。数据来源于欧盟统计数据库（eurostat）。

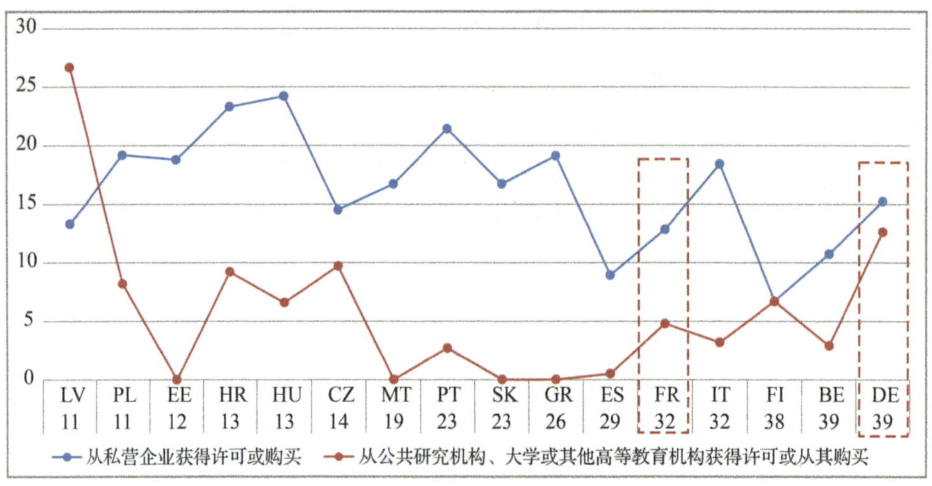

图 5-16　2018 年欧盟 CIS 创新企业的知识产权来源

注：纵坐标轴代表企业占比（单位:%），横坐标轴代表按“年数”［“年数” = “调查年”（2018） - “可比年”］从小到大排列的样本国家或地区，“年数”越大，与中国比其发达程度越高。行业：Manufacture of basic pharmaceutical products and pharmaceutical preparations。数据来源于欧盟统计数据库（eurostat）。

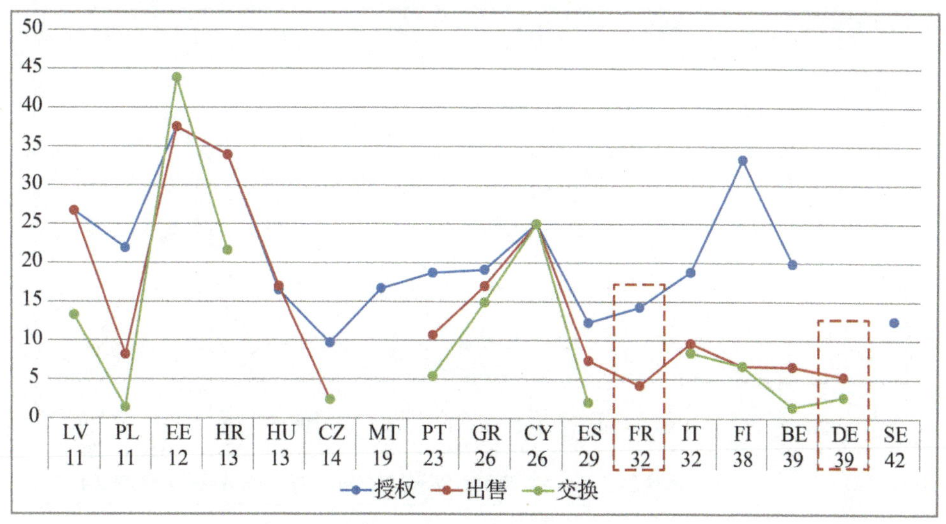

图 5－17　2018 年欧盟 CIS 创新企业知识产权去向

注：纵坐标轴代表企业占比（单位:%），横坐标轴代表按“年数”［“年数”＝“调查年”(2018)－“可比年”］从小到大排列的样本国家或地区，“年数”越大，与中国比其发达程度越高。行业：Manufacture of basic pharmaceutical products and pharmaceutical preparations。数据来源于欧盟统计数据库（eurostat）。

5.5.6　欧盟医药制造业购买技术服务的合作伙伴

据 2018 年调查，当时欧盟医药制造业创新企业主要通过私营企业购买技术服务，包括法国（见图 5－18）。

5.5.7　欧盟医药制造业合作领域

据 2018 年调查，当时欧盟医药制造业创新企业合作的领域，“年数”较小国家以“其他商业活动”为主；“年数”较大的国家以“研发活动”为主，法国、德国、瑞士皆如此（见图 5－19）。

5.5.8　欧盟医药制造业提供共同创造或定制商品或服务的合作伙伴

据 2018 年调查，当时欧盟医药制造业创新企业，提供共同创造或定制商品或服务的合作伙伴类型，以私营企业为主，法国亦然（见图 5－20）。

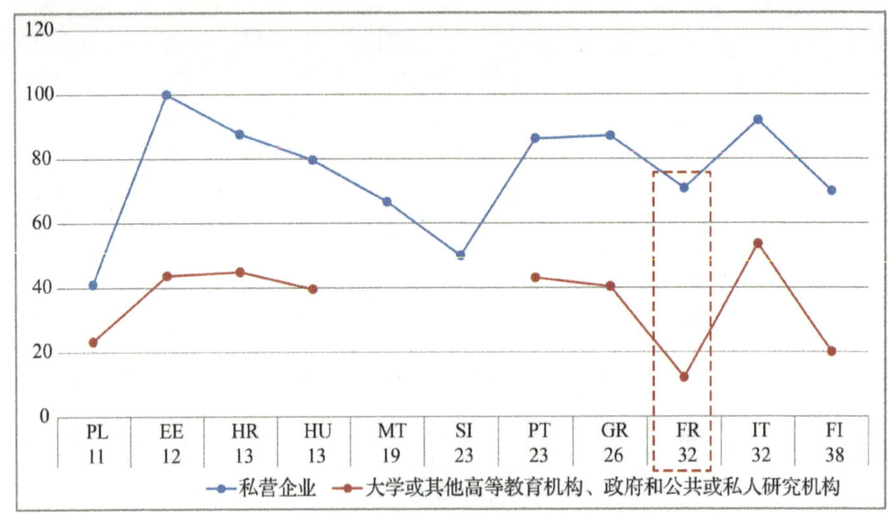

图 5－18　2018 年欧盟 CIS 创新企业购买技术服务的合作伙伴

注：纵坐标轴代表企业占比（单位:%），横坐标轴代表按“年数”［“年数”＝“调查年”（2018）－“可比年”］从小到大排列的样本国家或地区，“年数”越大，与中国比其发达程度越高。行业：Manufacture of basic pharmaceutical products and pharmaceutical preparations。数据来源于欧盟统计数据库（eurostat）。

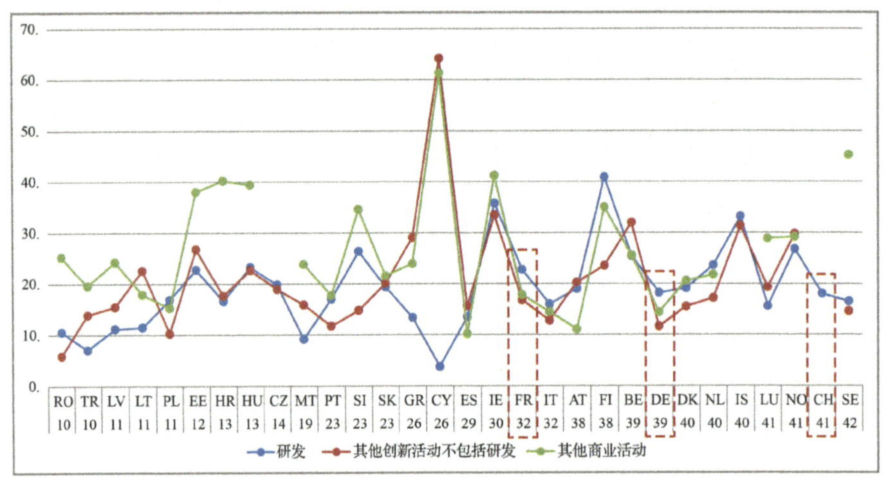

图 5－19　2018 年欧盟 CIS 创新企业的合作领域

注：纵坐标轴代表企业占比（单位:%），横坐标轴代表按“年数”［“年数”＝“调查年”（2018）－“可比年”］从小到大排列的样本国家或地区，“年数”越大，与中国比其发达程度越高。行业：Manufacture of basic pharmaceutical products and pharmaceutical preparations。数据来源于欧盟统计数据库（eurostat）。

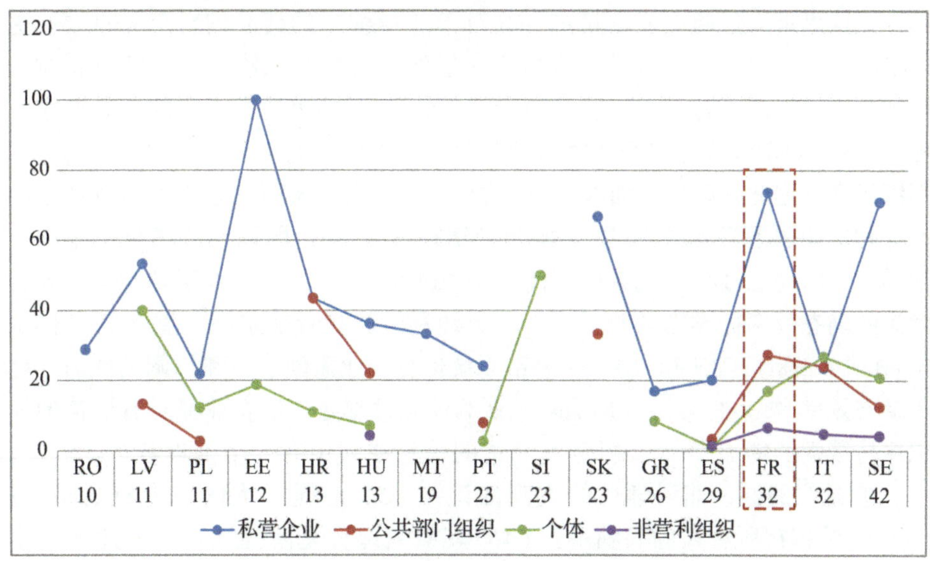

图 5－20　2018 年欧盟 CIS 为创新企业提供共同创造或定制产品/服务的合作伙伴

注：纵坐标轴代表企业占比（单位:%），横坐标轴代表按“年数”［“年数”＝“调查年”(2018)－“可比年”］从小到大排列的样本国家或地区，“年数”越大，与中国比其发达程度越高。行业：Manufacture of basic pharmaceutical products and pharmaceutical preparations。数据来源于欧盟统计数据库（eurostat）。

5.6　讨论及结论

5.6.1　中国药品创新系统的现状

伍尔图伊斯（Woolthuis）（2005）指出，通过确定行动者和制度的相互作用，创新系统（SI）方法揭示了未受市场失灵影响的导致成功创新的行动者和机制，从而为确定公共支持的方向提供了更大的潜力（例如，应对哪些行动者进行支持），从实践的角度，这对政策制定者更有帮助［埃德基(Edquist）等，1998］[48]。

中国药品创新系统的演化过程表明，以下四点有助于药品创新：政府投资、企业家精神、资本支持、确保互动的良性循环。政府投资在人才培养、网络构建及信号传递等方面发挥重要作用；成功的行动者都富有企业家精神；资本市场为企业的研发创新提供了资金支持；需要化解药品创新系统三大要素协同演化过程中出现的矛盾、冲突和不平衡，确保互动的良性循环。

在这里重点强调企业家精神，其对于“持续”的药品创新至关重要。这里指的企业家精神，并不是新古典主义经济学的企业家精神（他们将企业家精神视为一种简单的生产要素），而是演化经济学的奥地利学派的“企业家精神”。奥地利学派认为“企业家精神”是指人类认识到自己环境中产生的主观利润机会并据此采取行动加以利用的能力[144]。企业家精神是市场自发产生的创造和协调的主要驱动力[148]。换句米塞斯（Mises）的话，市场是由企业家精神驱动的动态过程（或者说是社会互动过程）[148]26/60。企业家精神与奥地利学派的动态效率标准密切相关[148]9。奥地利学派学者韦尔塔·德索托（Jesús Huerta De Soto）（2008）将一个经济系统促进企业家创造力和协调的能力，称为动态效率[148]。柯兹纳（Kirzner）认为动态效率是鼓励企业家对有价值的知识保持警觉的能力[148]11。柯兹纳所指的信息或知识有六个基本特征[148]64-5：（1）它是实践性、非科学性的主观知识；（2）它是私人的或专有的知识；（3）它散布在所有人的头脑中；（4）其中大部分是隐性知识，因此无法表达；（5）正是企业家精神从零开始创造了知识；（6）大部分信息是通过非常复杂的社会过程以一种无意识的形式传播的。奥地利学派对新古典主义经济学静态效率进行了批判，认为（经济系统）最重要的目标不应该是将系统推向生产可能性前沿，而是应该系统持续地将生产可能性曲线“转移”至右侧[148]8。

5.6.2 中国药品创新中的系统失灵

5.6.2.1 行动者缺失

转化医学人才缺乏成为制约中国药品创新的主要障碍因素。见图5-5，2020年51.7%的医药制造企业认为“缺乏人才或人才流失”（主要是缺乏人才）是企业创新的主要障碍因素，居首位，且增长最快，5年复合增长8.8%。如表4-2所示，79%的高层受访者认为“从创新研发的角度，中国目前最紧缺的人才是转化医学人才”，居首位。

转化医学人才贯穿药品创新过程的始终，是药品创新中，规避风险，缩短时间，降低成本，提升效率的关键。美国国家转化科学促进中心（NCATS）将“转化医学”定义为将实验室、诊室和社区的观察结果转化为改善个人和公众健康的干预措施的过程——从诊断和治疗到医疗程序和行为改变。NCATS的目的是旨在改变转化过程，以便更快地为患者提供新的治疗方法。NCATS将转化科学谱分为信息互通的五个阶段（非线性），包括基础研究（非转化医学研究部分，仅提供信息并接受反馈信息）、临床前研究、临床研究、临床实施和公共卫生。转化医学关注的转化问题包括但不限于，预测功效和毒理学、降低治疗开发的风险、提高临床研究效率、促进合作与伙伴关系的建立、数据透明和发布（推进数据共享）、关注人工智能/机器智能（A/MI）作为跨学科分析的工具及其使用的机会和挑战。

中国药品创新系统在知识和技术、行动者和网络、制度方面都存在系统失灵（见图 5－5、表 5－2 所示）。这为政府干预提供了理由，解决系统失灵需要基于现有政策，提出能够相互兼容和协调的政策组合。在所有的系统失灵中，行动者缺失即人才紧缺是共性问题，而转化医学人才紧缺最为突出，影响了整个药品创新过程。解决人才紧缺问题，尤其是转化医学人才紧缺问题，是政府发挥作用的一个重要的着力点。

其他相对紧缺人才包括：复合型创新型领导人才（企业家精神、懂研发、国际经验、勇于冒险），学术领军人才/顶尖人才，临床策略人才，研发策略人才。

5.6.2.2　行动者互动失灵——沟通障碍

药品创新系统三大要素协同演化过程中出现的矛盾、冲突和不平衡，究其原因是沟通障碍。这里用四个例子来说明。第一个例子，自国发〔2015〕44 号文开始的药监改革过程中，因缺乏有效沟通，不能准确预测政策影响，导致系列政策制定后，临床试验机构不足与临床试验需求增加的矛盾爆发，继而发布补救性的临床试验机构备案制，而不是提前发布。第二个例子，2022 年 2 月礼来与信达的信迪利单抗注射液的生物制品许可申请（BLA）被美国 FDA 拒绝，从 FDA 及信达给出的答案无不揭示出信达与 FDA 的沟通方面存在问题。第三个例子，药品的可及性和可负担性与癌症患者未被满足的治疗需求之间的矛盾一直存在。2015 年，国家发布加快创新药上市审评审批相关文件，解决部分药品可及性问题。2018 年，医保局适时成立，对应性地承担起直接沟通的责任，包括医保准入政策和医保谈判，以解决可负担性问题。这或许也是因为行动者缺失引起。第四个例子，PD－1 扎堆申请和上市现象，政府是有机会提前干预避免，但是并没有采取措施，直到爆发。

5.6.2.3　行动者互动失灵——存在产学研合作障碍吗

中国与欧盟 CIS 数据比较发现，各界一直强调的阻碍药品创新的问题即“产学研协作有限”，与欧盟相比并非如此。

一是中国高校及研究机构一直是企业主要的和较有价值的合作伙伴，但相关合作占比在下降。对 2020 年与 2016 年中国 CIS 数据进行比较，以观察其增长趋势（以复合增长率来衡量）。首先，高校和研究机构一直是主要的及较有价值的合作伙伴，但两个维度的企业占比均下降，而“市场咨询机构”作为新兴的及较有价值的合作伙伴上升最为明显。其次，在产品创新合作中，高校及研究机构合作开发下降明显（复合增长 -7.3% 和 -8.7%），而另外与境内其他企业合作开发及与集团内企业合作开发增长明显（复合增长 4.3% 和 3.8%）。最后，开展产学研合作的企业占创新合作企业的比重，与 2016 年相比（71.5%），2020 年（64.2%）呈下降趋势（复合增长 -2.7%）。在药品创新活动更加密集，国家反复强调深化产学研融合的情况下，这种下降趋势，只能说明是市场的选择，至少在现阶段，市场更能满足企业开展药品创新活动的相关需要。由此不难看出，政府鼓励的方向与市场选择的方向是相反的。

二是欧盟“年数”较小国家与“年数”较大的国家排在第一位的合作伙伴存在差异。2010 年欧盟 CIS 显示，接受调查的样本国家，医药制造业产品或工艺创新排在第一位的合作伙伴“年数”较小的国家以“顾问、商业实验室或私人研发机构”“设备、材料、零件或软件供应商”为主；“年数”较大的国家“大学或其他高等教育机构”“政府或公共研究机构”更普遍。其中，创新领先国家，法国是“设备、材料、零件或软件供应商”，德国是“大学或其他高等教育机构”。最有价值的合作伙伴，“企业集团内其他企业”较普遍，而德国则是“大学或其他高等教育机构”。这在 2016 年同维度调查时，发生了变化，法国、德国和瑞士的第一位合作伙伴均为大学或其他高等教育机构，仅英国是私营研究机构。

“大学或其他高等教育机构”代表着基础科技前沿[123]。与渐进式创新相比，激进式创新建立在更基础的科学知识之上（Sternitzke，2010）。制药公司与大学或研究机构合作，并为这些公共部门的基础研究提供资金，将有助于降低风险和提高成功的机会。此外，组织需要通过雇用更多熟悉科学语言的科学家来提高其科学能力，并鼓励研发朝着更基本的原则发展，以实现更具影响力的创新。这就要求对基础研究进行投资，并增加与大学等科研机构的研发合作[20]。

因此，从某种意义上来说，相对“年数”较小的国家，“年数”较大的国家的医药制造业企业更接近科技前沿，或者说更追求激进式创新。

三是欧盟所有接受调查的国家，从知识流动来看，主要来源为私营企业。2018 年欧盟 CIS 数据显示，接受调查的样本国家（包括创新领先国家），从知识流来看，医药制造业创新企业及其知识产权来源、技术服务提供、共同创造或定制商品或服务的合作伙伴，均以私营企业为主，而不是高校或公共研究机构。

“十四五”规划强调，要形成以企业为主体、市场为导向、产学研用深度融合的技术创新体系。“十四五”医药工业发展规划（2022）指出产学研协同创新体制、机制仍需完善。各界一直强调的阻碍药品创新的问题是“产学研协作有限”，但是，与欧盟相比并非如此。

至此，就不得不提出疑问，政府推动药品创新产学研深度融合的意义何在？

首先，高校和研究机构合作伙伴与企业合作伙伴存在区别。如果简单些区分，高校和研究机构（包括境内和境外），相对于企业，往往走在知识和技术的更前沿[123]。全球范围内，高校和研究机构的论文发表数量和专利申请数量就是最好的证明。而企业（包括境内、境外），身处市场中，离最终目标用户更近，在满足患者未被满足的治疗需求上，付出的努力，相对来说更多。

其次，合作伙伴的选择与技术成熟度相关。行业的技术成熟度水平与行业联盟（合作）的强度和数量正相关[117]。鲍威尔（Powell）（2005）指出在许多技术先进的行业，大学在早期发现工作中至关重要，但随着技术的成熟，基础科学的重要性逐渐降低[122]。但是，在生物技术领域，大学继续发挥着重要作用[122]。中国 CIS 数据显示，2020 年医药制造业子产业产品创新合作开发，排在第一位的合作关系，中成药生产和生物药品制造两个子产业是与境内高校合作，而化学药品制造则是与境内其他企业合作。而在与境外企业或机构合作的企业占比上，化学药品制造也略高于中成药生产和生物药品制品制造。目前，相对于中成药生产和生物药品制造子行业，化学药品制造子行业产品创新技术相对成熟，或者在知识和技术上缺乏重大的新的突破或进展，企业之间合作能够满足彼此需求（包括境外企业），可以作为一个解释。

再次，合作伙伴的选择与企业自身能力直接相关。知识有助于使用其他知识。已知的知识对能学到的东西有着至关重要的影响。施乐（Xerox）公司一位副总裁很好地阐述了这一点：“为了让工业研究机构与基础科学的新进展保持密切联系，重要的是……成为世界科学前沿的积极参与者。有效的技术交流要求工业研究机构拥有自己的基础研究成果……作为交换货币。”（帕克(Pake)，1986:36）[117]。鲍威尔（Powell）（1998）认为，在生物技术领域，企业必须具备吸收知识的能力。内部能力和外部合作是相辅相成的。在评估外部开发的想法或技能时，内部能力是不可或缺的，而与外部各方的合作提供了获取内部无法生成的新闻和资源的途径。（合作）网络是许多高科技领域的创新中心，因为它提供了及时获取其他方面无法获得的知识和资源的途径，同时测试了内部专业知识和学习能力[119]。2018 欧盟 CIS 数据显示，“年数”较小的样本国家，主要合作关系为“顾问、商业实验室或私人研发机构”“设备、材料、零件或软件供应商”，而“年数”较大的样本国家，主要合作关系为“大学或其他高等教育机构”“政府或公共研究机构”。从这一差异，可以推测医药企业的成长轨迹。早期，在改善研究基础设施的同时，企业从合作中学习，不断积累知识和技术。当知识和技术积累到一定程度，走向知识和技术的前沿时，或当知识和技术更新的速度较快，尚未及时向下游扩散，但已被少数企业洞察了先机，那么企业间合作将无法满足需求，寻求与高校或公共研究机构合作，便成为替代的选择。

复次，生物技术公司是传统制药企业和高校之间的桥梁。罗伊 ·罗斯韦尔（Rothwell R.）（1992）指出了生物技术从高校到生物技术公司，再从生物技术公司到成熟的大型制药公司的扩散过程（也就是研发活动的机构中心的变化）[109]。欧文·史密斯（Owen－Smith）、鲍威尔（Powell）（2008）认为大公司尽管拥有良好的内部能力，但缺乏分子生物学新领域的知识基础，无法接触到大学科学的前沿，所以被吸引到了在基础科学和转化科学方面更有能力的生物技术初创公司[123]。生物技术公司弥合了高校和大型制药公司之间的知识和技术差距，成为连接二者之间的桥梁。技术和组织资源的多样化分布是推动生物制药行业早期合作安排的关键因素，许多制度因素巩固了这种合作分工[123]。

最后，回到中国实际，中国药品创新存在产学研融合障碍的主要原因是什么？从上文江苏的调查可以一窥端倪，企业认为“成果难以实现产业化”是最主要产学研合作障碍，高校认为“难以找到合适的合作对象”是最主要产学研合作障碍。进一步分析江苏产学研合作障碍的深层原因，不难发现，有两个方面原因：一方面，“成果难以实现产业化”是转化关键一环的缺失，缺失的是连通产学研的转化人才，以弥合高校和企业之间的知识和技术差距，对于企业和高校来说皆是；另一方面，“难以找到合适的合作对象”，这既可由高校教师的研究方向导致，涉及高校教师的研究决策问题或动力问题（技术驱动模式，需求拉动模式或耦合模式），也可由企业的知识吸收能力不足导致。企业知识和技术积累不足，与高校或研究机构之间存在知识和技术断层（差距），跨层合作，可能既无法达成高效沟通，也无法实现有效合作，这才是产学研融合障碍的主要原因。

产学研合作中的政府推动与合作分工的市场选择。目前，政府推动的产学研合作，其逻辑起点之一是产学研合作有助于药品创新，但从国内外数据来看，合作分工的市场选择并非一直如此。产学研合作与部门知识和技术的更新速度、（向下游）扩散速度、（在下游）扩散程度直接相关。从参考资料来看，药品创新相关的知识和技术，中国前沿与世界前沿相比仍存在较大差距；领先的药品创新企业（包括新生物技术公司和成功转型的传统制药企业）正在追赶全球生命科技前沿，对基础及应用研究的质量提出了更高要求，故而寻求与国外机构或企业合作；而更多的传统制药企业与中国的知识和技术前沿还存在一定的差距。并非所有的创新激励政策都可以带来创新，前提是具有创新能力。莫琳·麦克尔维（Maureen McKelvey）、路易吉·奥塞尼戈（Luigi Orsenigo）（2001）曾根据各国药品专利保护情况总结出，药品专利保护放大了创新的激励，但并没有创造出创新的动力，因为首先缺乏使创新成为可能的能力。因此，当强大的激励与强大的能力相结合时，可以创造良性循环，但当能力不足时，二者的结合可能无效甚至危险。当然，相反的情况也可能发生：没有激励的能力很可能会利用不足和浪费[3]。

以中国目前的国情来说，现阶段政府推动产学研合作，需要考虑中国药品创新现实，顺势而为，避免"错配鸳鸯"。否则，政府推动得费力，企业执行得费力，这种情况下的合作，成果有限。精心设计的人工合作网络，最终将败给自发形成的有机合作网络。

5.6.2.4　知识和技术的生产、传播、使用障碍

中国 CIS 数据显示"缺乏技术信息"是中国医药制造业企业产品或工艺创新的第二大主要障碍因素。通过上文 4.6.4 及 4.6.6 的讨论，明晰了两点：首先，欧盟相关国家，缺乏技术信息从未成为其医药制造业企业产品或工艺创新的主要障碍因素；其次，中国医药制造业企业与欧盟医药制造业企业创新信息的来源存在差异，这在表面上是信息传播方式问题。进一步分析发现知识差距（顶级的专业期刊主要为英文，语言也算是知识的一种）所造成的企业吸收能力不足是中国与欧盟国家在信息方面存在差异的主要原因。而弥合知识差距最主要的方式，除了借用外力，主要靠人才（引进）和学习。参考资料显示，中国药品创新基础知识质量有待提高，技术转化产出不足，而解决这两点主要靠高端人才和转化研究人才。

5.6.2.5　制度失灵

（1）非正式制度。中国 CIS 数据显示，"创新成本过高"是中国医药制造业企业产品或工艺创新的并列的第二大阻碍因素。在本章将其视作非正式制度约束，归入制度失灵，因为尽管药品创新高成本存在的客观性使其成为行业的普遍共识，但是极具企业家精神的行动者往往能冲破这种共识的束缚，实现创新。同理，将"没有创新的必要""创新成果易被低成本模仿""市场已被占领"等归入制度失灵。此类非正式制度失灵与企业家精神缺失直接相关。

（2）正式制度。从参考资料来看，创新溢价支付制度、全球同步的监管制度、科研评价制度、科研成果转化制度需要完善。

5.7 更好发挥政府（资金）作用的方向

本研究认为基于“抓主要矛盾，抓矛盾的主要方面”考虑，政府（资金）应在以下三个方面更好发挥作用：保障各种药品创新人才的供给（确保行动者不缺失）、促进企业互动学习（提升药品创新系统的内在“学习”动力）、弘扬企业家精神（提升药品创新系统的内在“选择”动力）。“学习”和“选择”是药品创新系统演化的两大内部动力，对于促进形成药品创新系统协同演化的良性循环至关重要。在完善和构建药品创新系统中更好发挥政府（资金）作用，就要从提升两大内部动力入手。政府政策中普遍使用的工具有三大类：监管工具（大棒）、经济和金融工具（胡萝卜）、软工具（说教）[141]。提升药品创新系统演化的内部动力，更多需要的是后两种政策工具的协调配合。虽然会利用“软工具”，但是政府在支持和投资的态度上一定不能“软”。

5.7.1 确保行动者不缺失——保障各种药品创新人才的供给

创新驱动本质是人才驱动，人才是药品创新中不可缺失的行动者。人才紧缺问题成为中国医药制造业企业创新发展的首要障碍因素，是主要的共性问题，属于系统失灵，这需要政府干预。政府应基于人才引进、培养和使用现状，解决药品创新人才紧缺问题，尤其是转化医学人才紧缺问题，这需要协调科技及教育相关政策的系统性解决方案。

5.7.2 提升系统演化内部“学习”动力——促进企业互动“学习”

见图5－2，在本研究构建的部门创新系统协同演化模型即“创新之轮”中，“学习”是其协同演化的两大内部动力之一（详见本章5.2部分）。“知识和技术”是药品创新系统的三大构成要素之一，“知识和技术”的生产、传播和使用上存在的问题，属于系统失灵。与欧盟相比创新信息方面存在的差异，中国医药制造业企业创新，亟须提升吸收能力，弥合知识差距，这需要不断地进行专业学习，企业需要学习如何学习。政府有责任建设一个学习型社会。在药品创新中，政府应基于已经形成的药品创新行动者网络（有机网络），多举措支持构建药品创新专业互动学习网络。

5.7.3 提升系统演化内部“选择”动力——弘扬企业家精神

见图5－2，在本研究构建的部门创新系统协同演化模型即“创新之轮”中，“选择”是其协同演化的另一个内部动力（详见本章5.2部分）。行动者的选择推动了药品创新系统的演化，根据对中国药品创新系统演化过程的分析，成功的药品创新行动者往往富有企业家精神。企业家精神是目前紧缺的复合型创新型领导人才的必备要素。企业家精神具有社会传染性（Bade，M.，2021）。政府应基于已经形成的药品创新企业家社交网络（有机网络），以富有企业家精神的行动者为中心，多举措支持促进企业家交流活动，多渠道弘扬企业家精神。

5.8　局限及未来研究

由于受篇幅和数据来源所限，不能对涉及的问题，逐一深入分析。未来研究方向：一是利用部门创新系统协同演化模型即“创新之轮”，基于更丰富数据，对中国药品创新系统的协同演化过程进行更完整、多层次的深入分析；二是针对识别出的多种系统失灵进一步分析其根源；三是针对最后的三点建议，提出具体的解决思路。

5.9　小结

首先，本章构建了药品创新系统协同演化概念模型，基于模型，用溯因法和回溯法对中国药品创新系统的协同演化过程、机制和现状进行了分析。政府的财政投入及监管制度、企业家精神、确保互动的良性循环及资本支持在药品创新系统协同演化中发挥重要作用。

其次，研究发现“技术信息缺乏”与企业吸收能力不足相关，非正式制度失灵与企业家精神缺失密切相关。国内国际比较的结果提示需要从药品创新合作分工的市场选择、药品创新技术的成熟度、企业自身能力等角度重新审视中国医药制造业所谓的产学研合作障碍。

最后，基于“抓主要矛盾，抓矛盾的主要方面”考虑，针对中国药品创新系统的主要系统失灵，提出了政府应利用财政工具和软工具的协调配合，发挥作用的三个方向即保障各种药品创新人才的供给（确保行动者不缺失）、促进企业互动学习（提升药品创新系统的内在“学习”动力）、弘扬企业家精神（提升药品创新系统的内在“选择”动力）。

第6章　中国药品创新政府投资方向与效益研究——基于双循环理论

2020年8月24日，习近平总书记主持召开经济社会领域专家座谈会，面对世界百年未有之大变局和新冠疫情全球大流行交织，习近平在会上对即将到来的“十四五”时期做出重要判断“我国将进入新的发展阶段”；并指出“加快构建以国内大循环为主体、国内国际双循环相互促进的新发展格局”是根据我国发展阶段、环境、条件变化提出来的，“新发展格局绝不是封闭的国内循环，而是开放的国内国际双循环”。[60]9

《“十四五”规划》强调，“十四五”时期推动高质量发展，必须立足新发展阶段、贯彻新发展理念、构建新发展格局。必须坚持深化供给侧结构性改革，以创新驱动、高质量供给引领和创造新需求，提升供给体系的韧性和对国内需求的适配性。……推动生产要素循环流转和生产、分配、流通、消费各环节有机衔接。必须坚定不移扩大开放，持续深化要素流动型开放，稳步拓展制度型开放，依托国内经济循环体系形成对全球要素资源的强大引力场。必须强化国内大循环的主导作用，以国际循环提升国内大循环效率和水平，实现国内国际双循环互促共进。

《“十四五”医药工业发展规划》指出，随着人口老龄化加快，健康中国建设全面推进，居民健康消费升级，要求医药工业加快供给侧结构性改革，更好满足人民群众美好生活需求；我国经济已转向高质量发展阶段，要求医药工业加快质量变革、效率变革、动力变革，为构建以国内大循环为主体、国内国际双循环相互促进的新发展格局提供支撑。

综上所述，无论是对于国家，还是对于医药产业来说，加快构建双循环新发展格局都具有重要的战略意义。同时，可以看到双循环理论与供给侧结构性改革、创新驱动发展和高质量发展理论紧密相关。鉴于此，本章融合了中国特色社会主义经济实践中的主要理论，来探讨在构建药品创新双循环发展格局中更好发挥政府（资金）作用的方向，并提出建议。

6.1　研究思路及方法

本章基于三大经济学理论体系即新古典主义经济学、演化经济学、中国特色社会主义政治经济学相关理论的融合，结合实证分析，来探讨中国药品创新如何构建“以国内大循环为主体，国内国际双循环相互促进的新发展格局”，见图 6－1。

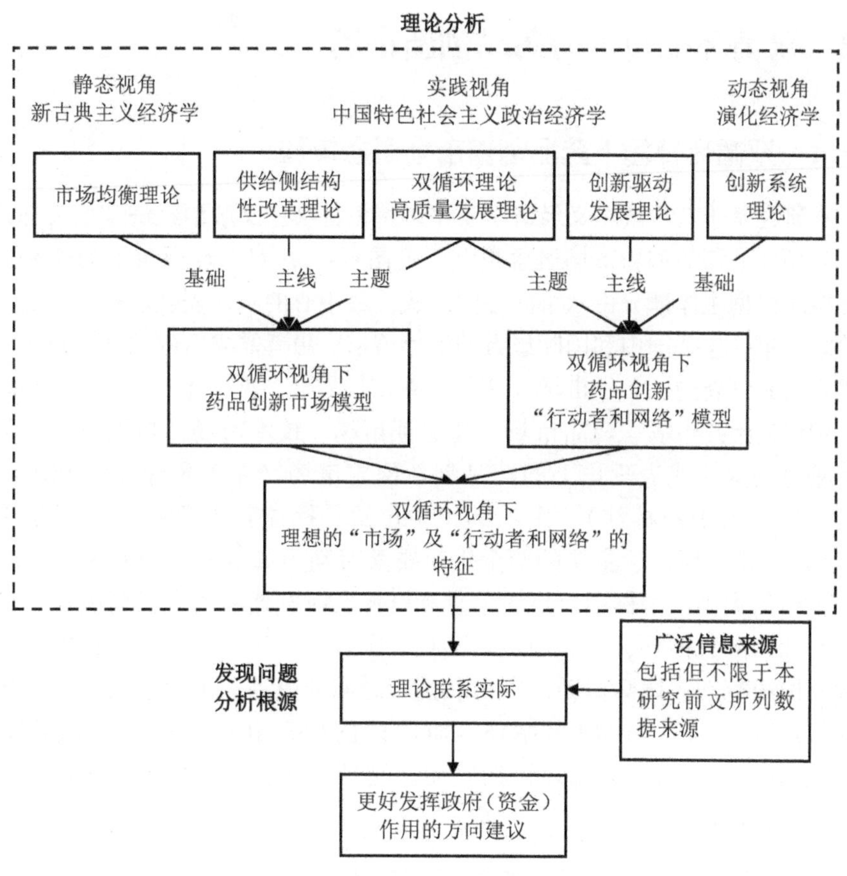

图 6－1　研究思路

基于理性“经济人”假设的新古典主义经济学“市场均衡理论”提供了静态分析视角，以供给需求规律为基础，追求资源配置最优化和药品创新效益最大化。结合“供给侧结构性改革理论”“高质量发展理论”“双循环理论”等中国特色社会主义经济实践理论，探讨如何通过提升药品创新“市场”供给体系的适配性，使供给与需求达到高水平的动态平衡，构建双循环新发展格局。

基于有限理性“行为人”假设的演化经济学“创新系统理论”提供了动态分析视角，以制度—技术二分法为基础，追求资源创造和药品创新效益更大化。结合“创新驱动发展理论”“高质量发展理论”“双循环理论”等中国特色社会主义经济实践理论，探讨如何通过完善药品创新“行动者和网络”，使制度与技术协同演化，构建双循环新发展格局。

6.2 双循环视角下的药品创新市场

6.2.1 双循环视角下药品创新市场概念模型

本研究基于新古典主义经济学及中国特色社会主义政治经济学相关理论构建了双循环的药品创新市场概念模型。见图6－2，双循环视角下的药品创新市场概念模型主体部分由六个同心圆组成。最中心的圆代表全球患者未被满足的治疗需求，包括国内和国际患者的治疗需求。患者需求由内向外，每一个圆环代表药品创新的一个子市场（药品创新市场划分，见图4－3），五个圆环依次分别代表治疗市场、药品市场、注册证市场、技术市场、知识市场。图中上下垂直的虚线代表理论上的药品创新国内市场（左上角标注）和国际市场的边界（右上角标注）。图顶部正中位置，标注新古典主义经济学中的“经济人”基本假设、主要的两个生产要素劳动力和资本，以及全要素生产率。图中的大小两个椭圆，代表信息和资源实时互通的两个经济循环，国内大循环和国际大循环，二者通过点“C”连通在一起，箭头代表供求信息和资源的国内流动、国际流动、国内和国际之间的流动。国际的信息和资源通过联通点“C”流入国内大循环，而国内的信息和资源也会通过连通点“C”流出，进入国际大循环，如此动态循环流转，实时更新，国内、国际双循环相互促进。

6.2.2 双循环视角下理想的药品创新市场

供给侧结构性改革的最终目的是满足需求，主攻方向是提高供给质量，根本途径是深化改革。首先，从需求侧入手分析，综合国内国际患者未被满足的治疗需求，将需求分为三类（见图6－3a）：国内个性需求（简称“个性需求”）、国内与国际的共性需求（为了区分国内国际质量差异，同时不造成概念混淆，将国内的共性需求部分定义为“共性需求1.0”，将国际的共性需求

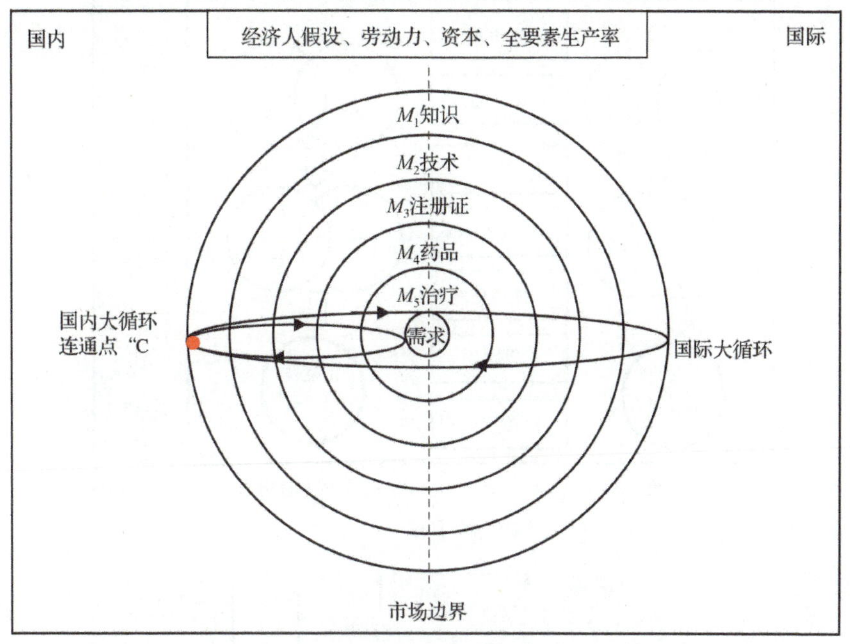

图6-2 双循环视角下的药品创新市场概念模型

资料来源：作者（2022）。

部分定义为“共性需求2.0”）以及国际个性需求（图6-3a右侧灰色部分）。其次，从构建双循环新发展格局及追求效率来讲，重点在满足国内个性需求及国内国际共性需求部分。再次，从供给侧来讲，构建国内大循环，就要满足国内患者个性需求及共性需求1.0两部分，要追求国内药品创新市场供给的“完整性”及“高质量”（推进国内最佳实践前沿），最终目标是实现药品创新资源在国内的最优配置，达到高质量的完整性；构建国内国际双循环，就要满足共性需求1.0和共性需求2.0，既要追求国内药品创新市场的“完整性”，又要追求与国际药品创新市场的“同一性”（追赶国际最佳实践前沿），而最终目标是实现药品创新资源在全球的最优配置，达到药品创新市场的“完整且同一”。最后，从供需双方来讲，药品创新双循环格局整体上会存在四个完整性及质量差距（图6-3b）：差距一，是供给与国内个性需求的差距；差距二，是供给与共性需求1.0的差距；差距三，是共性需求1.0与共性需求2.0的差距；差距四，是供给与共性需求2.0的差距。

完整性。本文的完整性是指国内大循环的完整性，即产品和生产要素的生产、分配、流通、消费各环节都发生在国内。实现“完整性”的目标即畅通

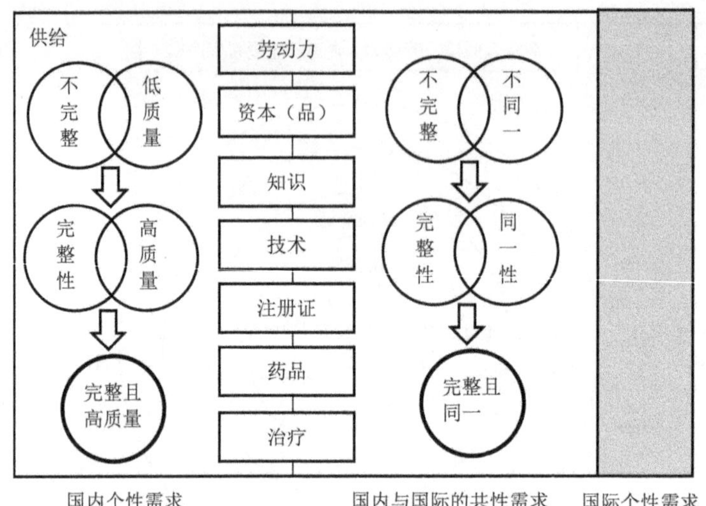

a 双循环目标

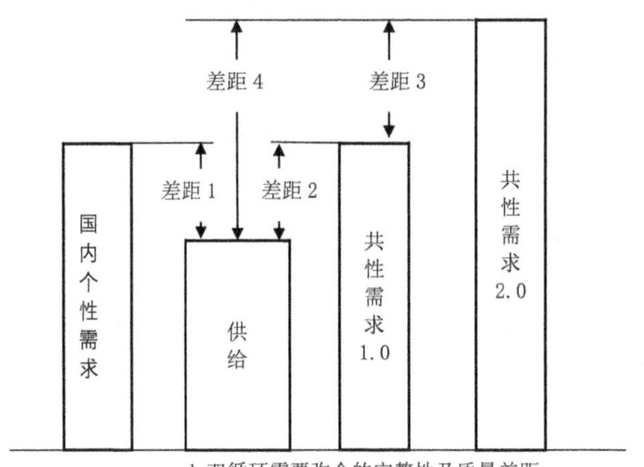

b 双循环需要弥合的完整性及质量差距

图 6－3　双循环视角下药品创新市场的目标及任务

资料来源：作者（2022）。

国内大循环，就是要解决国内大循环中存在的各种阻滞[60]15、梗阻[60]91/114/138、瓶颈[60]99、障碍[60]38/99、断点[60]44、卡脖子[60]127/138、制约[60]127、堵点[60]99/112/138/143/148等，下文涉及概述时，将这些表述统称为循环的“失灵”。在再生产的四个环节中“生产”环节居于支配地位，所以本研究重点关注药品创新各市场的生产环节。

同一性。本文的同一性是指国内生产者，供应给国内市场与供应给国际市场的产品或生产要素的质量的同一性，是对“同线同标同质”的提炼和扩展。“同线同标同质”是指出口企业在同一条生产线上，按照相同的标准生产出口和内销产品，从而使供应国内市场和供应国际市场的产品达到相同的质量水准。实现质量“同一性”的目标，需要弥合质量差距（图 6 – 3b），有两种选择，“一步到位”或“两步走”。

综上所述，双循环视角下，理想的药品创新市场是高质量动态平衡的，对于日益增长的国内个性需求来说，供给是“完整且高质量”的；对于日益增长的国内国际共性需求来说，供给是“完整且同一”的。所以双循环视角下理想的药品创新市场的三个关键词是高质量、完整性、同一性。

6.2.3　双循环视角下药品创新市场现状

6.2.3.1　药品创新市场国内大循环中存在的失灵

表 6 – 1　药品创新市场国内大循环中的主要失灵

	供给侧存在的问题
劳动力（人才）	中国 CIS 数据显示，2016 年 36.9% 的中国医药制造业企业认为“缺乏人才或人才流失”是其产品或工艺创新的主要障碍因素，2019 年这一比例超过了一半，达到 50.8%，而且在所有障碍因素中增长最快，4 年复合增长 11%（见图 4 – 6） 资料 4：未来创新药发展亟须复合型创新型领导以及临床研发关键人才。复合型领导既具有传统药企的企业家精神，又懂研发，还具备国际经验，且勇于冒险。在工业界，海归人员已成为中国医药创新生力军。仿制药企中占比 56%，创新型上市药企占比 83%，创新型私营生物技术公司占比 94%。调查显示，从创新研发的角度，中国目前最紧缺人才：转化医学（79%）临床策略（75%）研发策略（75%）早期研究（58%）工艺开发（42%） 资料 5：人才能力结构和评价机制限制创新供给。领军人才缺口显著：2020 年 ESI 全球前 1% 生物医药领域高被引学者共有 1790 人次上榜，其中美、英、德位列前三，上榜人次分别为 943、171、111，合计占比近 70%，而中国上榜人次为 25。顶尖人才竞争压力巨大：中国顶尖高校人才引进对于海外高层次人才的依赖较大。九校联盟近五年所聘教师多具有海外顶尖研究机构的经历，多数联盟成员引进人才中来自 QS 排名前 20 机构的比例超过了 70%。复合型人才难以满足需求：在转化研究人才方面所面临的挑战尤为突出。究其原因，与交叉型、复合型人才培养的源头环节起步较晚、供给不足高度相关 资料 6：创新型人才不足问题日益放大

续表

	供给侧存在的问题
资本（品）	资料5：核心资源生产和供给存在“卡脖子”风险。基础研究所需高端实验设备：生物科技研究的关键设备如目前常用的核磁共振仪、高分辨质谱等大型分析仪器，以及大部分的生命科学仪器如磁共振成像仪、超分辨荧光成像仪、冷冻透射电镜等都大量依靠进口。生物医学信息数据存储与标准：生命科学的研究正逐步向数据密集型转变，驱动力来自基因组学、蛋白质组学、转录组学等多个“组学”研究深入并积累的大量数据。存储在美国国立生物技术信息中心（NCBI）的高通量测序数据，多年来呈指数增长。中国缺乏统一的生物医学大数据平台，科研人员需要通过访问NCBI的生物医学数据
技术	资料5：药品创新中存在亟待解决的“卡脖子”的关键技术问题

注：数据来源于《中国医药创新十年展望》《中国医药创新生态系统2021—2025》《中国生物医药创新趋势展望》（参考资料4～资料6，序号与表4－1同）。

综合广泛来源信息，药品创新市场国内大循环的失灵主要集中在要素市场的生产环节（如表6－1所示），人才（尤其是转化医学人才）紧缺是畅通国内大循环的首要障碍，另外，在高端实验设备、生物医学数据、关键技术等方面也存在“卡脖子”风险。概况来讲，药品创新生产要素，关键人才靠引进，高端实验设备靠进口，缺少“完整性”，更是没有达到评判“同一性”的阶段。

6.2.3.2 药品创新市场国内国际双循环的现状

（1）我国“药品创新”整体上仍处于“产业发展”第一阶段。卡尔多（Kaldor）（累积循环因果理论的主要贡献者）将产业发展分为四个阶段[149]：第一阶段，企业满足国内对产品的需求，通常为以前进口的产品提供替代品；第二阶段，制造商开始满足海外市场的需求，同时继续供应国内市场；第三阶段，供当地大规模生产企业使用的资本品的生产已经牢固确立，并导致资本品生产的专业化程度不断提高；第四阶段，资本品生产商发展专业知识和经营规模，从而开始出口。数据显示，我国药品创新相关的技术、在研阶段产品、药品，进口数量均高于出口数量。2021全国技术市场统计年报显示（许倞等主编，2021），2020年我国境外地区技术交易中“生物、医药和医疗器械”技术领域，涉及“吸纳技术”的合同数达671项，成交额达300.5亿元，同比增长88.4%；涉及“输出技术”的合同数284项，成交额达117.9亿元，同比增长410.6%；在合同数量上，“吸纳技术”是“输出技术”的2.36倍；在成交额上，“吸纳技术”是“输出技术”的2.55倍。《中国医药创新十年展望》数据显示，2020年中国医药企业海外License－in（授权引进）不同在研阶段产品

(包括临床前、Ⅰ期临床、Ⅱ期临床、Ⅲ临床) 及已上市产品，产品数量总计139个；而海外 License - out（向外授权）产品数量总计24个；License - in 产品数量是 License - out 产品数量的5.79倍（BCG等，2021）。ITC 数据显示：2022年我国为世界上仅次于美国、日本的第三大医药产品贸易逆差国，进口额399.09亿美元，世界排名第五位，10年复合增长11.41%；出口额140.05亿美元，世界排名第14位，10年复合增长9.46%；贸易逆差259.04亿美元，10年复合增长12.62%。"十四五"医药工业发展规划（2022）指出，我国在国际化方面，出口结构升级慢，高附加值产品国际竞争优势不强。这里的高附加值产品指"首仿药""复杂制剂"，也就是说我国药品出口仍是以仿制药为主，还未形成药品创新的国际化竞争优势。中国医药产品进口额和出口额见图6-4。

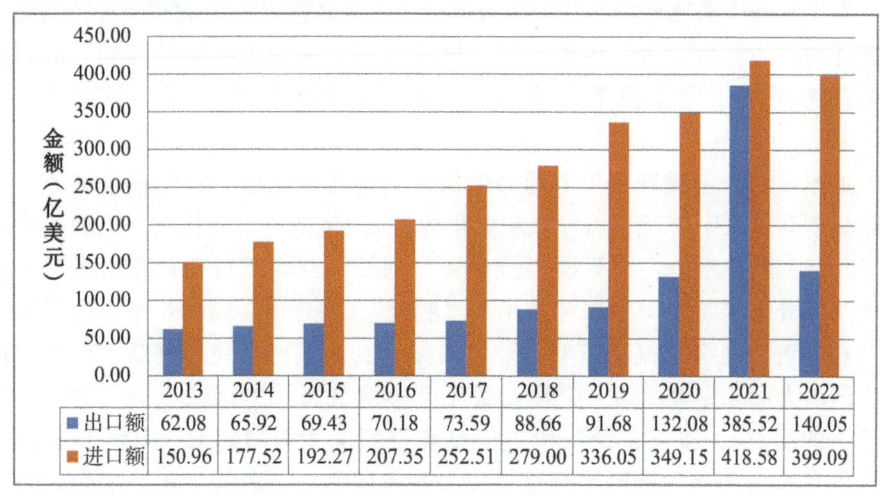

	2013	2014	2015	2016	2017	2018	2019	2020	2021	2022
出口额	62.08	65.92	69.43	70.18	73.59	88.66	91.68	132.08	385.52	140.05
进口额	150.96	177.52	192.27	207.35	252.51	279.00	336.05	349.15	418.58	399.09

图6-4　中国医药产品进口额和出口额

数据来源：ITC。

(2) 我国"药品创新"整体上仍处于"国际化"第一阶段。《中国医药创新十年展望》提出，中国药品创新国际化阶段大致包括四个阶段[129]：引进/引出产品（海外设置BD团队），临床国际化（海外设置临床团队），研发国际化（海外设置早期研发团队），商业国际化（海外设置商业化团队）。各个阶段可能会有一定的重合。虽然已有不少企业（恒瑞、百济神州、君实生物、复星医药、上海医药、科济生物、昆药集团、创胜集团、绿叶集团、德琪医药等）在海外布局了研发中心或办公室，但目前多以BD或投资为主，临床其次，较少建立早期研发团队。从这个意义上来讲，我国药品创新国际化整体上还是集中在第一个阶段，这从近两年来的引进或引出产品数量增长可以窥知一二。

(3) 我国"药品创新"关键生产要素还主要依赖进口。作为药品创新生产要素的关键人才及高端实验设备，目前还主要依赖引进（包括回国人才）或进口，没有实现"完整性"，更勿论"同一性"问题。所以，从完整性考虑，畅通药品创新市场国内大循环首先就应该解决关键人才及高端实验设备的国内生产问题。

6.3 双循环视角下的药品创新"行动者和网络"

6.3.1 双循环视角下药品创新"行动者和网络"概念模型

本研究基于演化经济学及中国特色社会主义政治经济学的相关理论构建了双循环的药品创新"行动者和网络"概念模型。作为此模型的基础，部门创新系统协同演化概念模型及药品"行动者和网络"概念模型见图5－2、图5－3。

见图6－5，双循环视角下药品创新"行动者和网络"概念模型嵌入在全球药品创新体系中（黑色边框及左上角标注），包括上下两组图。上面正中标注了药品创新体系的主要假设"行为人"假设，及除"行动者和网络"外的其余两部分构成要素"知识和技术""制度"。见图6－5a，双循环的药品创新"行动者和网络"概念模型是被"桥接"起来的两个完整网络，包括三部分，国内大循环完整网络、国际大循环完整网络以及连接二者的"桥"（两条箭头的交点）。交叉的箭头代表信息和资源的国内国际双循环，一条箭头代表信息和资源从国际网络经过桥流入国内网络，一条箭头代表信息和资源从国内网络流出，经过桥流入国际网络。行动者和"桥"都是集群的概念。见图6－5b，双循环的药品创新"行动者和网络"概念模型是被"桥接"起来的两个多层网络。七类行动者，每类行动者组成的集群（Group）属于单独一层网络（用椭圆表示）。国内循环多层网络与国际循环多层网络通过"桥"（两条箭头的交点）连接，任意各层网络之间也通过"桥"（垂直线）互相连接。鉴于"制度"，尤其是正式制度，在药品创新系统及国内国际双循环中的双重作用，在构建双循环的概念模型时，"官"即政府部门被置于最重要的位置。

"桥"即连接其他不相连群体的链接是网络中重要的结构桥梁[64]209。连接其他断开的子群的完美桥只代表桥接现象的一个特例。桥梁对于将信息或行为从一个群体传播到另一个群体很重要。桥梁代表了社区内信息流动的潜在瓶颈，在某些情况下可能需要加强，以防止社区分裂[64]209。

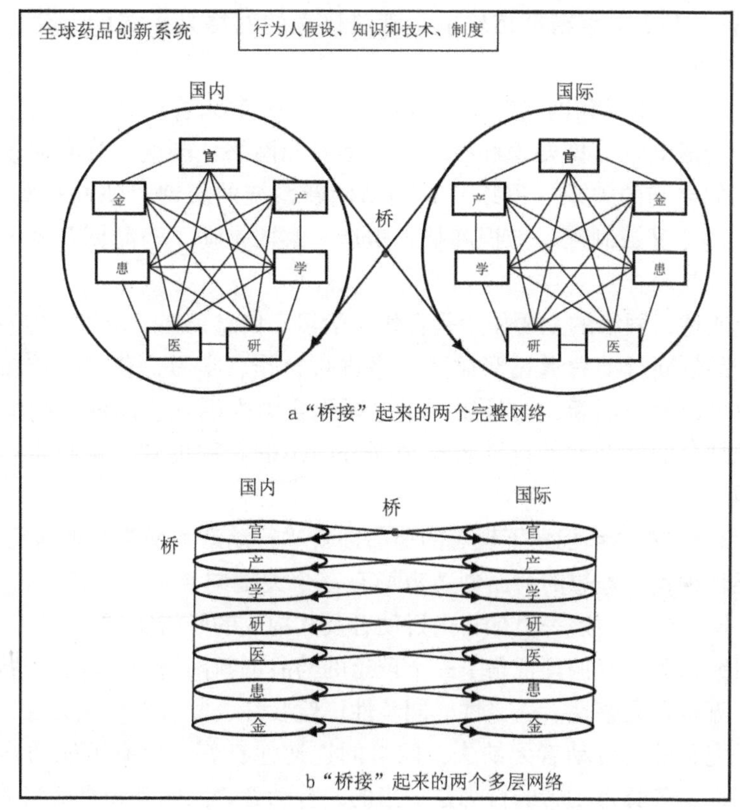

图 6－5　双循环视角下药品创新“行动者和网络”概念模型

资料来源：作者（2022）。

6. 3. 2　双循环视角下理想的药品创新“行动者和网络”

6. 3. 2. 1　需要提前明确的两个问题

在讨论药品创新国内国际双循环网络的特征之前，需要提前明确两个问题。

首先，网络意味着什么？在生物技术领域，网络是创新的中心[117]。网络是一种以优势互补为合作基础的，区别于市场和等级制度的经济组织形式[118]。网络既是市场的源泉，也是市场的管道（Plumbing），网络是市场的重要组成部分，引导信息和资源从一个位置流向另一个位置[150]。网络是信息传输的渠道（Channels），渠道是开放的，渠道内的信息（包括知识）可以灌溉更广泛的社区（信息溢出），渠道代表的网络，更多是非正式的，是弱联系的；网络也是信息传输的管道（Conduits），管道是封闭的，管道内的信息（包括知识）是点对点精准传输的，管道代表的网络是正式的（法律安排），强联系的[150]。

其次，"行动者和网络"对于药品创新系统意味着什么？药品创新系统包括三个构成要素，即知识和技术、行动者和网络、制度。具有能动性的行动者及他们之间的关系（网络）是药品创新系统的灵魂，他们塑造了制度、知识和技术，又被制度、知识和技术塑造，共同推动了药品创新系统的演化进程。

综上所述，网络的主要作用是合作、学习、信息传播。所以，在双循环视角下，药品创新行动者通过双循环网络进行合作、学习，获取并传播创新信息，不仅可以带来创新，而且还可以逐渐弥合国内国际、国内不同集群（包括按地理划分的集群和按行动者类别划分的集群）间的知识和技术、制度方面的差距。

6.3.2.2 双循环视角下理想的药品创新"行动者和网络"的特征

双循环视角下理想的药品创新市场有三个关键词或者说是目标：高质量、完整性、同一性。而这一目标将由行动者及其构成的网络实现。

本研究认为，双循环视角下一个理想的药品创新网络应该具备的特征至少包括以下五点：完整性、适当性、同步性、健壮性、复合性。完整性，行动者和网络是完整的，行动者无缺失，网络的连通性良好，所有可能的连接都存在；适当性，各类行动者的行为是适当的，行动者之间的互动是适当的，协调的，强联系和弱联系是平衡的，药品创新系统协同演化过程是良性的；同步性，各类行动者的行为（包括涉及知识和技术、制度的相关行为），国内与国际是保持同步的；健壮性，连接各类行动者集群网络和国内国际网络的结构桥梁健壮。复合性，行动者所处的位置是地理位置和网络位置的复合，所处的网络是本地网络和全球网络的复合，所以信息（包括知识）来源是本地集群的"嗡嗡声"（buzz，与"本地化学习"相关）与远程的全球网络"管道"（Pipelines，与"战略合作"相关）的复合[151]（见图6－5），竞争优势来源是地理临近性和网络中心性的复合。

6.3.2.3 需要补充的两个解释

本地集群的嗡嗡声与全球网络管道。

"嗡嗡声"指的是同一行业、同一地点或同一地区内的人和公司面对面接触、共同存在和共同定位所创造的信息和沟通生态。这种"嗡嗡声"包括具体的信息和对这些信息的持续更新，在有组织的和偶然的会议中的预期和意外的学习过程，相同解释方案的应用，以及对新知识和技术的相互理解，以及在特定技术领域内共享的文化传统和习惯，从而促进公约和其他制度安排的建立。行动者通过“在场”（Being There）不断为信息、八卦和新闻的传播作出贡献并从中受益（Gertler，1995）[151]。巴塞尔特（Bathelt，H.）等（2017）认为区域集群可以在两个方面从世界其他地方获益：首先，每家公司都可以从与本地集群之外的行动者建立知识增强（knowledge - enhancing）关系中获益，能够建造通往全球卓越地点的管道的公司将获得竞争优势；其次，集群和遥远的知识点之间的管道越发达，本地“嗡嗡声”的质量（和价值）就越高，就越能使本地集群中的所有企业受益（见图6-6）[151]。

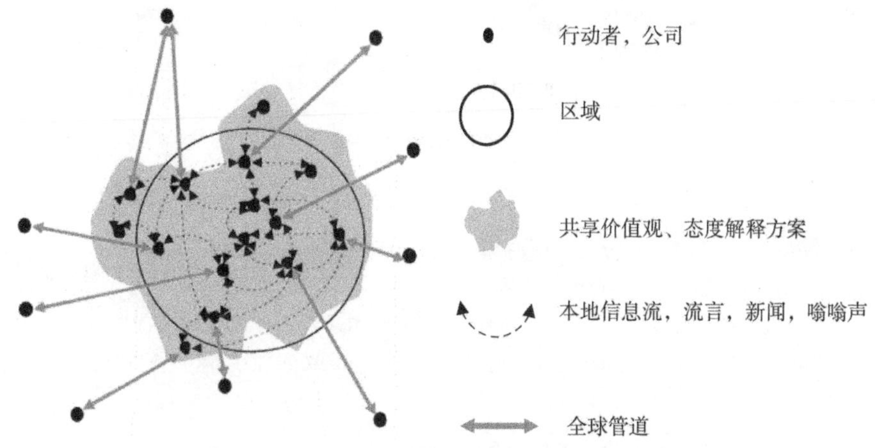

图6-6 本地“嗡嗡声”和全球网络管道的结构和动态[151]

全球创新系统（Global Innovation Systems，GIS）。宾兹（Binz，C.）和特鲁法尔（Truffer，B.）（2017）构建了全球医疗创新系统的概念模型（见图6-7），该模型包括四个子系统：全球创新系统、跨国细分市场、国家创新系统、区域创新系统。四个子系统构成了一个多层网络，其中计量、检测和标准化组织，跨国公司、咨询公司、中介机构、研究机构在连接不同层面的子系统网络中发挥着结构桥梁的作用[152]。

该研究中提出了四种理想的全球创新系统（GIS）的配置，包括市场锚定（Market - Anchored）GIS、自由自在（Footloose）GIS、空间黏性（Spatially Sticky）GIS、生产锚定（Production - Anchored）GIS。药品GIS属于自由自在GIS，在知识、金融投资、市场形成、合法化等四个方面都是自由自在的。知识自由自在，国际网络/社区的强大空间溢出效应；金融投资自由自在，风险投资，投资者驱动，在国际证券交易所上市的公司；市场形成自由自在，具有

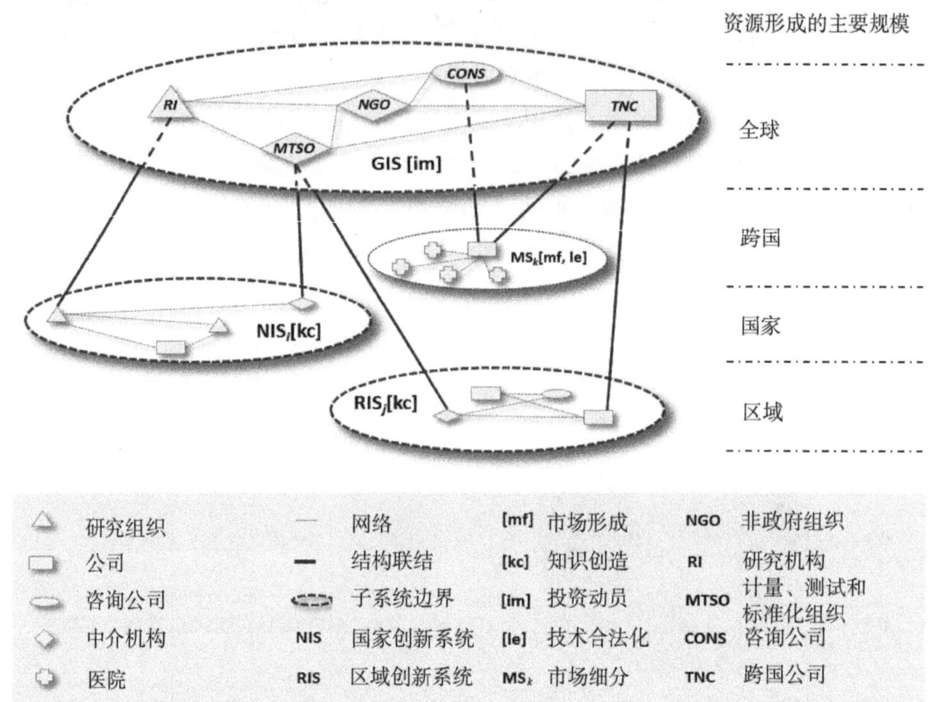

△	研究组织	—	网络	[mf]	市场形成	NGO	非政府组织
▭	公司	━	结构联结	[kc]	知识创造	RI	研究机构
⬭	咨询公司	⬭	子系统边界	[im]	投资动员	MTSO	计量、测试和标准化组织
◇	中介机构	NIS	国家创新系统	[le]	技术合法化	CONS	咨询公司
✚	医院	RIS	区域创新系统	MS$_k$	市场细分	TNC	跨国公司

图 6 –7　设想的全球医疗创新系统的一般结构

规模经济、基于市场的价格竞争的大众市场；合法化自由自在，国际标准和技术规范，在各种制度背景下的一致用户偏好[152]。主要的结构联轴器（Structural couplings），包括产品和制造设备的国际贸易、专利/出版物、国际贸易博览会、学术网络等[152]。

6. 3. 3　双循环视角下药品创新“行动者和网络”的现状

6. 3. 3. 1　行动者缺失或互动太少

从完整性上考虑，在本文作为数据来源的药品创新相关的综合性报告中，未获取到任何来自医生和患者的需求信息，初步判断与行动者之间缺少互动或行动者的角色缺失相关。

6. 3. 3. 2　合作网络

中国 CIS 对医药制造业创新合作情况进行了四个维度的调研（见图 5 –6、图 5 –7、图 5 –8、图 5 –10），呈现了关于国内合作网络情况，其中“规模以上医药制造业产品创新开发情况”涉及了与境外企业或机构合作（见图5－8）。

数据显示，由双方合作的正式关系（二元结构）所呈现的药品创新的国内网络结构正在发生变化（见图5－6、图5－7、图5－8），而国际网络结构相对薄弱而稳定（见图5－8）。从整体上看，国内网络仍然以公共部门“高等学校”“研究机构”为中心，但这种情况正在发生变化，公共部门的中心作用正在减弱，企业与作为桥梁结构的“市场咨询机构”的合作关系增长迅速，企业间合作也有所增长。而企业与风险投资的合作居于最末。参照可比时期的美国专业生物技术公司（DBFs）的合作网络（详见上文3.2.4部分），国内大循环的药品创新网络结构类似于波士顿的网络结构（见图3－11），而在研究期间（1988—1999），波士顿DBFs的合同网络经历了双重转变：一是从公共机构支持主导地位转向更商业化的重点，风险投资公司和第一代生物技术公司的影响力更强大；二是从区域重点转向全球重点，与波士顿以外的组织建立了更多联盟。

规模以上医药制造业企业的产品或工艺创新的合作开展情况（见图5－6）。创新合作企业占全部企业比重，由2016年的45.8%（3 456家）增长到2020年的58%（4737家）。2020年，46.8%的企业涉及与“高等学校”合作，居于首位，5年复合增长－3.6%，呈下降趋势；43.0%的企业涉及与“研究机构”合作，居于第二，复合增长－2.5%，呈下降趋势。13.8%的企业涉及与作为结构性桥梁的“市场咨询机构”合作，复合增长4.7%，增长最快。

规模以上医药制造业企业产品或工艺创新合作伙伴情况（见图5－7）。2020年，40.6%的企业认为“高等学校”是有较大价值的合作伙伴，居于首位，复合增长－3.0%，呈下降趋势；38.9%的企业认为“研究机构”是有较大价值的合作伙伴，居于次位，复合增长－1.5%，呈下降趋势；10.8%的企业认为作为结构性桥梁的“市场咨询机构”是有较大价值的合作伙伴，复合增长18.4%，增长最为明显。

规模以上高技术产业（医药制造业）产品创新开发情况（见图5－8）。2020年，87.6%的企业涉及“本企业独立开发”，5年复合增长1.2%；15.2%的企业涉及“与境内高等学校合作开发”，5年复合增长－7.3%，呈下降趋势；4.1%的企业涉及“与境内研究机构合作开发”，5年复合增长－8.7%，呈下降趋势；12.8%的企业涉及“与境内其他企业合作开发”，5年复合增长4.3%，呈增长趋势；8.6%的企业涉及“与集团内企业合作开发”，5年复合增长3.8%，呈增长趋势。仅有1.6%的企业涉及“与境外企业或机构合作开发”，居于最末，5 年复合增长 -6.6。

规模以上医药制造业企业产学研合作形式（见图 5 - 10）。2020 年开展产学研合作的企业有 3041 家，在创新合作企业中的占比为 64.2%，5 年复合增长 -2.7%，呈下降趋势。75.5% 的企业通过“共同完成科研项目”进行产学研合作，5 年复合增长 0.2%。“共同完成科研项目”是最主要的产学研合作形式。

6.3.3.3 连接国内国际双循环的组织和个人

国际化的组织和个人是连接国内大循环和国际大循环的结构性桥梁。

在全球创新系统（GIS）中，计量、检测和标准化组织，跨国公司、咨询公司、中介机构、研究机构在连接不同层面的子系统网络中发挥着结构桥梁的作用[152]。ITC 数据显示，我国药物制剂（Pharmaceutical preparations）进口公司数量 174 家，出口公司数量 161 家。其中 144 家即进口也出口的公司（简称“进出口公司”），分布在 53 座城市（见图 6 - 8）。仅有 1—2 家进出口公司的 42 座城市，被统一归入其他城市。而北京、上海、苏州、天津四座城市的药物制剂进出口公司的数量达 71 家，占比近 50%，区域集中明显（数据获取时间 20200610）。研究报告《中国生物医药创新趋势展望》（Delolitte 和上海市科学技术协会，2021）数据显示，2020 年海外 License - in 和 License - out 按交易额前 15 笔交易，主要发生在新生物技术公司或创新型制药企业与跨国药企或生物技术公司之间。

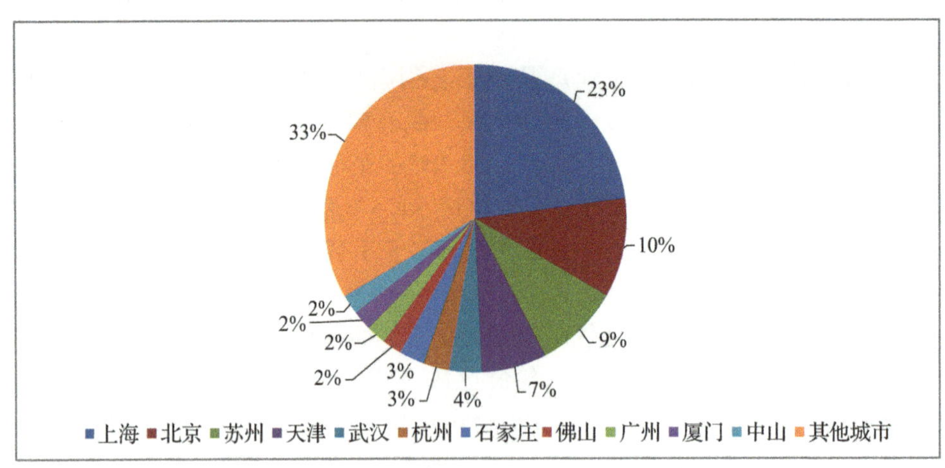

图 6 - 8　2020 年 144 家医药制剂进出口公司分布

分散在不同组织中的“国际创新人才”在国内国际双循环中，同样发挥着桥梁的作用。回国的专业人员不仅奉献知识，还可以在国外维持网络，促进持续的知识交流与合作[153]。研究报告《中国医药创新十年展望》（BCG等，2021）数据显示，在工业界，回国人员已成为中国医药创新生力军。仿制药企中占比56%，创新型上市药企占比83%，创新型私营生物技术公司占比94%。

6.4 更好发挥政府（资金）作用的方向

6.4.1 确保制度规则“及时”与国际接轨

6.4.1.1 制度规则越早与国际接轨，便能越早从国际创新网络中获益

药品创新的趋势是更多的国际知识、国际市场、国际监管[3]。从制度层面来看，越早加入国际创新网络，便能越早从网络效应中获益。例如中国药品管理部门加入国际人用药品注册技术协调组织（ICH）。ICH发起时间为1990年，发起者为来自欧盟、美国和日本的药品管理部门和制药行业协会。ICH、GCP和ICH指导原则提供了国际公认的临床试验标准和规范，减少了成员国间的重复研究，缩短了新药研发的时间，降低了研发成本；改进和规范了技术方法；加强了成员国间的合作。见图6－9，中国药品监管部门于2017年加入ICH，时间上滞后27年。药品生产质量管理规范（Good Manufacturing Practice of Medical Products，GMP），美国于1963年发布，中国于1988年发布，滞后25年；药品非临床研究质量管理规范（Good Laboratory Practice，GLP），美国于1976年发布，中国于1994年发布，时间上滞后了18年；药品临床试验质量管理规范（Good Clinical Research Practice，GCP），日本于1989年发布，中国于1999年发布，时间上滞后了10年[3,142]。这些技术制度与国际接轨的时间上的滞后，虽然有各种历史因素的限制和影响，但客观上制约了中国药品创新的发展速度。研究报告《构建中国医药创新生态系统（2021—2025）》（PhIRDA and RDPAC，2021）指出中国研发、注册、审评与全球相比尚存“时间差距”。2020年中国首次获批的近30个境外生产原研药，同一产品中国获批时间与全球其他市场获批时间相比平均晚3.9年，而日本仅为1.2年，主要原因是全球多中心临床试验中，有19.7%的试验纳入了日本，而同时期仅有9.4%的试验纳入了中国。推动同步研发、注册、审评，不仅能加速国外新药上市，还能推动中国新药更快走向国际市场。

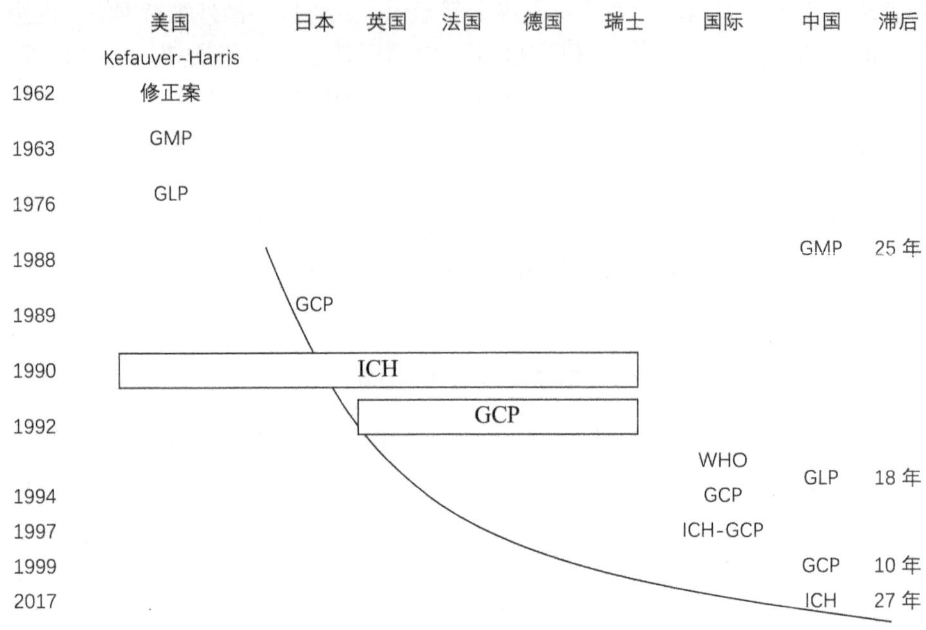

图 6-9　中国与药品创新领先国家在技术制度实施时间上的滞后

注：ICH（The International Council for Harmonisation of Technical Requirements for Pharmaceuticals for Human Use），国际人用药品注册技术协调组织；WHO（World Health Organization），世界卫生组织；GMP（Good Manufacturing Practice），药品生产质量管理规范；GLP（Good Laboratory Practice）药物非临床研究质量管理规范；GCP（Good Clinical Research Practice），药品临床试验质量管理规范。Kefauver - Harris 修正案（Kefauver - Harris Amendment or Drug Efficacy Amendment），是美国对“反应停”事件的回应，要求药品制造商在批准前提供药品的有效性和安全性证明，为首次引入“有效性证明”要求[154]，加强了美国 FDA 对人体实验的控制，并改变了新药的批准和监管方式。资料来源于公开资料及相关文献[3,142]。

6.4.1.2　更严格的监管有助于形成有利于创新企业的强大竞争压力

美国于 1962 年实施 Kefauver - Harris 修正案，英国于 1971 年实施《医药法》(*Medicine Act*)，都属于早期采取了最严格的药品批准程序的国家。在美国，尽管开发和批准过程增加了成本，但也增加了模仿的壁垒。英国更严格的监管政策，使推出的新药数量急剧下降，企业出现了衰退。一些规模较小、实力较弱的公司退出，进入市场的小规模本地产品比例大幅下降。而实力最强的英国公司逐渐将其研发活动转向开发更具雄心的全球产品［托马斯（Thomas），1994］。因此，审批过程中严格的监管变化增加了行业内的竞争压力，特别是对位于这些国家或希望在这些国家销售的公司群体而言，更严格的监管导致市场选择偏向更具创新性和更国际化的公司[155]。在一些欧洲国家，相对于其行业不断变化的国际标准，这些公司受到了太多的保护。托马斯（Thomas）（1994）认为一些欧洲国家在制药行业的表现优于另一些欧洲国家，原因之一是它们面临着相对更严格的监管，而且也更面向国际[155]。

6.4.1.3 推动由商品和要素流动型开放向规则等制度型开放转变

中共中央、国务院《关于新时代加快完善社会主义市场经济体制的意见》（2020）强调，要坚定不移扩大开放，推动由商品和要素流动型开放向规则等制度型开放转变，吸收借鉴国际成熟市场经济制度经验和人类文明有益成果，加快国内制度规则与国际接轨，以高水平开放促进深层次市场化改革[124]。

综上所述，双循环视角下，政府应更好发挥法律和政府职能作用，确保药品创新的相关制度规则“及时”与更高质量、更严格的国际制度规则接轨，使国内的药品创新市场及“行动者和网络”主动迎接来自国际的挑战。

6.4.2 促进畅通和联网

本研究认为，“构建以国内大循环为主体、国内国际双循环相互促进的新发展格局”，综合市场和“行动者和网络”两方面，应该更好发挥政府的组织协调和财政支持职能作用，从畅通及联网上入手。畅通国内大循环，就是要解决国内大循环中存在的循环失灵问题：一是协调教育、科研相关政策，协同解决人才紧缺问题，尤其是转化医学人才紧缺问题；二是要发挥社会主义市场经济条件下新型举国体制的优势，协同攻关，解决高端实验设备的国内生产问题。促进联网，就是要促进国内和国际联网，国内不同群体间联网，这需要重视国际化人才和国际化组织、国内流动人才作为网络结构桥梁的作用，需要以他们为中心，设置更多的促进联网的国内国际项目，包括交流、学习、合作项目。

6.5 局限性及未来研究

本研究更多偏理论研究，主要来自两个方面的限制。首先，可供参考借鉴的文献有限。双循环理论是中国特色社会主义经济实践理论，于2020年提出，可供参考借鉴的理论研究文献较少，实证研究文献更是缺乏；其次，可用数据有限。缺少国内国际合作（网络）的具体数据来源，包括不同行动者集群网络和区域网络的数据来源。

未来研究方向：在基于数据可用性的基础上，聚焦如何有效地畅通国内大循环，如何有效地形成国内国际双循环相互促进的格局，开展实证研究。

6.6 小结

基于新古典主义经济学的市场均衡理论，结合中国特色社会主义经济实践中的供给侧结构性改革理论，高质量发展理论及双循环理论，本研究构建了双循环视角下的药品创新市场模型。双循环视角下的药品创新市场模型明确了“全球患者未被满足的治疗需求”的中心位置。“全球患者未被满足的治疗需求”被细化为国内个性需求、国内国际共性需求和国际个性需求，明确了双循环需要满足的需求即国内个性需求和国内国际共性需求。明确了双循环下理想的药品创新市场的特征，即高质量、完整性、同一性，厘清了实现理想目标需要跨越的四个完整性及质量差距。

本研究认为，按照卡尔多（Kaldor）的产业发展四阶段理论，我国“药品创新”整体上仍处于第一阶段，企业满足国内对产品的需求，通常为以前进口的产品提供替代品；部分企业正在向第二阶段过渡即开始满足海外市场的需求，同时继续供应国内市场。根据《中国医药创新十年展望》的中国药品创新国际化阶段划分，我国“药品创新”国际化整体上同样处于第一阶段即在海外设置 BD 团队，License - in 或 License - out 产品阶段。明确了畅通国内大循环，首先要解决药品创新人才和高端试验设备的国内生产问题。

基于演化经济学的创新系统理论，结合中国特色社会主义经济实践中的创新驱动发展理论，高质量发展理论及双循环理论，本研究构建了双循环视角下的药品创新“行动者和网络”模型。明确了双循环下理想的“行动者和网络”的特征，即完整性、适当性、同步性、健壮性、复合性。明确了“国际化人才和组织”是重要的连接国内和国际网络的结构桥梁。双循环视角下，政府可以在以下三个方面更好发挥作用即确保制度规则与国际接轨，通过解决紧缺人才的国内生产（培养）问题及高端试验设备的国内生产问题畅通国内大循环，通过以“国际化人才和组织”为中心开展交流、学习及合作项目促进联网。

第7章　中国药品创新人才紧缺的系统性解决思路——基于传染理论

数据显示，人才紧缺是阻碍中国药品创新的首要因素，尤以转化医学人才紧缺最为突出。人才既是药品创新市场的必不可少的生产要素，也是药品创新系统中不可缺失的行动者，而目前支撑中国药品创新的“国际创新人才”更是充当着国内国际双循环网络中关键的结构性桥梁的角色。所以，药品创新中更好发挥政府作用，首先就应该解决人才紧缺问题。本研究基于传染理论，提出了一套中国药品创新人才紧缺的系统性解决思路，旨在抛砖引玉，供政府部门参考。

7.1　引言

习近平总书记强调指出，创新驱动实质是人才驱动。人才是创新的第一资源，没有人才优势，就不可能有创新优势、科技优势、产业优势[55]。

人才紧缺是目前阻碍中国药品创新的首要因素。《全国企业创新调查年鉴2021》数据显示[126,156]：2020年规模以上制造业企业产品或工艺创新阻碍因素中，“缺乏人才或人才流失”为医药制造业企业首要阻碍因素，在全部8 164个接受调查的医药制造业企业中占比51.7%，在所有31个制造业中仅次于仪器仪表制造业（56.0%）和烟草制造业（55.2%），远高于全国总体情况（38.9%）。与《全国企业创新调查年鉴2017》数据相比，启动调查的五年时间里，医药制造业“缺乏人才或人才流失”的情况不但没有缓解，反而复合增长了8.8%，在所有阻碍因素中增长最快。《中国医药创新十年展望》调查显示[129]，从药品创新研发的角度，79%的被调查者认为中国最紧缺的人才是转化医学人才，排在第一位。《构建中国医药创新生态系统（2021—2025）》报告显示[128]，中国药品创新复合人才难以满足需求，其中转化研究人才尤为突出。《“十四五”医药工业发展规划》（2022）强调要重点培养行业紧缺的药物发现、临床试验设计、生物药制造等方面专业人才和跨专业复合型人才。

与欧盟各国相比，中国药品创新中转化医学人才紧缺最为突出。2020年，世界药品创新按研发管线和上市新药的数量两个指标统计，美国仍遥遥领先，单独处于第一梯队，而中国已成功跻身第二梯队，开始与日本、英国、德国、瑞士、韩国等发达国家并跑[128]。基于现有数据的可用性，对标欧盟各国，将中国《全国企业创新调查年鉴》（2017—2022）与欧盟企业创新调查（Community Innovation Survey，CIS）（1992—2018）的可比时期数据进行比较，发现自“生物技术”兴起以来，人才紧缺从未成为阻碍欧盟各国医药制造业产品和工艺创新的主要因素。

从国际上看，药品创新人才紧缺问题仅在新闻（News）中可见一二，直接相关主题研究鲜有，“人才紧缺”和“创新人才”相关主题研究略有涉及。首先，对于“人才紧缺”，国际上较常见和较权威的系列调查研究，来自 Manpower Group（万宝盛华集团，全球人力资源解决方案提供商）。其最新发布的《2023 全球人才紧缺白皮书》（2023 *Global Talent Shortage*），调查数据来自包括中国在内的全球 41 个国家的 39 000 名雇主，结果表明全球 77% 的雇主面临人才紧缺问题，达到 17 年来的最高水平，在中国，81% 的雇主面临人才紧缺问题。雇主认为最紧缺的五类职位依次为 IT & Data，Engineering，Sales &Marketing，Operations& Logistics，Customer Facing& Front Office。就如何解决技能差距：71% 的雇主倾向于对现有员工进行技能更新和再培训；51% 的雇主倾向于设立新的、永久性职位。就如何解决人才紧缺问题：57% 的雇主愿意在工作时间和工作地点上提供更大的灵活性；55% 的雇主愿意雇用国际人才。在医药相关的健康护理和生命科学行业（Health Care & Life Sciences）中，78% 的雇主面临人才紧缺问题。一项涉及 15 个行业、121 个 CEO 的调查显示（Fortune/Deloitte，2022），人才紧缺是当今 CEO 面临的最大问题。但遗憾的是，以上两项报告所公开数据，均未对医药行业和创新人才的单独领域或交叉领域进行细化分析。其次，对于“创新人才”，或者说科技创新人才，一直以来，国际上较有影响的研究主题则集中在精英科学家的特征、科学家国际流动的规律等方面。哈里特·朱克曼（Harriet Zuckerman）（1977）在其专著《科学界的精英》（*Scientific elite*：*Nobel laureates in the United States*）中指出，截至 1972 年，在美国进行获奖的研究的 92 名诺贝尔获奖者中，有 48 人（超过一半）学生时代在老获奖者手下工作过；1901 年至 1976 年间被提名的 313 名获奖者中，存在着大量的近亲繁殖（社会性的），包括血缘关系、婚姻关系、师徒关系；有证据表明，诺贝尔奖获得者在其职业生涯中获得了优势累积（马太效应）。奥尔多·吉纳（Aldo Geuna）（2015）主编的专著《研究型科学家的全球流动》（*Global Mobility of Research Scientists*：*The Economics of Who Goes Where and Why*）中的汇集的相关研究表明，知识流动深深嵌入劳动力流动中；

科学合作是与科学家流动性相关的一个主要因素；科学家的流动尤其依赖于高等教育学生从目的国到原籍国的反向流动，回国的专业人员可以将他们获得的知识提供给他们的祖国，还可以在国外维持网络，促进持续的知识交流与合作；流动科学家更可能参与国际研究网络；支持国际流动的政策，如支持流动或返回的政策，可能有效地提高科学家在科学质量和国际网络方面的表现；科学家流动似乎发生在一个更广泛、更复杂的流动的、受过高等教育和技术人员网络的背景下，该网络为培训和合作提供了基础；支持了科学家流动的知识循环或人才循环观点，流动人才有助于知识的创造和传播，尤其是通过直接的个人互动共享的隐性知识。卢卡·维吉纳（Luca Verginer）和马西莫·里卡博尼（Massimo Riccaboni）（2018）在其专著《人才循环网络：生命科学家的全球流动》（*Brain – Circulation Network: The Global Mobility of the Life Scientists*）中重构了370万名生命科学家在9 745座城市之间流动的城际和国际流动网络，发现国际流动性在很大程度上有助于国家研究体系的科学产出。另外，卢卡·维吉纳（Verginer L.）和马西莫·里卡博尼（Riccaboni M.）（2021）对全球2 000座城市中约200万名研究人员十年来的职业道路进行分析，发现全球城市即国际科学家流动网络的中心城市比周边城市更能吸引和留住多产的科学家。

从国内看，目前直接针对中国药品创新人才紧缺问题的相关主题研究依然少见，而药品创新人才研究也主要围绕高校的具体课程设置或培养模式展开[157-159]。例如，魏霞蔚和向明礼（2022）通过解析四川大学“华西生物国重创新班”的案例，对国家科研机构主导、多学科交叉的本科生科研创新人才的培养新模式进行了探讨；范松华（2022）对上海市医药学校和上海医药职工大学重构生物医药专业课程体系、创新产教融合人才培养模式、建设“学校—企业—生物园区”一体化专业实训基地的案例进行了解析；刘珍宝等（2021）对面向“双一流”的生物医药类研究生的创新人才培养的新思路和新方法进行了探讨；李晓菁（2021）对全过程人才培养的医药高校创新创业课程体系建设进行了探讨；李芳蓉等（2021）对创新型人才培养的医药类专业分析化学实验课的教学改革进行了探讨。

但无论是国内还是国外的相关研究，理论依据均较少。旺倩倩（2018）基于预警理论对中小型高新技术企业的人才紧缺进行了预测研究，王诗潇（2018）基于供求理论对全科医学人才紧缺的现状进行了分析。

依据什么理论以及如何解决中国药品创新人才紧缺问题？本研究的逻辑起点主要基于两点：一是要求所依据的理论，具有快速的特点和放大效应，能够短时间内解决当前中国药品创新人才紧缺问题；二是要求解决的思路，具有动态性、可持续性，不仅能解决药品创新人才短期紧缺的问题，还能够解决药品创新人才长期供给的问题。

本文从中国药品创新人才紧缺的根源入手，以传染理论为主线，融合知识扩散理论、连接主义学习理论、网络理论提出了中国药品创新人才紧缺问题的系统性解决思路，以期为包括药品创新人才紧缺在内的中国创新人才紧缺问题提供参考和借鉴。

7.2 理论选择依据

为什么选择以传染理论为主线，融合知识扩散理论、连接主义学习理论、社会网络理论，来解决中国药品创新人才紧缺问题？首先，传染理论符合本研究对解决药品创新人才紧缺问题的理论依据的基本要求。传染具有快速的特点和放大效应，在这一点上社会传染与生物传染是相同的。其次，人才与知识、学习密切相关。人才是专业知识或专门技能的载体[160]，虽有先天资质差异，但知识和技能往往通过后天学习获得。学习和知识获取被认为是相似的概念[161]。同时，人才的流动有助于知识扩散，尤其是隐性知识[162]。再次，传染理论是知识扩散理论的基础。“传染”与“扩散”被认为是相似的概念[70]。社会传染包括信息传染[69]，而所有的知识都属于信息[161]。一些知识扩散的早期模型也被称为流行病扩散模型[163]，最后，依据传染理论、知识扩散理论、连接主义学习理论，传染、扩散、学习、生物技术创新等均发生在社会网络中[64,65,116,117,164]。下文提及的相关理论和概念详见第二章（2.5、2.6、2.7）。

7.3 中国药品创新人才紧缺的根源

中国药品创新人才紧缺的根源在于中国药品创新人才结构出现了断层。陈凤萍（音译）（Feng－ping Chen）等（2011）曾利用灰色模型对中国医药制造业大省——河北省的药品创新人才需求进行过预测：河北省医药制造业创新人才的需求重点将发生变化，不再是需求总量的扩张，而是转向需求结构的调整，具有高职称或高学历的创新型人才、医药市场和管理型人才占据了人才需求的主导地位。有研究对当前中国创新型生物医药公司的人才结构进行了分析，发现支撑中国药品创新的人才主要为海外回国的“国际创新人才”。海外回国人员在创新型私营生物技术公司中占比94%，创新型上市医药企业中占比83%[129]。从人才供给侧来看，海外回国的“国际创新人才”数量有限，而国内培养的“本土创新人才”的质量尚不能满足此次以“生物技术”为主的药品创新的要求，导致创新人才结构出现断层（见图7－1）。从人才需求侧来看，创新型医药企业和新兴生物技术公司的国内和国际扩张，部分仿制药企业向创新型企业转型，对“国际创新人才”的需求增加，加剧了中国药品创新人才的供需矛盾。

中国药品创新人才结构的断层，本质上是知识的断层，或者说是知识的差距。这种知识的差距是以“本土药品创新人才”为载体的本土药品创新知识和创新技能与以“国际创新人才”为载体的国际药品创新前沿知识和创新技能之间的差距，这也是发展中国家与发达国家之间普遍存在的知识差距[132]。

弥合中国药品创新人才结构断层（知识断层）的关键或在于充分用好、用活国内现有的“国际创新人才”，促进知识扩散。中国药品创新人才结构断层，既来自“国际创新人才”数量上的不足，也来自现有的和新生的“本土创新人才”质量上的欠缺。完整的解决思路应该是“双管齐下”弥合缺口：一是“国际创新人才”向下扩展，增加供给数量；二是“本土创新人才”向上扩展，提升供给质量。但如从供给侧结构性改革的角度出发，主攻方向应该是提高“本土创新人才”的供给质量[55]。鉴于本土现有的教育体系恐难在短期内培养出符合当前药品创新需求的人才，长期的培养也需要引进“国际创新人才”进入高校担当教职，所以要提升“本土创新人才”供给质量，关键还是要充分用好、用活国内现有的“国际创新人才”。用好、用活国内现有的“国际创新人才”，一方面能够促进“国际创新人才”知识扩散，提升现有的和新生的“本土创新人才”的质量；另一方面能增强国内人才环境对“国际创新人才”的吸引力，形成正反馈，持续增加“国际创新人才”的供给数量。

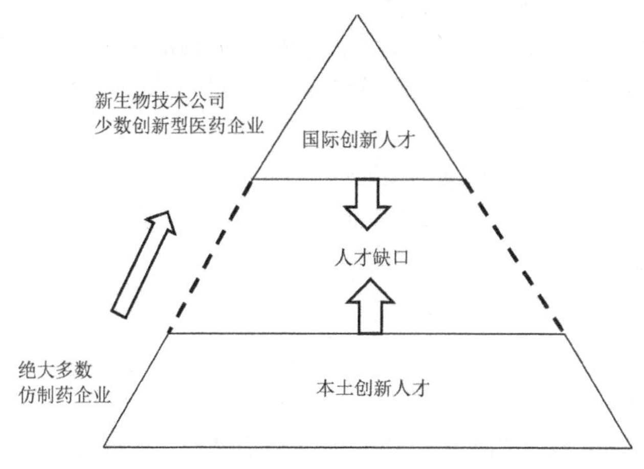

图7－1 中国药品创新人才结构出现断层

7.4 中国药品创新人才系统性解决思路

博拉斯（Borras S.）和埃德奎斯特（Edquist C.）（2013）指出，一旦对问题的原因有了大致了解，就可在此基础上确定可能缓解问题的政策工具，最重要的是，如何将它们组合成特定的组合[141]。

2021年9月，习近平总书记在中央人才工作会议上的讲话中强调：要坚持四个面向，深入实施新时代人才强国战略，全方位培养、引进、用好人才，加快建设世界重要人才中心和创新高地[165]。正是基于全方位培养、引进、用好人才，结合中国药品创新人才紧缺的现状及其产生的根源（人才结构断层或知识差距），本文提出了以“国际创新人才”为中心的中国药品创新人才紧缺系统性解决思路。需要强调的是，本研究的目的不是要另起炉灶，而是要在现有科研人才培养模式上进行完善和改进。

7.4.1 整体思路

以“国际创新人才”为中心的中国药品创新人才紧缺系统性解决思路的完整框架分为三部分：首先，在人才引进上，依据传染理论及知识扩散理论，通过“国际合作项目”，畅通药品创新“人才循环”，从源头上增加“国际创新人才”数量（见图7－3）；其次，在培养人才上，依据传染理论、知识扩散理论、社会网络理论，通过“大师培育项目”，打造药品创新“人才链”，双向培育的同时，促进隐性知识在时间上的传播，从根本上提高新生“本土创新人才”质量（见图7－6）；最后，在用好人才上，依据传染理论、知识扩散理论、连接主义学习理论、社会网络理论，通过“促进连接项目”，构建药品创新“知识网”，主要促进显性知识在空间上的传播，持续改善现有“本土创新人才”质量（见图7－7）。此三个部分，有机结合，互相促进，缺一不可。但若从供给侧结构性改革的角度看，提高新生和现有的“本土创新人才”质量的“大师培育项目”“促进连接项目”是整个框架的主攻方向。而从长远看，“大师培育项目”又是整个框架的核心和动力所在，能够确保中国药品创新人才的长期供应，保持整体框架的动态、可持续。

本研究把具备“精英科学家”六要素[166]，拥有全球视野、国际前沿知识及创新技能的人才统称为“国际创新人才”，来源上包括回国人才及引进人才，类型上包括学术型人才及应用型人才。需要强调的是“国际创新人才”可能来自药品创新任何相关主体组织内，包括高校、公共研究机构、企业或政府部门等。

7.4.2　畅通药品创新“人才循环”

（1）人才循环。人才循环（Brain Circulation）概念将地理流动视为一个双向过程，承认离开和返回原籍国的人所带来的好处[162]。回国的专业人员可以将他们获得的知识提供给他们的祖国，还可以在国外维持网络，促进持续的知识交流与合作[153]。

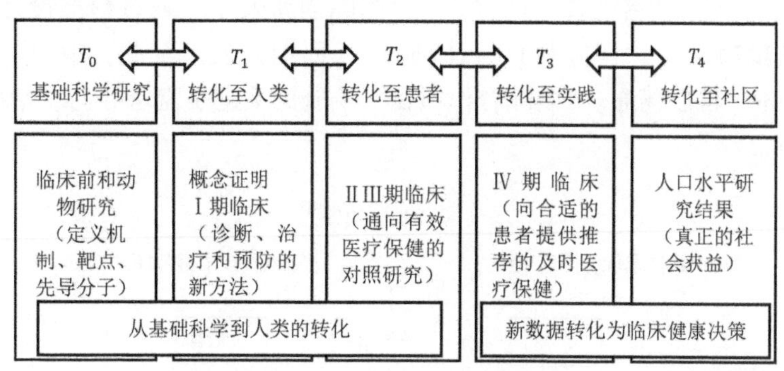

图7－2　*T*谱（转化研究阶段）

数据来源：UAMS TRI &NCATS。

（2）转化科学家的七个基本特征。美国国家转化科学促进中心（NCATS）将“转化医学”定义为将实验室、诊室和社区的观察结果转化为改善个人和公众健康的干预措施的过程——从诊断和治疗到医疗程序和行为改变。转化研究的阶段被NCATS划分为（见图7－2）：基础科学研究，转化至人类，转化至患者，转化至实践，转化至社区等信息互通的五个阶段（*T*谱）。

（3）转化医学人才贯穿药品创新全过程的始终，是在药品创新中规避风险，缩短时间，降低成本，提升效率的关键。NCATS与国际组织Translation Together的其他成员共同确定了区分转化科学家的七个基本特征：包括团队成员（Team Player）、严谨的研究者（Rigorous Researcher）、系统思考者（Systems Thinker）、熟练的沟通者（Skilled Communicator）、领域专家（Domain Expert）、工艺创新者（Process Innovator）、跨界者（Boundary Crosser）[167]。

（4）“国际合作项目”旨在畅通药品创新“人才循环”。以最为紧缺的转化医学人才为例，“精英学生”和“准转化科学家”是指具备“转化科学家”七个基本特征[167]，从知名高校“转化医学”相关学科优选出的博士后、研究生或从研究机构“转化医学”相关研究领域优选出的初级研究人员。其大致流程可设计如下（见图7－3）：首先，“易感者”的筛选，从知识和技术劣势国家/地区（中国），优选“易感者”——精英学生或准转化科学家；其次，“易感者”的输出，精英学生或准转化科学家通过精准设计的“公派留学项目”“国际学术交流合作项目”，跨越国家/地区边界，输送到知识和技术优势国家/地区；再次，“易感者”接受传染，精英学生或准转化科学家在知识和技术优势国家/地区的大学或研究机构，主动学习国际前沿的转化医学知识（包括显性知识和隐性知识）与药品创新技能，转为“感染者”成为“国际创新人才”；最后，“感染者”的输入，“国际创新人才”通过精准设计的“回国人才资助项目”“国际科技合作项目”，回国发展。至此，中国药品创新“人才循环”得以畅通。“国际合作项目”实施的关键是需求导向、精准设计、动态调整。

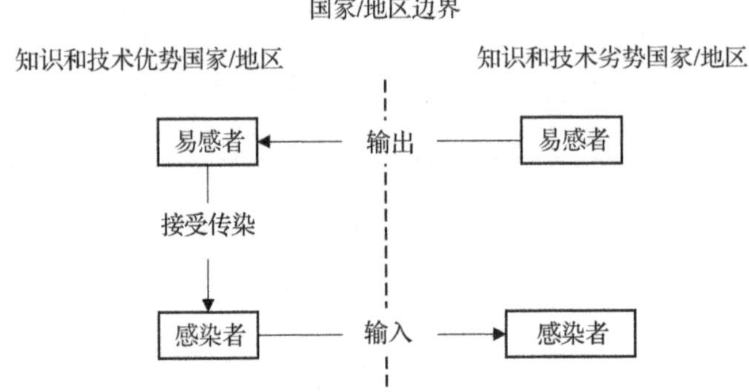

图7－3　基于传染理论的“人才循环”

备注：“感染者”指“国际创新人才”。国家/地区边界，一定意义上也是知识和技术的边界。

7.4.3　打造药品创新“人才链”

7.4.3.1　“人才链”

人才链（Chains of Masters and Apprentices），在各种工具书中被定义为师徒间、师生间、家族间人才辈出的社会现象[168,169]，两代或两代以上的人才以技艺、知识为纽带而前后相承[170]，亦称人才成团现象[171]。在现有研究文献中，涉及与人才相关的“链”的概念，主要有五类（见表7－1）。第一类是“人才链”，这是其原有概念：王德荣（2000）认为，诺贝尔获奖者中间存在着一个个的“人才链”，他们有的是父子关系，更多的是师徒关系。……正是通过这种“人才链”，使知识得以积累，学派得以形成，创新得以延续[172]。第二类也是“人才链”，但不同的研究者赋予其不同的概念：范晓（2021）认为，人才链是以提高创新效率、产业发展质量和效益为目

7.4.2　畅通药品创新“人才循环”

（1）人才循环。人才循环（Brain Circulation）概念将地理流动视为一个双向过程，承认离开和返回原籍国的人所带来的好处[162]。回国的专业人员可以将他们获得的知识提供给他们的祖国，还可以在国外维持网络，促进持续的知识交流与合作[153]。

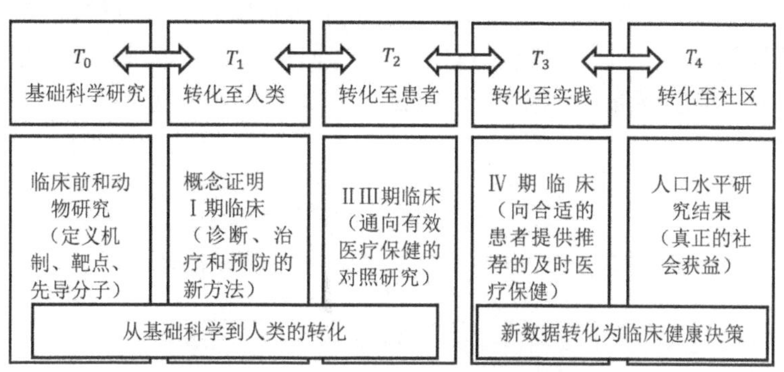

图7-2　*T*谱（转化研究阶段）

数据来源：UAMS TRI &NCATS。

（2）转化科学家的七个基本特征。美国国家转化科学促进中心（NCATS）将“转化医学”定义为将实验室、诊室和社区的观察结果转化为改善个人和公众健康的干预措施的过程——从诊断和治疗到医疗程序和行为改变。转化研究的阶段被NCATS划分为（见图7-2）：基础科学研究，转化至人类，转化至患者，转化至实践，转化至社区等信息互通的五个阶段（*T*谱）。

（3）转化医学人才贯穿药品创新全过程的始终，是在药品创新中规避风险，缩短时间，降低成本，提升效率的关键。NCATS与国际组织Translation Together的其他成员共同确定了区分转化科学家的七个基本特征：包括团队成员（Team Player）、严谨的研究者（Rigorous Researcher）、系统思考者（Systems Thinker）、熟练的沟通者（Skilled Communicator）、领域专家（Domain Expert）、工艺创新者（Process Innovator）、跨界者（Boundary Crosser）[167]。

（4）“国际合作项目”旨在畅通药品创新“人才循环”。以最为紧缺的转化医学人才为例，“精英学生”和“准转化科学家”是指具备“转化科学家”七个基本特征[167]，从知名高校“转化医学”相关学科优选出的博士后、研究生或从研究机构“转化医学”相关研究领域优选出的初级研究人员。其大致流程可设计如下（见图7-3）：首先，“易感者”的筛选，从知识和技术劣势国家/地区（中国），优选“易感者”——精英学生或准转化科学家；其次，“易感者”的输出，精英学生或准转化科学家通过精准设计的“公派留学项目”“国际学术交流合作项目”，跨越国家/地区边界，输送到知识和技术优势国家/地区；再次，“易感者”接受传染，精英学生或准转化科学家在知识和技术优势国家/地区的大学或研究机构，主动学习国际前沿的转化医学知识（包括显性知识和隐性知识）与药品创新技能，转为“感染者”成为“国际创新人才”；最后，“感染者”的输入，“国际创新人才”通过精准设计的“回国人才资助项目”“国际科技合作项目”，回国发展。至此，中国药品创新“人才循环”得以畅通。“国际合作项目”实施的关键是需求导向、精准设计、动态调整。

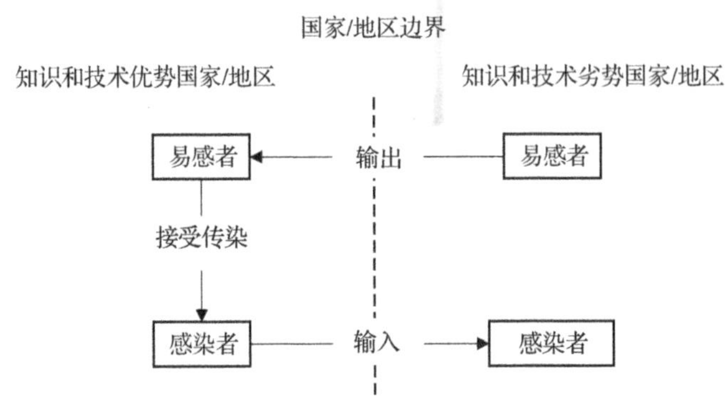

图7－3　基于传染理论的“人才循环”

备注：“感染者”指“国际创新人才”。国家/地区边界，一定意义上也是知识和技术的边界。

7.4.3　打造药品创新“人才链”

7.4.3.1　“人才链”

人才链（Chains of Masters and Apprentices），在各种工具书中被定义为师徒间、师生间、家族间人才辈出的社会现象[168,169]，两代或两代以上的人才以技艺、知识为纽带而前后相承[170]，亦称人才成团现象[171]。在现有研究文献中，涉及与人才相关的“链”的概念，主要有五类（见表7－1）。第一类是“人才链”，这是其原有概念：王德荣（2000）认为，诺贝尔获奖者中间存在着一个个的“人才链”，他们有的是父子关系，更多的是师徒关系。……正是通过这种“人才链”，使知识得以积累，学派得以形成，创新得以延续[172]。第二类也是“人才链”，但不同的研究者赋予其不同的概念：范晓（2021）认为，人才链是以提高创新效率、产业发展质量和效益为目的，由支撑产业链、创新链融合发展的各类人才组成的系统，实质上是多节点人才的集合体，由原始创新人才、技术转移人才、技术转化人才三个关键节点人才统领[173]；何景师（2019）认为，人才链是指职业教育所培养的技术技能人才被市场需求认可的、适用于特定产业从产业链上游到下游的一系列技能人才，包括市场所需要的低端、中端、高端及不同层次的人才[174]；谢琪等（2020）认为，人才链是指特定产业发展需要的各个环节的一系列技术技能人才的规格。包括横向上产业不同环节、不同方面，纵向上产业发展所需的不同层次的技术技能人才[175]。第三类是“人才生态链”：黄梅和吴国蔚（2008）认为，人才生态链就是指在人才生态系统中，模仿自然生态系统中的生产者、消费者和分解者，以人才价值（知识、技能、劳动成果、经验、教训等）为纽带形成的具有工作衔接关系的人才梯队[176]。第四类是“人才供应链”：王玖河等（2013）认为，通过系统考虑企业的人才供应与需求，整合人才管理各节点的相关机构，进行协同人才预测、规划及补给管理与柔性管理，实现人才供应链一体化运作的过程，它的最终目标是实现人才队伍建设的动态优化[177]，由彼得·卡普斯（Peter Cappelli）最先提出[178]。第五类是“链式”培养：张丹鹤（2018）认为，“链式”培养模式是一种循序渐进、环环相扣的教育方式，是教育的一种长效机制[179]。

本研究的“人才链”是一直被忽视的其原有概念（第一类），“人才链”现象在现实中普遍存在（见图7-4）。王荣德（2000）总结了诺贝尔奖获得者中“人才链”形成的四个因素，其中科学大师是核心，不断创新是关键，宽松环境是土壤，而“马太效应”是媒介；并提出我国应形成自己的中国学派和“人才链”[172]。黄明福和陈佳丽（2019）总结了日本诺贝尔奖获得者中的“人才链”现象[180]。蔡翔等（2021）总结了中国院士群体中的“人才链”现象[181]。黄子天（2016）总结了中医大师中的“人才链”现象[182]。

表7-1　现有研究中与人才相关的“链”的概念

	相关概念	参考文献
人才链	在他们（诺贝尔获奖者）中间存在着一个个的“人才链”：他们有的是父子关系，更多的是师徒关系。……正是通过这种“人才链”，使知识得以积累，学派得以形成，创新得以延续[172]	王荣德，2000

续表

	相关概念	参考文献
人才链	人才链是以提高创新效率、产业发展质量和效益为目的，由支撑产业链、创新链融合发展的各类人才组成的系统。实质上是多节点人才的集合体，由原始创新人才、技术转移人才、技术转化人才三个关键节点人才统领[173]	范晓，2021
	人才链是指职业教育所培养的技术技能人才被市场需求认可的、适用于特定产业从产业链上游到下游的一系列技能人才，包括市场所需要的低端、中端、高端及不同层次的人才[174]	何景师，2019
	人才链是指特定产业发展需要的各个环节的一系列技术技能人才的规格。包括横向上产业不同环节、不同方面，纵向上产业发展所需的不同层次的技术技能人才[175]	谢琪等，2020
人才生态链	人才生态链就是指在人才生态系统中，模仿自然生态系统中的生产者、消费者和分解者，以人才价值（知识、技能、劳动成果、经验、教训等）为纽带形成的具有工作衔接关系的人才梯队[176]	黄梅，吴国蔚，2008
人才供应链	是通过系统考虑企业的人才供应与需求，整合人才管理各节点的相关机构，进行协同人才预测、规划及补给管理与柔性管理，实现人才供应链一体化运作的过程，它的最终目标是实现人才队伍建设的动态优化[177]。由彼得·卡普斯（Peter Cappelli）最先提出[178]	王玖河等，2013
“链式”培养	“链式”培养模式是一种循序渐进、环环相扣的教育方式，是教育的一种长效机制[179]	张丹鹤，2018

资料来源：作者整理（2022）。

7.4.3.2 大师培育项目的思路来源

“大师培育项目”的思路来源主要包括三部分。首先，受朱克曼（Harriet Zuckerman）（1977）的经典著作《科学界的精英》（*Scientific elite：Nobel laureates in the United States*）启发，特别是美国诺贝尔奖获得者中的人才链现象、精英大师和精英学生关系的相关研究；其次，参考了中国的人才链现象、学术谱系和师承关系的相关研究；最后，借鉴了英国药品创新“学徒项目”的相关经验。

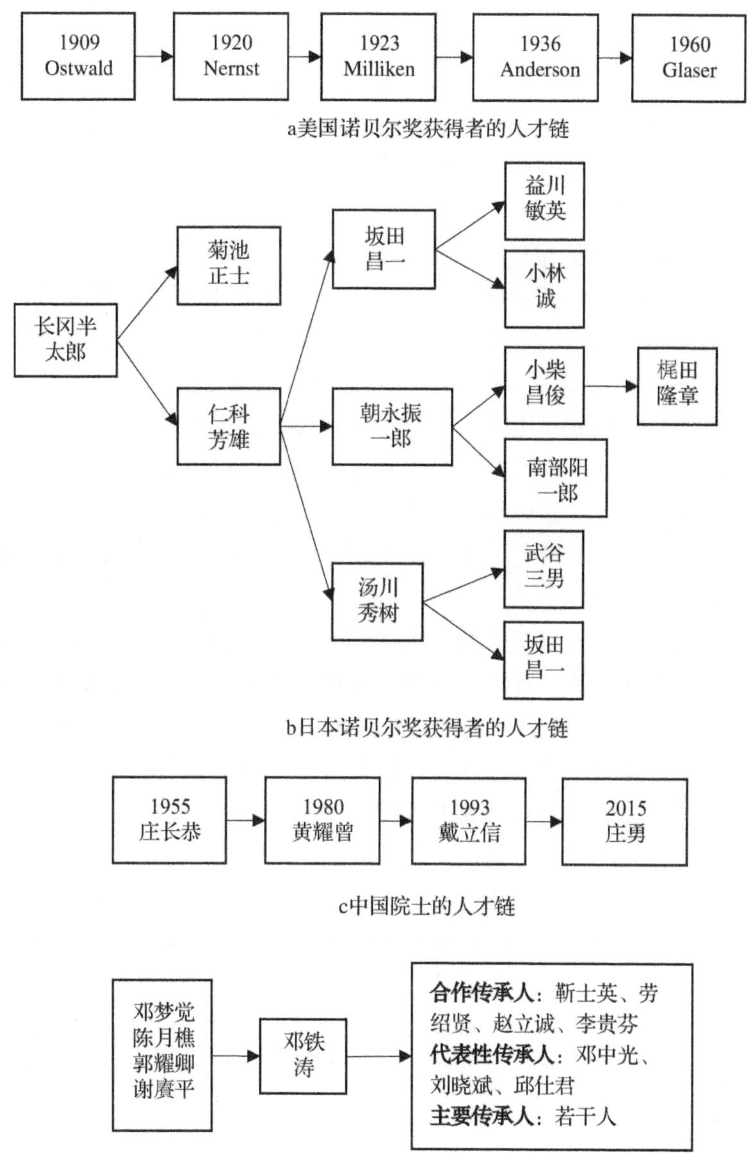

图7－4　现实中的人才链举例[172,180－182]

资料来源：作者整理。

（1）美国诺贝尔奖获得者中的人才链现象。保罗·萨缪尔森（Paul Samuelson）（1970）曾言[166]“我可以告诉你如何获得诺贝尔奖，一个条件就是要有杰出的老师”。朱克曼（Harriet Zuckerman）对1901—1976年间的313名诺贝尔奖获得者进行了深入的研究，发现在科学界的超级精英中存在着大量的社会性的近亲繁殖[166]。在涉及美国的获奖者的师徒关系中，诺贝尔奖师徒关系最长跨越了五代科学家[166]。到1972年，在美国进行获奖研究的92名获奖者，超过一半（48人）以学生、博士后和初级合作者的身份在诺贝尔奖获得者手下工作过[166]。

（2）精英大师与精英学徒的双向选择。双向选择过程在科学界的超级精英中起着显著的作用，他们选择他们的科学家父母和科学家祖先，就像之后他们选择他们的科学家后代一样[166]。获奖者集中在数量相对较少的大学或学院学习，这来自未来科学家和学术机构的双向选择，获奖者往往首先选择有声望的大学进行本科学习，然后更大比例地转向所在领域的优秀院系进行研究生学习，博士后研究的双向选择则更为明显[166]。在48名获奖的美国人中，有30名是博士后，而不是研究生，这一事实证明，他们也需要一点时间来准确了解谁在从事他们想做的工作[166]。

（3）精英大师塑造精英学徒。获奖者认为学徒生涯中最不重要的方面是从他们的导师那里获得实质性的知识。这是一种接触，看他们如何运转，如何思考，如何做事。这不是在学习特定的知识，而是在学习一种思维。学徒制实际上是一个社会科学家称之为社会化的时期。社会化不仅包括教育或培训通常理解的内容：它包括获得与特定地位和角色相关的规范和标准、价值观和态度，以及知识、技能和行为模式[166]。精英科学家的精英学徒通过几个相关过程将严格的工作标准内化。他们模仿大师们，并通过大师们的唤起性行为产生了以前从未有过的想法，通过严格评估自己的工作，在实践中体验到了这些高标准，在这个过程中，他们获得了科学品位[166]。在精英科学家中，科学品位的首要标准是对“重要问题”的感知和对时尚的解决方案的欣赏。对它们来说，深层次的问题和优雅的解决方案将优秀的科学家与仅仅称职或平凡的科学家区分开来[166]。

（4）精英学徒成为精英大师。获奖者的科学谱系表明，精英学徒在适当的时候自己成为精英大师。当他们扮演大师的角色时，精英科学家倾向于在他们自己的态度和行为中重现他们当学徒时所看到的一些相同的模式。通过精英大师和学徒的谱系传承下来的科学知识的精英传统，继续因少数符合这一传统的年轻科学家的出现而得到加强[166]。正如学徒们为拥有杰出的大师而自豪一样，大师们也为成为杰出科学家的学徒而自豪。科学奖励制度使学生发展成为一流科学家的大师们受到尊重。因此，直接的个人奖励和次要的社会奖励相结合起来，强化了精英传统和培养优秀学生的强烈兴趣。在科学的社会体系中，这些优秀学生的数量被用来衡量大师们的智力（有别于单纯的组织或政治）影响力[166]。

（5）中国的学术谱系与师承关系研究。学术谱系研究起源于诺贝尔奖得主之间的关系[183]。关于学术谱系的概念，胡化凯（2011）认为是学术“家谱”，反映学缘关系和传承关系；韩天琪（2013）认为是学术群体，由学术传承关系（含师承关系）关联在一起的、不同代际的科学家所组成；何中华（2016）认为是学术范式，由学术共同体自觉认同，在时间上延续和传递[183]。刘俊婉等（2018）认为学术谱系以知识传承的方式助推科学发展[184]。仇鹏飞等（2018）认为科研师承关系对科学知识的传承与创新具有重要作用，而学术谱系是科研师承关系外在表现，是学术家谱，是科学传统的重要载体，并提议建设我国的科研师承谱系数据库，并使师承谱系与科研产出的数据联动，以便相关科技政策的制定有据可依[185]。冯靖雯和赵勇（2020）认为，一个获得世界科技大奖的科学家所带学生大概率也是十分优秀的，在进行科技经费的分配、科技奖励等科技管理活动时，可以充分考虑内外因素并有侧重地进行管理，提高科学资源的合理分配，为制定科技政策指明方向[186]。

（6）英国药品创新“学徒项目”。中国的职业教育“现代学徒制”试点始于 2015 年，也是在同一年，英国开发了学位学徒制（高级学徒制）。中国的“现代学徒制”从现有试点单位及评估结果来看，存在“校热企冷”现象[187]。与英国的学徒制进行比较发现，英国的学徒项目是由受教育部资助的雇主组织 Institute for Apprenticeship&Technical Education 开发的，雇主组织成员包括公共部门和企业，学徒项目以雇主需求为导向。不同于其他国家将学徒项目定位在较低水平的职业教育，英国的学徒制有向上走的趋势，例如，药品创新相关学徒项目已经开发了博士学位。数据显示（截至 2023 年 6 月 7 日），英国已经开发或正在开发与药品创新相关的学徒项目有 11 个（如表 7－2），包括临床科学家、医学统计员、临床药理学科学家（综合学位）、研究科学家、生物信息学科学家（学位）、临床试验专家（学位）、技术科学家、监管事务专家、实验室技术员、实验室科学家、博士学位，在其官方媒体中可以看到一些学徒成功就职的案例。这 11 个药品创新学徒项目属于不同的技术水平（从低到高 3—7 级），部分可授予综合学位，并给予最高 17 000—27 000 英镑的资助金额，项目持续时间从 24 个月（两年）到 60 个月（五年）不等。项目持续时间最长的是临床试验专家和实验室科学家学徒项目，皆为 60 个月（五年）。

表7-2 英国学徒制中药品创新相关学徒项目

名称	批准日期	水平	综合学位	最高资助额（英镑）	典型持续时间（月）
博士学位	19-07-2022	7	综合学位	27 000	60
临床科学家	09-11-2020	7	非学位资格	20 000	36
医学统计员	12-11-2021	7	综合学位	17 000	30
临床药理学科学家（综合学位）	23-10-2020	7	综合学位	18 000	30
研究科学家	13-05-2019	7	非学位资格	18 000	30
生物信息学科学家（学位）	29-01-2019	7	非综合学位	18 000	30
临床试验专家（学位）	28-06-2018	6	非综合学位	26 000	60
技术科学家	07-08-2018	5	NA.	20 000	36
监管事务专家	08-11-2018	7	非学位资格	21 000	30
实验室技术员	09-12-2014	3	NA.	21 000	24
实验室科学家	03-09-2015	5	NA.	27 000	60

数据来源：https：//www. instituteforapprenticeships. org/。（NA.，表示未提供相关信息）

“大师培育项目”与英国学徒项目的最大区别在于“大师培育项目”是科研领域的“人才+项目”培养模式、高等教育“双师制”及职业教育的“现代学徒制”的综合，涉及教育和科技支出。英国是“高等教育”与职业教育的综合，不涉及科技支出（见图7-5）。但“大师培育项目”可以借鉴英国学徒项目的完善的运作流程，包括需求导向的学徒项目设计、药品创新相关学徒项目的职业标准（知识、技能、行为标准即KSB）、技术水平划分、学位授予标准、项目持续时间等（如表7-2所示）。

7.4.3.3 大师培育项目

“大师培育项目”旨在打造中国药品创新“人才链”。首先，应优选在价值观、态度、知识、技能、行为模式、规范标准上符合“精英科学家”六要素[166]的“国际创新人才”为大师；其次，应优选“精英学生”（博士后、研究生）为学徒；最后，“国际创新人才”和“精英学生”双向选择。通过政府科研和教育资金的持续资助，助力“国际创新人才”职业发展，助力“精英学生”社会化[166]。“大师培育项目”的传染是在时间维度上进行的，传染机

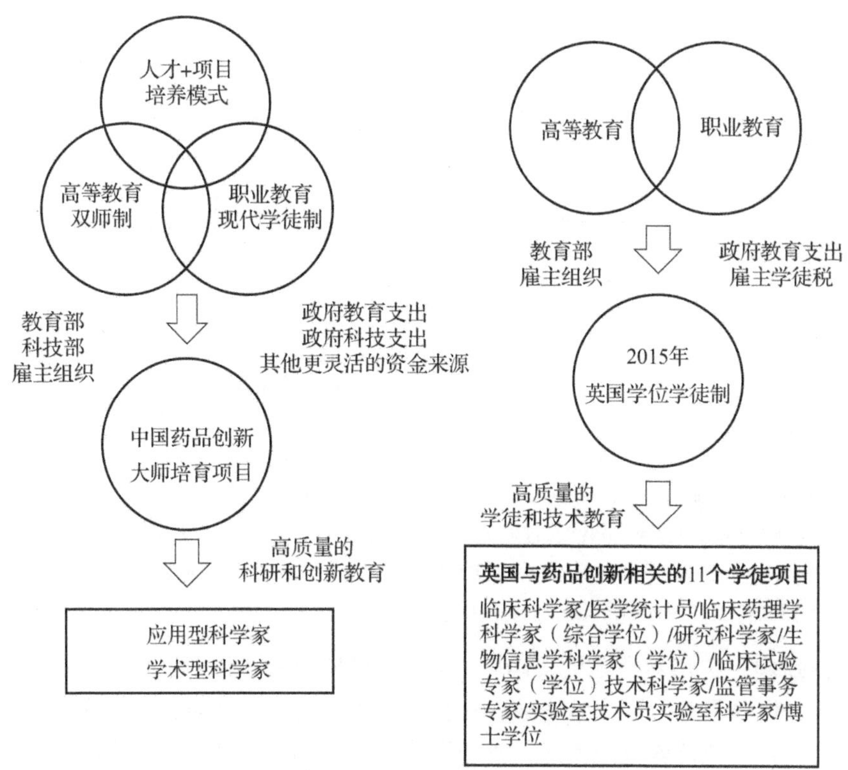

图 7－5　中国药品创新“大师培育项目”与英国学徒项目的比较

制是个人机制，通过接触传播，始于以“国际创新人才”为根节点的，不断延伸的树图（见图 7－6c）。“国际创新人才”不断接受资助，其培养的“精英学生”属于第一代学徒；而第一代学徒中的“创新者”可以继续成为“大师”，他们不断接受资助，所培养的“精英学生”是第二代学徒；以此类推，使知识得以累积，学派得以形成，最终目的是培养出中国自己的“大师”[172]。“人才链”最终会形成强联系的网络，有利于隐性知识的传承。同时，也是价值同质性（Value homophily）网络，“国际创新人才”和“精英学生”在价值上是互相认可和吸引的，更容易形成有效沟通。“大师培育项目”实施的关键是“直接接触，双向培育、持续资助”。

“大师培育项目”与国家人才政策方向一致。习近平总书记在 2021 年中央人才工作会议上指出：“要下大气力全方位培养、引进、用好人才。我国……完全能够培养出大师”。“要制定实施基础研究人才专项，长期稳定支持一批在自然科学领域取得突出成绩且具有明显创新潜力的青年人才。”《“十四五”

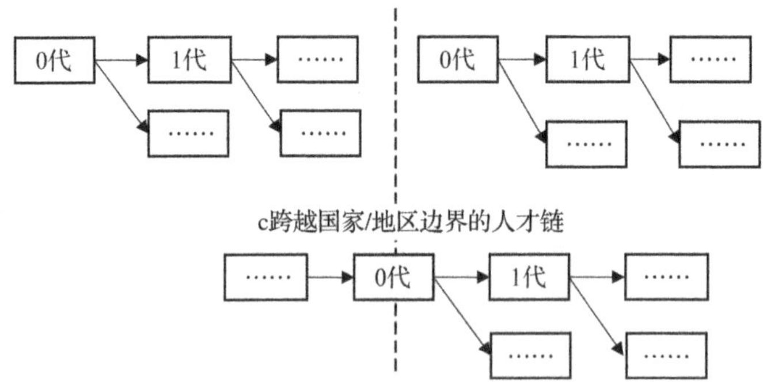

图7－6 基于传染理论的“人才链”

备注：1. 国家/地区边界，一定意义上也是知识和技术的边界。“0代”指大师。“1代”指学徒。图c中跨越国家/地区边界的“0代”，被定义为本文的“国际创新人才”，扮演双重角色，既是知识和技术优势国家/地区的学徒，又是知识和技术劣势国家/地区的大师。2. 人才链具有接触性传播、时间传播、个人机制、始于树图、强联系、价值同质性的特征。

规划》强调要“培养造就更多国际一流的战略科技人才、科技领军人才和创新团队。培养具有国际竞争力的青年科技人才后备军，注重依托重大科技任务和重大创新基地培养发现人才，支持设立博士后创新岗位。”《“十四五”医药工业发展规划》强调要扩大高素质技术技能人才队伍，培养一批医药领域“大国工匠”。

“大师培育项目”可基于现有科研人才培养模式进行完善和改进。相对现有的科研人才培养模式“人才＋项目”“人才＋项目＋基地”等，“大师培育项目”只是设计更精准、目标更明确，聚焦现有的“国际创新人才”，打造中国药品创新的“人才链”，要利用师承关系积累形成长期优势，形成“国际创新人才＋精英学生＋直接接触＋长期稳定支持”的双向培养模式。“大师培育”是针对“国际创新人才”和“精英学生”两者来说的，二者互相成就。《道德经》讲“一生二，二生三，三生万物”。而现有“国际创新人才”就是中国药品创新“人才链”的“一”。

“大师培育项目”可借鉴英国药品创新“学徒项目”的运作流程。“大师培育项目”与英国“学徒制项目”的最大区别在于“大师培育项目”是科研领域的“人才＋项目”培养模式、高等教育“双师制”及职业教育的“现代学徒制”的综合，涉及教育和科技支出。英国是“高等教育”与职业教育的综合，不涉及科技支出。但“大师培育项目”可以借鉴英国学徒项目的完善的运作流程，包括需求导向的学徒项目设计、药品创新相关学徒项目的职业标准（知识、技能、行为标准即 KSB）、技术水平划分、学位授予标准、项目持续时间等（如表 7－2 所示）。

"大师培育项目"可能带来一些改变。（1）政府部门管理职能改变。从项目管理为主，到"人才管理为主，项目管理为辅"；专家库或人才库功能与学术谱系库功能合二为一。（2）资助方式的改变。从竞争性、不持续、不稳定到非竞争性、持续、稳定的定向资助（设置淘汰机制）。（3）资助目标及考核结果改变。从"药物开发"到"人才培养"。（4）资助对象改变。资助"国际创新人才"而不是某个企业或某个机构，更不是某个产品。（5）资金来源改变。教育与科研支出合二为一，统筹使用。（6）人才的流动性和研究的稳定性改变。资源随着"国际创新人才"流动，包括人（精英学生）、固定资产（包括仪器设备）、在研项目，而不是固定在用人单位，这样既保证了人才的流动性，又保证了人才培育和研究的相对稳定性，同时避免了人才自由流动带来的国有资产损失[188]。最终，从根本上促使用人单位用好和留住"国际创新人才"。

7.4.4　构建药品创新"知识网"

7.4.4.1　知识网

网络理论和连接主义学习理论认为：首先，当遇到新资源（知识、人员和技术节点）时，人们可能会选择主动联系并创建自己的个人学习网络[161]，节点总是竞争连接，成功获得更大影响的节点将更成功地获得更多连接[164]；其次，个体在网络中的中心度越高、连接数量越多、影响力就越大[69]，越能够促进和维持知识流动，成为网络的枢纽[164]；再次，弱联系比强联系更可能将不同小群体的成员联系在一起[189]，弱联系有利于信息传播和创新[189]，弱联系有利于流动性，在定义明确且规模有限的职业和技术专业中，流动性在构成网络的特定集群之间架起了弱联系的桥梁，因此信息和想法更容易在专业领域内流动，并在各种会议上被激活[189]；最后，异质性网络连接有助于快速扩散，克罗斯（Cross，R.）等（2003）总结了异质性网络中意见领袖和追随者特征[189]，社会经济地位较高、受过更正规教育、更大程度的大众媒体曝光、更具世界性的、与变革动因接触更多的、更具创新性的，这六个概括表明追随者普遍倾向于向被认为比自己更具技术能力的意见领袖寻求信息和建议。

7.4.4.2　促进连接项目

"促进连接项目"旨在构建中国药品创新"知识网"。为什么要以"国际创新人才”为中心构建各药品创新相关主体共同参与的药品创新“知识网”？“国际创新人才”不仅是知识扩散的原发体，也是各药品创新相关主体共同学习的对象。以“国际创新人才”为中心构建弱联系和异质性的知识网络，可以充分利用网络效应，更好发挥“国际创新人才”的作用。“促进连接项目”的传染是在空间维度上进行的，始于一个以“国际创新人才”中心的星图（见图7－7），这种形式的网络，可以高效传播信息。通过开展官、产、学、研、医、患、金七类药品创新相关主体共同参与的线上、线下的交流和学习活动，以及共同完成科研项目，使“国际创新人才”的知识，以个人或集体机制，通过接触或非接触性传播，扩散出去，以此构建药品创新的“知识网”。“知识网”最终整体上将具有弱联系及异质性（heterophily）网络的特征。“促进连接项目”实施的关键是开展相关主题的交流活动、学习活动、科研合作等。

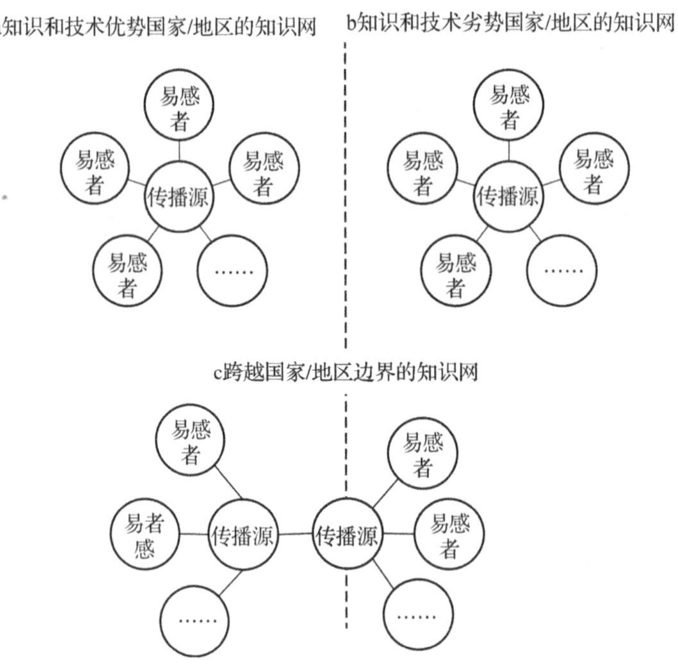

图7－7　基于传染理论的“知识网”

备注：1. 国家/地区边界，一定意义上也是知识和技术的边界。图c跨越国家/地区边界的“传播源”，被定义为本文的“国际创新人才”，扮演双重角色，既是知识和技术优势国家/地区的“易感者”，又是知识和技术劣势国家/地区的“传播源”。2. 知识网具有接触或非接触性传播、空间传播、个人或集体机制、始于星图、弱联系、异质性特征。

7.5　小结

本研究聚焦阻碍中国药品创新的首要因素——人才紧缺问题，分析了其产生的根源，并以传染理论为主线，融合知识扩散理论、连接主义学习理论、社会网络理论，以“国际创新人才”为中心，提出了系统性解决思路。中国药品创新人才紧缺的根源：“国际创新人才”供给数量的不足和“本土创新人才”供给质量的欠缺导致的人才结构断层（知识断层）。弥合中国药品创新人才结构断层，缩小并消除知识差距，其关键在于充分用好、用活现有的“国际创新人才”，促进知识扩散。系统性解决思路的完整框架包括三个有机部分：通过“国际合作项目”，畅通药品创新“人才循环”；通过“大师培育项目”，打造药品创新“人才链”；通过“促进连接项目”，构建药品创新“知识网”。系统性解决思路是全方位引进、培养、用好“国际创新人才”。首先，在人才引进上，“国际合作项目”给了“国际创新人才”立足之点；其次，在人才培养上，“大师培育项目”，给了“国际创新人才”发展之线（链），双向培育过程中，实现优势累积，促进学术或事业成长；最后，在用好人才上，“促进连接项目”，给了“国际创新人才”影响之面（网），助力药品创新知识传播的同时，使其收获荣誉，扩大学术和社会影响。最终的目的是通过以“国际创新人才”为中心的系统性解决思路，弥合中国药品创新人才结构的断层，使中国由药品创新低知识位势的国家逐渐转变为高知识位势的国家，由药品创新人才“洼地”转变为药品创新人才“高地”，为健康中国和中国式现代化的实现提供助力。本文对解决中国创新人才紧缺问题具有参考和借鉴意义。政府可协调科研和教育政策，对现有创新人才培养模式进行完善和改进。

第8章　结论与展望

8.1　主要结论与发现

8.1.1　更好发挥政府（资金）作用的方向及确定原则

8.1.1.1　方向

本研究对药品创新中更好发挥政府（资金）作用的方向提出了三组建议（如表8－1所示）。基于市场失灵理论的建议为：生产“高质量”知识、资助“共性”技术、建立动态的临床资源信息公开和使用平台、确保获取药品的机会公平、搭建专业学习平台、解决“人才紧缺”问题。基于系统失灵的建议为：弘扬企业家精神（提升药品创新系统的内部“选择”动力）、促进企业互动学习（提升药品创新系统的内部“学习”动力）、保障各种药品创新人才的供给。基于双循环理论的建议为：确保制度规则与国际接轨、解决高端试验设备国内生产问题、解决紧缺人才的国内生产（培养）问题、促进以国际人才或国际组织为中心的联网。政府部门可以通过政策协调，对各种建议进行科学合理的“组合”，进而达到事半功倍的效果。

表8－1　更好发挥政府（资金）作用的方向

理论	不同的建议	相同的建议
市场失灵	·生产“高质量”知识 ·资助“共性”技术 ·建立动态的临床资源信息公开和使用平台 ·确保获取药品的机会公平	·搭建专业学习平台 ·解决“人才紧缺”问题
系统失灵	·弘扬企业家精神（提升药品创新系统的内部“选择”动力）	·保障各种药品创新人才的供给（确保行动者不缺失） ·促进企业互动学习（提升药品创新系统的内部“学习”动力）

续表

理论	不同的建议	相同的建议
双循环	·确保制度规则与国际接轨 ·解决高端试验设备的国内生产问题	·解决紧缺人才的国内生产（培养）问题 ·促进联网（以国际人才或国际组织为中心）

资料来源：作者（2022）。

出于“抓主要矛盾，抓矛盾的主要方面”的考虑，本研究关注“相同的建议”，即解决“人才紧缺”问题、促进或构建学习或交流的网络平台，这是政府投资的重点方向。同时基于“组合”的考虑，本研究提出了“药品创新人才紧缺的系统性解决思路”（详见第七章），旨在抛砖引玉，追求同时解决多个问题：包括人才紧缺、学习平台和联网问题；精英学生社会化和终身学习问题；“国际人才循环”“国内人才循环”问题等。

8.1.1.2　确定原则

通过对本研究中更好发挥政府（资金）作用的方向进行总结，发现如果将政府（公共）部门与私人部门看作个性完全独立的两个“人”，二者的价值取向是存在差异的（见图 8－1）。正是这种公共部门与私人部门价值取向上的差异，或者说是价值取向上的互补，隐含着政府投资的原则。当私人部门关注私人产品的生产时，政府部门关注公共产品的生产；当私人部门关注个性问题时，政府部门关注共性问题；当私人部门关注私人效益时，政府部门关注社会效益；当私人部门关注短期效益时，政府部门关注长期效益；当私人部门关注效率时，政府部门关注公平；当私人部门关注个体发展时，政府部门关注群体发展。虽然现实中的具体问题，往往是复杂的，并不是一分为二的，但这种价值取向上的划分也为分析具体问题，提供了一个可供参考的简洁视角。

8.1.2　基于市场失灵理论的研究结论与发现

8.1.2.1　发现

现实的药品创新市场是个充斥着各种市场失灵和政府干预的复杂系统。

（1）国内比较发现：“缺乏人才或人才流失”“创新成本过高”“缺乏技术信息”是阻碍中国药品创新的三个主要因素，且有增长趋势。

（2）国际比较发现：一是“创新成本过高”作为主要障碍因素，在时间和空间维度上广泛而普遍存在；二是与中国不同，人才紧缺和信息缺乏从未成为欧盟各国医药企业创新的主要障碍；三是中国与欧盟各国在创新信息来源上差异明显。

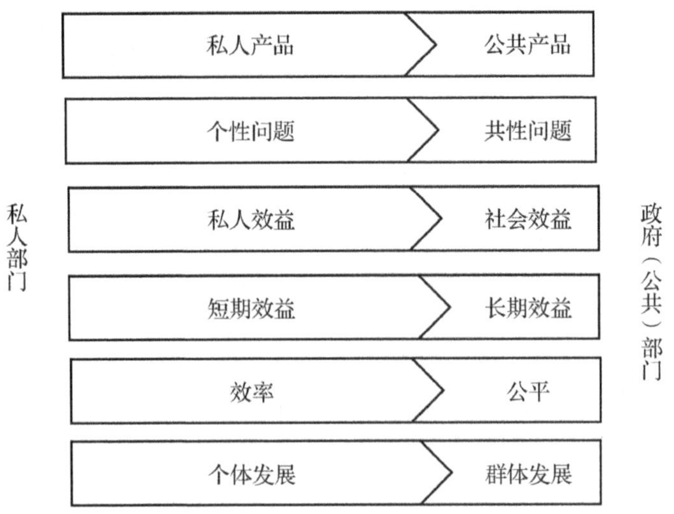

图8-1 政府（公共）部门与私人部门的互补的价值取向

资料来源：作者（2022）。

（3）差异的根源："国际创新人才"的缺乏和现有人才的局限是造成中国药品创新人才紧缺的根源；吸收能力差距或者说知识差距是造成中国和欧盟创新信息方面差异的主要原因。

（4）解决问题的关键：提供更多符合"国际创新人才"标准的人才和学习。

8.1.2.2 结论

基于市场失灵理论，政府（资金）可以在以下六个方向发挥更好作用：解决"人才紧缺"问题，搭建专业学习平台，生产"高质量"知识，资助"共性"技术，建立动态的临床资源信息公开和使用平台，确保获取药品的机会公平。

8.1.3 基于系统失灵理论的研究结论与发现

8.1.3.1 发现

对中国药品创新协同演化过程进行分析发现：政府的财政投入及监管制度、企业家精神、确保互动的良性循环及资本支持在药品创新系统协同演化中发挥重要作用。

基于中国CIS数据研究发现：存在多种行动者缺失（多种人才缺乏），存在非正式制度失灵（与企业家精神缺失密切相关）。

基于国内国际CIS数据比较发现：存在"知识和技术"传播障碍，即技术信息缺乏（与企业吸收能力不足相关）；各界一直反复强调的行动者互动失灵即产学研合作有限，并非如此，需要从药品创新合作分工的市场选择、药品创新技术的成熟度、企业自身能力等角度重新审视中国医药制造业所谓的“产学研合作障碍”。

8.1.3.2 结论

基于系统失灵理论，可以利用财政工具和软工具的协调配合，政府（资金）可以在三个方向上更好发挥作用：保障各种药品创新人才的供给（确保行动者不缺失）、促进企业互动学习（提升药品创新系统的内在“学习”动力）、弘扬企业家精神（提升药品创新系统的内在“选择”动力）。

8.1.4 基于双循环理论的研究结论与发现

8.1.4.1 发现

双循环视角下的药品创新市场模型中“全球患者未被满足的治疗需求”居于中心位置，分为三个类别即国内个性需求、国内国际共性需求和国际个性需求。双循环需要满足的需求主要是国内个性需求和国内国际共性需求。双循环视角下理想的药品创新市场的特征是高质量、完整性、同一性。实现理想目标需要跨越四个完整性及质量差距即供给与国内个性需求之间的差距、供给与共性需求1.0（国内）之间的差距、共性需求1.0与共性需求2.0（国际）之间的差距，供给与共性需求2.0之间的差距。

双循环视角下的药品创新“行动者和网络”模型中“官”居于首要位置，政府部门在制度规则与国际接轨中发挥重要作用。双循环下理想的“行动者和网络”的特征是完整性、适当性、同步性、健壮性、复合性。国际化人才和国际化组织是连接国内和国际网络重要的结构桥梁。

中国“药品创新”整体上仍处于卡尔多（Kaldor）定义的产业发展第一阶段和《中国医药创新十年展望》定义的药品创新国际化第一阶段即License-in/License-out产品阶段（在海外设置BD团队）。

8.1.4.2 结论

基于双循环理论，政府（资金）可以在两个方面、三个方向上更好发挥作用：更好发挥政府的法律和政策职能作用——确保制度规则与国际接轨；更好发挥政府的组织协调和财政支持（投资）职能作用——畅通和联网。畅通，即畅通国内大循环，包括解决紧缺人才的国内生产（培养）问题、解决高端试验设备的国内生产问题。联网，即促进以国际化人才或国际化组织为中心的网络连接，包括交流、学习、合作项目的开展。

8.1.5 人才紧缺的系统性解决思路的研究结论与发现

8.1.5.1 发现

中国药品创新人才紧缺的根源是“人才断层”，即“知识断层”（见图7－2所示）。

8.1.5.2 结论

“国际创新人才”为中心的中国药品创新人才紧缺的系统性的解决思路（见图7－3），包括三类项目组合，国际合作项目（畅通药品创新“人才循环”）、大师培育项目（打造药品创新“人才链”，畅通国内人才循环）和促进连接项目（构建药品创新“知识网”）。基于此思路和框架，政府需要立足现有人才培养模式，通过协调科研和教育政策，对其进一步完善和改进。

8.2 未来研究及展望

整体研究。一是针对本研究给出的关于更好发挥政府（资金）作用的方向，进一步分析，区分每一种建议中，政府投资的更好方式；二是政府投资与不同干预措施的组合应用的研究，虽然政府投资是政府发挥作用的主要措施之一，但政府往往根据实际情况，通过多种措施的组合来实现干预目标。

基于市场失灵理论的研究。一是针对主要市场失灵的根源进行深入分析；二是进行包括经济因素在内的多重因素影响下的具体国家间的比较研究。

基于系统失灵理论的研究。一是利用部门创新系统协同演化模型基于更丰富数据，对中国药品创新系统的协同演化过程进行更完整、多层次的深入分析；二是针对识别出的多种系统失灵进一步分析其根源。

基于双循环理论研究。在基于数据可用性的基础上，聚焦如何有效地畅通国内大循环，如何有效地形成国内国际双循环相互促进的格局，开展实证研究。

人才紧缺问题的研究。英国学位学徒制的进一步研究，为中国药品创新人才培养提供参考。

政策协调。研究不同的政府投资整合模式（组合模式）的政策协调要求。

8.3 创新点及不足

8.3.1 创新点

8.3.1.1 逻辑起点创新

本研究提出了药品创新“效益之树”的隐喻（详见1.4及图1－3）。药品创新“效益之树”区分了药品创新的两种效益，即主要效益和附加效益；通过药品创新“效益之树”区分了政府投资效益的两种不同的研究逻辑。本研究赋予政府“保健医”的角色。

8.3.1.2 研究目的及意义创新

将目前政府投资效益（影响）的学术研究的重点前移，关注药品创新中政府投资的方向。在尊重市场规律、创新规律、药品研发规律及我国国情的基础上，探讨中国药品创新中政府应该怎样投资，才能更好发挥政府资金的作用，才能尽可能地提高政府投资效益。

8.3.1.3 方法创新

一是基于三大经济学理论体系的三种理论，以静态视角、动态视角、实践视角对中国药品创新的现状进行全面系统的分析，并对三种理论的研究结果进行整合分析，以便找出政府投资的重点方向。市场均衡理论（市场失灵）提供了静态视角，创新系统理论（系统失灵）提供了动态视角，双循环理论（循环失灵）提供了实践视角。

二是通过中国和欧盟CIS数据和参考资料，使定量和定性、中观和微观、整体和细节互相印证，互为补充。以2020年中国人均GDP（现时美元计）为基线确定了中国与欧盟各国的可比时期。

8.3.1.4 理论创新

一是利用还原理论，将药品创新市场适当还原为五个子市场，并基于市场均衡理论和帕累托最优理论，构建了基础的药品创新市场概念模型（见图4－3）、理想的药品创新市场概念模型（见图4－4）及现实的药品创新市场概念模型（见图4－5），为后续分析提供框架。

二是综合了行业经验、共识，部门创新系统相关文献观点，以部门创新系统（SIS）为框架，以演化经济学相关理论为基础，融入了社会嵌入理论、技术变迁、制度变迁、环境分析及循环累积因果的概念，构建了“创新之轮”——部门创新系统协同演化概念模型（见图5－2），并对其构成要素、动力来源、协同演化过程进行了解释。并进一步给出了药品创新“行动者和网络”概念模型（见图5－3）。

理论意义：“创新之轮”完善了部门创新系统的制度—技术的协同演化理论和动力来源理论。

“创新之轮”完善了制度—技术的协同演化理论。通过分解的制度和技术的创新过程和适应过程，“创新之轮”将技术演化（变迁）和制度演化（变迁）同时纳入了部门创新系统协同演化模型中。阿尔穆迪（Almudi，I.）和法塔斯·维拉弗兰卡（Fatas－Villafranca，F）（2021）在其著作 *Coevolution in Economic Systems*（属于 *Elements in Evolutionary Economics* 丛书）中，对制度—技术的协同演化进行了总结，指出将制度变迁纳入增长理论和产业动态模型的必要性被视为一项紧迫而关键的任务[190]3－5。至少自新熊彼特主义（neo－Schumpeterian）诞生以来，就可以在演化经济学中找到对协同演化概念的引用[190]。开创性的著作及近40年的密集而丰富的文献显示，解释和分析“技术—制度”协同演化联系的必要性[190]3。弗里曼－伦德瓦尔－尼尔森（Freeman－Lundvall－Nelson）对国家创新体系的描述，这是一个关键的技术制度（techno－institutional）概念，在其理论发展和应用中暗示了协同演化的观点[190]3。关于创新系统方法，2000—2010年的一项相关贡献来自马莱尔巴（Malerba）、埃德奎斯特（Edquist）和斯坦米勒（Steinmueller）（2004）的著作，其中部门创新系统的理念被广泛使用和应用，并从经验和欣赏的角度与协同演化理念相联系[190]4。协同演化的最新例子可以在2020年COVID－19流行的艰难时期看到：公司、政府机构和跨国机构与时间斗争，以获得安全疫苗[190]5。文献提供了一个警告，无论是新古典经济学还是演化经济学都没有认真对待技术制度分析的制度方面[190]3－5。

“创新之轮”完善了部门创新系统的动力来源理论。“创新之轮”中区分了内部动力来源（学习和选择）和外部动力来源（通过LoNGPESTLE识别）。根据演化经济学的“能动性与结构”理论[191]31：能动性（Agency）是指个体行动者独立行动并做出自由选择的能力；而结构（Structure）则是指向能够影响或限制个体独立行动并做出自由选择的能力的因素的统称。个体在结构下活动（向下因果），并改变结构（向上因果）。“创新之轮”内部动力来源突出了能动性，部门行动者在现有的制度和技术下进行“学习”和“选择”活动，并塑造制度和技术即制度和技术的创新过程和适应过程。这与Malerba Franco（2005）提出的“多样性创造过程”和“选择过程”作为部门创新系统的动力来源存在一定的联系，但也有一定的差异。制度和技术的创新过程对应于部门创新系统中的多样性创造过程；制度和技术的适应过程，换个方向，其实就是部门创新系统对制度和技术的选择过程。所以，“创新之轮”与部门创新系统理论相关概念是互相兼容的。

实践意义：“创新之轮”可用于解析一个部门创新系统的演化过程、演化机制及识别部门创新系统的现状。因为应用了社会嵌入理论，将部门创新系统，置于更广泛的社会环境中，所以可用于不同部门创新系统不同地理层面的分析，包括全球、国家、区域，甚至企业层面。

三是基于新古典主义经济学的市场均衡理论，结合中国特色社会主义经济实践中的供给侧结构性改革理论，高质量发展理论及双循环理论，构建了双循环视角下的药品创新市场概念模型（见图6-2）。明确了双循环视角下药品创新市场的双循环目标（见图6-3a），即高质量、完整性、同一性；厘清了实现理想目标需要跨越的四个质量差距（见图6-3b）。基于演化经济学的创新系统理论，结合中国特色社会主义经济实践中的创新驱动发展理论，高质量发展理论及双循环理论，本研究构建了双循环视角下药品创新“行动者和网络”概念模型（见图6-5）。明确了双循环视角下理想的“行动者和网络”的特征，即完整性、适当性、同步性、健壮性、复合性。明确了国际化人才和组织是重要的连接国内和国际网络的结构桥梁。

四是基于传染理论，融合了网络理论、连接主义学习理论、知识扩散理论提出了药品创新人才紧缺的系统性解决思路及概念框架（见图7-3、图7-6、图7-7）。

8.3.2 不足之处

基于市场失灵理论的研究的不足之处。鉴于中国及欧盟CIS数据的可用性及篇幅所限，仅对“缺乏人才或人才流失”及“缺乏技术信息”两项市场失灵的根源进行了深入分析。对于欧盟各国的可比时期确定，仅考虑了人均GDP（现值美元）单一经济因素，但产业创新往往受政治、经济、社会、技术、法律、环境等多重因素的影响。

基于系统失灵理论的研究的不足之处。由于受篇幅和数据来源所限，未能对涉及的问题，逐一展开分析。

基于双循环理论的研究的不足之处。本研究更多偏理论研究。主要来自两个方面的限制，首先，可供参考借鉴的文献有限。双循环理论是中国特色社会主义经济实践理论，于2020年提出，可供参考借鉴的理论研究文献较少，实证研究文献更是缺乏。其次，可用数据有限。缺少国内国际合作（网络）的具体数据来源，包括不同行动者集群网络和区域网络的数据来源。

参考文献

[1]CHAKRAVARTHY R,COTTER K,DIMASI J,et al. Public – and private – sector contributions to the research and development of the most transformational drugs in the past 25 years:from theory to therapy[J]. Therapeutic innovation & regulatory science,2016,50(6):759 –768.

[2]黄卫平,彭刚,主编. 发展经济学[M]. 第三版. 北京:中国人民大学出版社,2018.

[3]MCKELVEY M,ORSENIGO L. Pharmaceuticals as a sectoral innovation system[J]. ESSY Project(European Sectoral Systems of Innovation),November,2001.

[4]国家统计局社会科技和文化产业统计司,科学技术部战略规划司. 2023 中国科技统计年鉴[M]. 北京:中国统计出版社,2023.

[5]国家统计局,科学技术部. 2014 中国科技统计年鉴[M]. 北京:中国统计出版社,2014.

[6]ADAM P,OVSEIKO P V,GRANT J,et al. ISRIA statement:ten – point guidelines for an effective process of research impact assessment[J]. Health research policy and systems,2018,16(1):8 –16.

[7]MORGAN JONES M,MANVILLE C,CHATAWAY J. Learning from the UK's research impact assessment exercise:a case study of a retrospective impact assessment exercise and questions for the future[J]. The Journal of Technology Transfer,2017.

[8]NAYAK R K,AVORN J,KESSELHEIM A S. Public sector financial support for late stage discovery of new drugs in the United States:cohort study[J]. BMJ – BRITISH MEDICAL JOURNAL,2019,367(l5766).

[9]PANTELI D,EDWARDS S. Ensuring Access to Medicines:How to Stimulate Innovation to Meet Patients' Needs? [M]. World Health Organization,Regional Office for Europe,2018.

[10]CUNNINGHAM P,GÖK A,LARÉDO P. The impact of direct support to R & D and innovation in firms[M]. Edward Elgar Publishing,2012.

[11]CERULLI G. Modelling and measuring the effect of public subsidies on business R&D:a critical review of the econometric literature[J]. Economic Record, 2010,86(274):421 -449.

[12]AZOULAY P,GRAFF ZIVIN J S,LI D,et al. Public R&D investments and private - sector patenting:evidence from NIH funding rules[J]. The Review of economic studies,2019,86(1):117 -152.

[13]BORNMANN L. Measuring impact in research evaluations:a thorough discussion of methods for, effects of and problems with impact measurements[J]. Higher Education,2017,73(5):775 -787.

[14]PAN S L,PEE L G. Usable,in - use,and useful research:A 3U framework for demonstrating practice impact[J]. Information Systems Journal,2020,30(2): 403 -426.

[15]CRUZ RIVERA S,KYTE D G,AIYEGBUSI O L,et al. Assessing the impact of healthcare research: A systematic review of methodological frameworks[J]. PLOS Medicine,2017,14(8):e1002370.

[16]EZELL S. The Bayh - Dole Act's vital importance to the US life - sciences innovation system[Z]. Information Technology and Innovation Foundation,2019.

[17]TOOLE A A. Does public scientific research complement industry R&D investment? The case of NIH supported basic and clinical research and pharmaceutical industry R&D[J]. The Case of NIH Supported Basic and Clinical Research and Pharmaceutical Industry R&D,2005.

[18]TOOLE A A. impact of public basic research on industrial innovation:evidence from the pharmaceutical industry [J]. Zew Discussion Papers, 2012, 41(1):1 -12.

[19]GALKINA CLEARY E,BEIERLEIN J M,KHANUJA N S,et al. Contribution of NIH funding to new drug approvals 2010 -2016[J]. Proceedings of the National Academy of Sciences,2018,115(10):2329 -2334.

[20]DU J,LI P,GUO Q,et al. Measuring the knowledge translation and convergence in pharmaceutical innovation by funding - science - technology - innovation linkages analysis[J]. Journal of informetrics,2019,13(1):132 -148.

[21]BOULDING H,KAMENETZKY A,GHIGA I,et al. Mechanisms and pathways to impact in public health research:a preliminary analysis of research funded by the National Institute for Health Research(NIHR)[J]. BMC Med Res Meth-

odol,2020,20(1):34.

[22]SAMUEL G N,DERRICK G E. Societal impact evaluation:Exploring evaluator perceptions of the characterization of impact under the REF2014:Table 1.[J]. Research Evaluation,2015,24(3):229-241.

[23]SMITH J B E,CHANNON K,KIPAROGLOU V,et al. A macroeconomic assessment of the impact of medical research expenditure:A case study of NIHR Biomedical Research Centres[J]. PLOS ONE,2019,14(4):e214361.

[24]SUSSEX J,FENG Y,MESTRE-FERRANDIZ J,et al. Quantifying the economic impact of government and charity funding of medical research on private research and development funding in the United Kingdom[J]. BMC Medicine,2016,14(1).

[25]田红娜,刘思琦. 政府补贴对绿色研发投入的影响研究——基于医药制造企业的实证检验[J]. 科技与管理,2019,21(06):45-52.

[26]谈谈. 政府研发补贴对于公司绩效的影响[D]. 上海交通大学,2013.

[27]钱俊明. 政府补贴对上市公司创新绩效的影响研究[D]. 安徽财经大学,2015.

[28]汪宝桩. 政府科技政策对医药制造业技术创新产出的影响[D]. 广东药科大学,2019.

[29]张永安,严嘉欣,胡佩. 政府补贴对企业创新绩效的双重作用机制研究——以生物医药上市企业为例[J]. 科技管理研究,2020,40(01):32-39.

[30]曹阳,易其其. 政府补助对企业研发投入与绩效的影响——基于生物医药制造业的实证研究[J]. 科技管理研究,2018,38(01):40-46.

[31]黄晓硕. 政府补贴、研发投入与医药制造企业创新绩效的交互效应研究[D]. 北京工业大学,2018.

[32]尚洪涛,黄晓硕. 中国医药制造业企业政府创新补贴绩效研究[J]. 科研管理,2019,40(08):32-42.

[33]周靖宇. 政府补助对医药制造业上市企业绩效的影响——基于研发投入的中介效应[J]. 江苏商论,2020(02):107-111.

[34]宋佳丽. 政府补助、研发投入对企业绩效的影响——基于医药制造业上市公司的实证研究[J]. 财务与金融,2019(06):84-89.

[35]樊玉录,陈玉文. 基于向量自回归模型的政府资金投入对企业研发产出的影响研究——以中国医药制造业为例[J]. 沈阳药科大学学报,2019,36(01):77-84.

[36]戎广颖.政府补助对医药企业研发投入的影响[D].北京交通大学,2019.

[37]张丹.政府补贴促进了研发还是只粉饰了报表——来自生物医药行业的证据[J].公共经济与政策研究,2018(01):129-145.

[38]MALERBA F. Sectoral systems of innovation: a framework for linking innovation to the knowledge base, structure and dynamics of sectors[J]. Economics of innovation and New Technology, 2005, 14(1-2): 63-82.

[39]LIM M A. Impact case studies: what accounts for the need for numbers in impact evaluation? [J]. International Studies in Sociology of Education, 2020, 29(1-2): 107-125.

[40]贾根良.演化经济学导论[M].北京:中国人民大学出版社,2015.

[41]保罗·萨缪尔森,威廉·诺德豪斯.微观经济学(第19版)[M].人民邮电出版社,2012.

[42]杨伯华,曾志远,缪一德,等.西方经济学原理(第六版)[M].成都:西南财经大学出版社,2019.

[43]约瑟夫·E·斯蒂伯格茨.公共部门经济学(第三版)[M].北京:中国人民大学出版社,2013.

[44]刘国恩,李玲,主编.经济学原理[M].北京:人民卫生出版社,2014.

[45]黄有光.福祉经济学——一个趋于更全面分析的尝试[M].张清津,译.大连:东北财经大学出版社,2005.

[46]INDUSTRY N D O I. Market failure guide: A guide to categorising market failures for government policy development and evaluation[R]. State of New South Wales, 2017.

[47]SMITS R, KUHLMANN S. The rise of systemic instruments in innovation policy [J]. International journal of foresight and innovation policy, 2004, 1(1-2): 4-32.

[48]WOOLTHUIS R K, LANKHUIZEN M, GILSING V. A system failure framework for innovation policy design[J]. Technovation, 2005, 25(6): 609-619.

[49]NELSON R R. National innovation systems: a comparative analysis[M]. Oxford University Press on Demand, 1993.

[50]BLEDA M, DEL RIO P. The market failure and the systemic failure rationales in technological innovation systems[J]. Research policy, 2013, 42(5): 1039-1052.

[51]OECD. Innovation in Pharmaceutical Biotechnology[M]. 2006: 187.

[52]张卓元,胡家勇,万军. 中国经济理论创新四十年[M]. 北京:中国人民大学出版社,2018.

[53]张宇. 中国特色社会主义政治经济学[M]. 北京:中国人民大学出版社,2016.

[54]丛书编写组. 深入实施创新驱动发展战略[M]. 北京:中国计划出版社 中国市场出版社,2020.

[55]中共中央文献研究室编. 习近平关于社会主义经济建设论述摘编[M]. 北京:中央文献出版社,2017.

[56]李旭章主编. 中国特色社会主义政治经济学研究[M]. 北京:人民出版社,2016.

[57]何自力. 供给侧管理助推宏观调控方式创新[EB/OL]. [2022-02-04]. https://theory.gmw.cn/2015-12/22/content_18195092.htm.

[58]樊纲,郑玉歆,曹钟雄. 双循环:构建"十四五"新发展格局[M]. 北京:中信出版社,2021.

[59]丁宏,战炤磊. "双循环"新格局下自贸试验区生物医药全产业链开放的逻辑与路径[J]. 现代经济探讨,2021(04):83-88.

[60]构建双循环新发展格局编写组. 构建"双循环"新格局[M]. 北京:新华出版社,2020.

[61]EASLEY D, KLEINBERG J. Networks, crowds, and markets: Reasoning about a highly connected world[M]. Cambridge university press, 2010.

[62]NEWMAN M. Networks[M]. Oxford university press, 2018.

[63]JACKSON M O. Social and economic networks[M]. Princeton university press, 2010.

[64]VALENTE T W. Social networks and health: Models, methods, and applications[M]. Oxford University Press, 2010.

[65]ZHAN X, HANJALIC A, WANG H. Information diffusion backbones in temporal networks[J]. Scientific reports, 2019, 9(1): 1-12.

[66]WALD P. Contagious[M]. Duke University Press, 2008.

[67]PETRONIS C. Blurring Contagion in the Information Age: How COVID-19 Troubles the Boundaries of the Biomedical and Socioinformatic[Z]. Duke University Durham, 2021.

[68]LIOU H, LEE H. Social Contagion and Associative Diffusion in Multilayer Network[J]. arXiv preprint arXiv:2011.07746, 2020.

[69]李雯晶,蒋青云,刘婷.社会传染研究综述与展望——基于行为经济学视角[J].管理现代化,2020,40(04):105-109.

[70]PARKER A,PALLOTTI F,LOMI A. New network models for the analysis of social contagion in organizations: an introduction to autologistic actor attribute models[J]. Organizational Research Methods,2021.

[71]BADE M. Conversion and contagion in entrepreneurship: A cross - country analysis[J]. Strategic Entrepreneurship Journal,2021.

[72]ANGLIN A H,MCKENNY A F,SHORT J C. The impact of collective optimism on new venture creation and growth: A social contagion perspective[J]. Entrepreneurship Theory and Practice,2018,42(3):390-425.

[73]INTERNATIONAL S O D B. ISDB declaration on therapeutic advance in the use of medicines[Z]. International Society of Drug Bulletins Paris,2001.

[74]万东华主编.按行业分高技术产业研发相关情况(2019年)[M].中国高技术产业统计年鉴.中国统计出版社,2020:20-27.

[75]霍艳飞,石晟怡,王广平,等.我国医药制造业技术创新效率研究——基于DEA模型的Malmquist指数分析[J].中国新药杂志,2016,25(07):728-732.

[76]谭晓东,陈玉文.基于SFA方法的中国医药制造业创新效率评价[J].中国新药杂志,2016,25(13):1461-1465.

[77]余紫君,褚淑贞.我国医药制造业竞争力与创新药物研发能力的关联度分析[J].中国新药杂志,2018,27(03):279-284.

[78]李湘君,高丽娜.医药制造业集聚与创新效率的门槛效应分析[J].南京医科大学学报(社会科学版),2019,19(06):456-460.

[79]石晟怡,柯朝静,吴晓明.我国国有医药企业创新效率及发展绩效分析[J].中国新药杂志,2020,29(10):1081-1086.

[80]徐俐颖,翁坤玲,蒋丹,等.基于三阶段DEA的我国医药产业创新效率评价研究[J].中国药房,2020,31(16):1921-1926.

[81]CDER. New Drug Therapy Approvals 2019[R].2019.

[82]CFDA.总局关于发布化学药品注册分类改革工作方案的公告(2016年第51号)[EB/OL]. http://samr.cfda.gov.cn/WS01/CL0087/146603.html.

[83]de SOLÀ-MORALES O,CUNNINGHAM D,FLUME M,et al. Defining innovation with respect to new medicines: A systematic review from a payer perspective[J]. International journal of technology assessment in health care,2018,34

(3):224 -240.

[84]STILLER I,van WITTELOOSTUIJN A,CAMBRÉ B. Do current radical innovation measures actually measure radical drug innovation? [J]. Scientometrics, 2020:1 -30.

[85]KESSELHEIM A S,AVORN J. The most transformative drugs of the past 25 years:a survey of physicians[J]. Nature Reviews Drug Discovery,2013,12(6): 425 -431.

[86]MORGAN S,LOPERT R,GREYSON D. Toward a definition of pharmaceutical innovation[J]. Open medicine,2008,2(1):e4.

[87]WILLS T J,LIPKUS A H. Structural Approach to Assessing the Innovativeness of New Drugs Finds Accelerating Rate of Innovation[J]. ACS Medicinal Chemistry Letters,2020,11(11):2114 -2119.

[88]JOPPI R,BERTELE V,GARATTINI S. Disappointing biotech[J]. Bmj,2005, 331(7521):895 -897.

[89]MOTOLA D,De PONTI F,POLUZZI E,et al. An update on the first decade of the European centralized procedure:how many innovative drugs? [J]. British journal of clinical pharmacology,2006,62(5):610 -616.

[90]MOTOLA D,De PONTI F,ROSSI P,et al. Therapeutic innovation in the European Union:analysis of the drugs approved by the EMEA between 1995 and 2003[J]. British Journal of Clinical Pharmacology,2005,59(4):475 -478.

[91]LEXCHIN J. International comparison of assessments of pharmaceutical innovation[J]. Health Policy,2012,105(2 -3):221 -225.

[92] GARATTINI S. Efficacy, safety, and cost of new anticancer drugs [J]. BMJ,2002.

[93]VITRY A I,SHIN N H,VITRE P. Assessment of the therapeutic value of new medicines marketed in Australia[J]. Journal of Pharmaceutical Policy and Practice,6,1(2013 -06 -13),2013,6(1):7.

[94]KWONG W J,NORTON E C. The effect of advertising on pharmaceutical innovation[J]. Review of Industrial Organization,2007,31(3):221 -236.

[95]FERNER R E,HUGHES D A,ARONSON J K. NICE and new:appraising innovation[J]. BMJ,2010,340(7740):245 -247.

[96]ARONSON J K,FERNER R E,HUGHES D A. Defining rewardable innovation in drug therapy[J]. Nature Reviews Drug Discovery,2012,11(4):253 -254.

[97]KESSELHEIM A S, WANG B, AVORN J. Defining "Innovativeness" in Drug Development: A Systematic Review[J]. Clinical Pharmacology & Therapeutics, 2013, 94(3): 336-348.

[98]KESSELHEIM A S, WANG B, AVORN J. Defining "Innovativeness" in Drug Development: A Systematic Review[J]. Clinical Pharmacology & Therapeutics, 2013, 94(3): 336-348.

[99]BARBUI C, CIPRIANI A, LINTAS C, et al. CNS drugs approved by the centralised European procedure: true innovation or dangerous stagnation? [J]. Psychopharmacology, 2007, 190(2): 265-268.

[100]PÜNTMANN I, SCHMACKE N, MELANDER A, et al. EVITA: a tool for the early evaluation of pharmaceutical innovations with regard to therapeutic advantage[J]. BMC clinical pharmacology, 2010, 10(1): 5.

[101]ADAMI S, CIAMPALINI S, DELL AERA M, et al. Defining innovations of therapeutic interventions: a position paper by the Italian Society of Hospital Pharmacists[J]. International journal of clinical pharmacy, 2012, 34(2): 259-262.

[102]WIESELER B, MCGAURAN N, KAISER T. New drugs: where did we go wrong and what can we do better? [J]. BMJ Clinical Research, 2019: l4340.

[103]BRANCH S K, AGRANAT I. "New drug" designations for new therapeutic entities: new active substance, new chemical entity, new biological entity, new molecular entity[J]. Journal of medicinal chemistry, 2014, 57(21): 8729-8765.

[104]SCHMID E F, SMITH D A. Managing innovation in the pharmaceutical industry[J]. Journal of Commercial Biotechnology, 2005, 12(1): 50-57.

[105]GRABOWSKI H G, WANG Y R. The quantity and quality of worldwide new drug introductions, 1982-2003[J]. Health Affairs, 2006, 25(2): 452-460.

[106]MORGAN S G, CUNNINGHAM C M, LAW M R. Drug development: innovation or imitation deficit? [J]. Bmj, 2012, 345.

[107]LANTHIER M, MILLER K L, NARDINELLI C, et al. An improved approach to measuring drug innovation finds steady rates of first-in-class pharmaceuticals, 1987-2011[J]. Health Affairs, 2013, 32(8): 1433-1439.

[108]GODIN B. Models of innovation: the history of an idea[M]. MIT Press, 2017.

[109]ROTHWELL R. Successful industrial innovation: critical factors for the 1990s

[J]. R&d Management,1992,22(3):221 - 240.

[110] ROTHWELL R. Towards the fifth - generation innovation process[J]. International marketing review,1994.

[111] WAGNER J A,DAHLEM A M,HUDSON L D,et al. Application of a Dynamic Map for Learning,Communicating,Navigating,and Improving Therapeutic Development[J]. Clinical and translational science,2018,11(2):166 - 174.

[112] CLEARY E,JACKSON M J,LEDLEY F. Government as the First Investor in Biopharmaceutical Innovation:Evidence From New Drug Approvals 2010 - 2019[J]. Institute for New Economic Thinking Working Paper Series,2020(133).

[113] WAGNER J,DAHLEM A M,HUDSON L D,et al. A dynamic map for learning,communicating,navigating and improving therapeutic development[J]. Nature reviews Drug discovery,2018,17(2):150.

[114] JUNGMITTAG A,REGER G,REISS T. Changing innovation in the pharmaceutical industry:globalization and new ways of drug development[M]. Springer Science & Business Media,2013.

[115] ROMASANTA A K S,van der SIJDE P,van MUIJLWIJK - KOEZEN J. Innovation in pharmaceutical R&D:mapping the research landscape[J]. Scientometrics,2020,125(3):1801 - 1832.

[116] WHITTINGTON K B,OWEN - SMITH J,POWELL W W. Networks,propinquity,and innovation in knowledge - intensive industries[J]. Administrative science quarterly,2009,54(1):90 - 122.

[117] POWELL W W,KOPUT K W,SMITH - DOERR L. Interorganizational collaboration and the locus of innovation:Networks of learning in biotechnology[J]. Administrative science quarterly,1996:116 - 145.

[118] POWEL W W. Neither market nor hierarchy:network forms of organization[J]. Research in organizational behavior,1990,12(3):295 - 336.

[119] POWELL W W. Learning from collaboration:Knowledge and networks in the biotechnology and pharmaceutical industries[J]. California management review,1998,40(3):228 - 240.

[120] PORTER K,WHITTINGTON K B,POWELL W W. The institutional embeddedness of high - tech regions:relational foundations of the Boston biotechnology community[J]. Clusters,networks,and innovation,2005,261:296.

[121]OWEN - SMITH J,POWELL W W. Accounting for emergence and novelty in Boston and Bay Area biotechnology[J]. Cluster Genesis:The Emergence of Technology Clusters and Their Implications for Government Policy, 2006:61 - 85.

[122]POWELL W W,WHITE D R,KOPUT K W,et al. Network dynamics and field evolution:The growth of interorganizational collaboration in the life sciences [J]. American journal of sociology,2005,110(4):1132 - 1205.

[123]OWEN - SMITH J,POWELL W W. Networks and institutions[J]. The Sage handbook of organizational institutionalism,2008:596 - 623.

[124]中共中央国务院. 关于新时代加快完善社会主义市场经济体制的意见[EB/OL].[2021 - 11 - 09]. http://www. gov. cn/zhengce/2020 - 05/18/content_5512696. htm.

[125]ALBACH H,AUDRETSCH D B,FLEISCHER M,et al. Innovation in the European chemical industry:WZB Discussion Paper,No. FS IV 96 - 26[Z]. WZB Discussion Paper,1996.

[126]国家统计局社会科技和文化产业统计司. 全国企业创新调查年鉴 2021[M]. 北京:中国统计出版社,2021.

[127]DELOITTE,上海市科学技术协会. 中国生物医药创新趋势展望[R]. 2021.

[128]PHIRDA 中国药品创新促进会,RDPAC 中国外商投资企业协会药品研制和开发行业委员会. 构建中国医药创新生态系统(2021 - 2025)[R]. 2021.

[129]BCG 波士顿咨询,中国 E 药经理人,GBI HEALTH. 中国医药创新十年展望[R]. 2021.

[130]国家药监局药品审评中心. 中国新药注册临床试验现状年度报告(2020年)[R]. 2021.

[131]曹阳. 江苏医药产学研融合机制研究[M]. 长春:吉林大学出版社,2020.

[132]STIGLITZ J E,GREENWALD B. Creating a learning society[M]. Columbia University Press,2014.

[133]彼得 · 旺斯 GM. 创新经济学[M]. 韦倩,译. 上海:格致出版社 上海人民出版社,2013.

[134]NG Y. Quasi - Pareto social improvements[J]. The American Economic Review,1984,74(5):1033 - 1050.

[135]NG Y. Towards a theory of third - best[J]. Public Finance = Finances pub-

liques,1977,32(1):1 -15.

[136]SMITH - DOERR L,POWELL W W. Networks and economic life[J]. The handbook of economic sociology,2005,2(3):379 -402.

[137]ARNOLD E. Evaluating research and innovation policy:a systems world needs systems evaluations[J]. Research evaluation,2004,13(1):3 -17.

[138]夏禹桨. 利益契合、资源汲取能力和产业共性技术供给——基于 WZ 行业协会的多案例研究[J]. 浙江社会科学,2019(08):87 -97.

[139]YOSHIDA S. Approaches,tools and methods used for setting priorities in health research in the 21st century[J]. Journal of global health,2016,6(1).

[140]周谨平. 机会平等与分配正义[M]. 北京:人民出版社,2009.

[141]BORRÁS S,EDQUIST C. The choice of innovation policy instruments[J]. Technological forecasting and social change,2013,80(8):1513 -1522.

[142]陈传宏,陈凯先主编. 迈向药物创新之路[M]. 北京:高等教育出版社,2019.

[143]MALERBA F. Sectoral systems of innovation:concepts,issues and analyses of six major sectors in Europe[M]. Cambridge University Press,2004.

[144]de SOTO J H. The Essence of the Austrian School and the Concept of Dynamic Efficiency[J]. Review of Economic and Business Studies,2011:15.

[145]DAEMMRICH A. Where is the Pharmacy to the World? International Regulatory Variation and Pharmaceutical Industry Location[J]. SSRN Electronic Journal,2009.

[146]DEVOL R C,BEDROUSSIAN A,YEO B. The global biomedical industry:preserving US leadership[J]. Milken Institute,September,2011,5.

[147]AI GRAUL,P PINA,M TRACY,等. 2019 年全球新药研发报告(Ⅳ)[J]. 药学进展,2020,44(12):954 -964.

[148]De SOTO J H. The theory of dynamic efficiency[M]. Routledge,2008.

[149]BERGER S. The foundations of non - equilibrium economics[J]. The principle of circular and cumulative causation. London and New York:Routledge,2009.

[150]OWEN - SMITH J,POWELL W W. Knowledge networks as channels and conduits:The effects of spillovers in the Boston biotechnology community[J]. Organization science,2004,15(1):5 -21.

[151]BATHELT H,MALMBERG A,MASKELL P. Clusters and knowledge:local buzz,global pipelines and the process of knowledge creation[J]. Progress in

human geography,2004,28(1):31 – 56.

[152]BINZ C,TRUFFER B. Global Innovation Systems—A conceptual framework for innovation dynamics in transnational contexts[J]. Research policy,2017,46(7):1284 – 1298.

[153]GEUNA A. Global mobility of research scientists:The economics of who goes where and why[M]. Academic Press,2015.

[154]PELTZMAN S. An evaluation of consumer protection legislation:the 1962 drug amendments[J]. Journal of Political Economy,1973,81(5):1049 – 1091.

[155]THOMAS III L G. Implicit industrial policy:the triumph of Britain and the failure of France in global pharmaceuticals[J]. Industrial and Corporate Change,1994,3(2):451 – 489.

[156]国家统计局社会科技和文化产业统计司. 全国企业创新调查年鉴 2017[M]. 北京:中国统计出版社,2017.

[157]刘珍宝,曾文彬,刘艳飞. 面向“双一流”的生物医药类研究生创新人才培养[J]. 广东化工,2021,48(07):227 – 228.

[158]李晓菁. 基于人才培养全过程的医药高校创新创业课程体系建设探索[J]. 创新创业理论研究与实践,2021,4(05):99 – 100.

[159]李芳蓉,孙彦坪,刘凤霞,等. 基于创新型人才培养的医药类专业分析化学实验课教改[J]. 中央民族大学学报(自然科学版),2020,29(04):80 – 86.

[160]中共中央国务院. 国家中长期人才发展规划纲要(2010—2020 年)[Z]. 2010.

[161]SIEMENS G. Knowing knowledge[M]. Lulu. com,2006.

[162]APPELT S,van BEUZEKOM B,GALINDO – RUEDA F,et al. Which factors influence the international mobility of research scientists? [M]//Elsevier,2015:177 – 213.

[163]KLARL T. Knowledge Diffusion Processes:Theoretical and Empirical Considerations[J]. 2009.

[164]SIEMENS G. Elearnspace. Connectivism:A learning theory for the digital age[EB/OL]. (2004 – 01 – 01)[2022 – 01 – 26]. http://citeseerx. ist. psu. edu/viewdoc/download? doi = 10. 1. 1. 1089. 2000&rep = rep1&type = pdf.

[165]新华社. 习近平出席中央人才工作会议并发表重要讲话[EB/OL]. (2021 – 09 – 28)[2022 – 01 – 20]. http://www. gov. cn/xinwen/2021 – 09/28/content_5639868. htm? jump = true.

[166]ZUCKERMAN H. Scientific Elite:Nobel Laureates in the United States[M]. 2nd Edition. New York:Routledge,2018.

[167]GILLILAND C T,WHITE J,GEE B,et al. The Fundamental Characteristics of a Translational Scientist[J]. ACS Pharmacology & Translational Science, 2019,2(3):213－216.

[168]亢世勇,刘海润. 现代汉语新词语词典[M]. 上海:上海辞书出版社,2009.

[169]向洪编. 人才学词典[M]. 成都:成都科技大学出版社,1987:49.

[170]袁世全,冯涛,主编. 中国百科大辞典[M]. 北京:华夏出版社,1990:448.

[171]车文博主编. 心理咨询大百科全书[M]. 杭州:浙江科学技术出版社, 2001:700.

[172]王荣德. 诺贝尔科学奖中的"人才链"及其启示[J]. 科学学研究,2000(02):70－76.

[173]范晓. 上海生物医药产业链、创新链、人才链融合建议[J]. 科技中国,2021(08):25－29.

[174]何景师. 职业教育专业链、产业链、教育链、人才链"四链"融合的培养模式探索——基于双层次螺旋协同创新的视角[J]. 中国成人教育,2019(18): 67－71.

[175]谢琪,谢志远. 人才链匹配产业链视域下高职院校专业群建设:要旨、机制与路径[J]. 中国职业技术教育,2020(08):47－53.

[176]黄梅,吴国蔚. 人才生态链的形成机理及对人才结构优化的作用研究[J]. 科技管理研究,2008,28(11):189－191.

[177]王玖河,魏春红,邓舒婷,等. 人才供应链管理体系建设[J]. 企业管理, 2013(08):112－114.

[178]CAPPELLI P. Talent management for the twenty－first century[J]. Harvard business review,2008,86(3):74.

[179]张丹鹤. 创新创业人才"链式"培养路径研究[J]. 产业创新研究,2018(10):46－48.

[180]黄明福,陈佳丽. 从日本诺奖的师承关系看研究生教育的师生关系[J]. 教师教育论坛,2019,32(11):69－73.

[181]蔡翔,谢梅英,程发新,等. 中国院士群体师承效应的量化研究[J]. 科技管理研究,2021,41(23):133－140.

[182]黄子天. 国医大师邓铁涛学术经验传承研究[D]. 广州中医药大学,2016.

[183]刘颖,张燕蕾,张大庆. 中国科学家学术谱系库的构建思路初探与实践

[J]. 图书情报工作,2014,58(S2):60-62.

[184]刘俊婉,杨波,王菲菲,等. 基于 LDA 主题模型的学术谱系内知识传承研究——以谈家桢为核心的遗传学学术谱系为例[J]. 图书情报工作,2018,62(10):76-84.

[185]仇鹏飞,孙建军,闵超. 科学研究中的师承关系评述与思考[J]. 图书与情报,2018(05):50-55.

[186]冯靖雯,赵勇. 学术谱系视角下杰出科学家的师承关系特征研究——以诺贝尔化学奖得主 Lipscomb 为例[J]. 情报工程,2020,6(06):22-32.

[187]李琼竹. 现代学徒制"校热企冷"现象对策研究[J]. 现代职业教育,2021(14):21-23.

[188]龙晖. 海外科技人才引进的策略:精准化引才[J]. 重庆社会科学,2017(06):32-39.

[189]CROSS R,PARKER A,SASSON L. Networks in the knowledge economy[M]. Oxford University Press,2003.

[190]ALMUDI I,FATAS-VILLAFRANCA F. Coevolution in Economic Systems[Z]. Cambridge:Cambridge University Press,2021.

[191]杨虎涛. 演化经济学讲义——方法论与思想史[M]. 北京:科学出版社,2011.

附件 1　欧盟 CIS 样本国家或地区名称与代码对照表

英文名称	国家代码	国际域名代码	中文名称
Austria	AUT	AT	奥地利
Belgium	BEL	BE	比利时
Bulgaria	BGR	BG	保加利亚
China	CHN	CN	中国
Croatia	HRV	HR	克罗地亚
Cyprus	CYP	CY	塞浦路斯
Czech Republic	CZE	CZ	捷克共和国
Denmark	DNK	DK	丹麦
Estonia	EST	EE	爱沙尼亚
European Union	EUU	EU	欧盟
Finland	FIN	FI	芬兰
France	FRA	FR	法国
Germany	DEU	DE	德国
Greece	GRC	GR	希腊
Hungary	HUN	HU	匈牙利
Iceland	ISL	IS	冰岛
Ireland	IRL	IE	爱尔兰
Italy	ITA	IT	意大利
Latvia	LVA	LV	拉脱维亚

续表

英文名称	国家代码	国际域名代码	中文名称
Lithuania	LTU	LT	立陶宛
Luxembourg	LUX	LU	卢森堡
Malta	MLT	MT	马耳他
Netherlands	NLD	NL	荷兰
Norway	NOR	NO	挪威
Poland	POL	PL	波兰
Portugal	PRT	PT	葡萄牙
Romania	ROU	RO	罗马尼亚
Serbia	SRB	RS	塞尔维亚
Slovak Republic	SVK	SK	斯洛伐克共和国
Slovenia	SVN	SI	斯洛文尼亚
Spain	ESP	ES	西班牙
Sweden	SWE	SE	瑞典
Switzerland	CHE	CH	瑞士
Turkey	TUR	TR	土耳其
United Kingdom	GBR	UK	英国

致　谢

求学的时光是单纯的时光，也是难忘的时光，不是每个人都有机会能在工作多年之后重新走进校园。我，是幸运的那一个。

感谢我的导师孙利华教授。是您给予了我再次走进校园，并追随您学习的机会。这一路走来，您引领我、鼓励我、鞭策我、点拨我。您既是严厉的老师，又是温柔的朋友。在我失去方向时，您是导师，引领我；在我失去信心时，您是益友，鼓励我；在我颓废时，您是教练，鞭策我；在我执迷不悟时，您是智者，点拨我。学术上，您一丝不苟、坚持真理；生活中，您优雅自信、笃定从容。您的教诲，您的风范，我将铭记在心。

感谢我的同学和朋友。这段“偷”来的校园时光，因为你们的陪伴，让我充满了青春的气息和活力，倍感快乐和温暖。清晨，林荫路上，与师妹的不期而遇；傍晚，操场上，与羽毛球小分队的伙伴们5：30的固定相约，都在我的记忆中留下了亮丽的色彩。感谢一路走来，如太阳般温暖过我的人。

感谢我的家人。是你们多年来的支持、包容，才使我以不惑之龄，仍能保留一颗纯粹、热忱的求学之心，并找到自己的兴趣所在和新的人生方向。感谢你们一直以来以我为荣，这对我是莫大的鼓舞。我将不断前行，成为更好的自己，让你们继续为我骄傲。

感谢审阅老师和答辩委员会的老师，感谢你们提出的宝贵的意见和建议。我将进一步精进自己的科研能力，发挥自己的优势，不负国家培养，在今后的工作中发光发热，把著作写在中华大地上。